全国医药中等职业教育药学类"十四五"规划教材（第三轮）

供药剂、医药物流、医药电子商务、医疗器械管理专业使用

医药物流实务 （第2版）

主　编　欧阳小青
副主编　罗泽宇
编　者　（以姓氏笔画为序）
　　　　朱晓盈（广东省食品药品职业技术学校）
　　　　陈伟良（江西省医药学校）
　　　　欧阳小青（广东省食品药品职业技术学校）
　　　　罗泽宇（广州市医药职业学校）
　　　　周　彬（广东省食品药品职业技术学校）
　　　　霍佩琼（华润广东医药有限公司）

中国健康传媒集团
中国医药科技出版社　·北京

内 容 提 要

　　本教材是"全国医药中等职业教育药学类"十四五"规划教材（第三轮）"之一。全教材共分为八个项目，分别就医药物流的基础知识、基础技能、专业技能和发展趋势进行了介绍，既包括了基础的医药物流知识普及，也拓展了行业新发展的知识内容，在教授知识的同时，着重提高学生的动脑动手的实践能力。本教材为书网融合教材，即纸质教材有机融合电子教材、教学配套资源（PPT、微课、视频等）、题库系统、数字化教学服务（在线教学、在线作业、在线考试），使教学资源更加多样化、立体化。

　　本教材适合全国中等职业教育药剂、医药物流、医药电子商务、医疗器械管理等医药物流相关专业使用，也可作为医药行业培训和自学用书。

图书在版编目（CIP）数据

医药物流实务/欧阳小青主编 . —2 版 . —北京：中国医药科技出版社，2020. 12
（2025. 6 重印）

全国医药中等职业教育药学类"十四五"规划教材 . 第三轮

ISBN 978 - 7 - 5214 - 2134 - 7

I. ①医… Ⅱ. ①欧… Ⅲ. ①药品 - 物流管理 - 中等专业学校 - 教材 Ⅳ. ①F724. 73

中国版本图书馆 CIP 数据核字（2020）第 236797 号

美术编辑　　陈君杞
版式设计　　友全图文

出版　**中国健康传媒集团** | 中国医药科技出版社
地址　北京市海淀区文慧园北路甲 22 号
邮编　100082
电话　发行：010 - 62227427　邮购：010 - 62236938
网址　www. cmstp. com
规格　787mm × 1092mm $^1/_{16}$
印张　16 $^1/_2$
字数　354 千字
初版　2016 年 8 月第 1 版
版次　2020 年 12 月第 2 版
印次　2025 年 6 月第 5 次印刷
印刷　河北环京美印刷有限公司
经销　全国各地新华书店
书号　ISBN 978 - 7 - 5214 - 2134 - 7
定价　**49. 00 元**

获取新书信息、投稿、为图书纠错，请扫码联系我们。

出版说明

2011 年，中国医药科技出版社根据教育部《中等职业教育改革创新行动计划（2010—2012 年）》精神，组织编写出版了"全国医药中等职业教育药学类专业规划教材"；2016 年，根据教育部 2014 年颁发的《中等职业学校专业教学标准（试行）》等文件精神，修订出版了第二轮规划教材"全国医药中等职业教育药学类'十三五'规划教材"，受到广大医药卫生类中等职业院校师生的欢迎。为了进一步提升教材质量，紧跟职教改革形势，根据教育部颁发的《国家职业教育改革实施方案》（国发〔2019〕4 号）、《中等职业学校专业教学标准（试行）》（教职成厅函〔2014〕48 号）精神，中国医药科技出版社有限公司经过广泛征求各有关院校及专家的意见，于 2020 年 3 月正式启动了第三轮教材的编写工作。

党的二十大报告指出，要办好人民满意的教育，全面贯彻党的教育方针，落实立德树人根本任务，培养德智体美劳全面发展的社会主义建设者和接班人。教材是教学的载体，高质量教材在传播知识和技能的同时，对于践行社会主义核心价值观，深化爱国主义、集体主义、社会主义教育，着力培养担当民族复兴大任的时代新人发挥巨大作用。在教育部、国家药品监督管理局的领导和指导下，在本套教材建设指导委员会专家的指导和顶层设计下，中国医药科技出版社有限公司组织全国60 余所院校 300 余名教学经验丰富的专家、教师精心编撰了"全国医药中等职业教育药学类'十四五'规划教材（第三轮）"，该套教材付梓出版。

本套教材共计 42 种，全部配套"医药大学堂"在线学习平台。主要供全国医药卫生中等职业院校药学类专业教学使用，也可供医药卫生行业从业人员继续教育和培训使用。

本套教材定位清晰，特点鲜明，主要体现如下几个方面。

1. 立足教改，适应发展

为了适应职业教育教学改革需要，教材注重以真实生产项目、典型工作任务为载体组织教学单元。遵循职业教育规律和技术技能型人才成长规律，体现中职药学人才培养的特点，着力提高药学类专业学生的实践操作能力。以学生的全面素质培养和产业对人才的要求为教学目标，按职业教育"需求驱动"型课程建构的过程，进行任务分析。坚持理论知识"必需、够用"为度。强调教材的针对性、实用性、条理性和先进性，既注重对学生基本技能的培养，又适当拓展知识面，实现职业教育与终身学习的对接，为学生后续发展奠定必要的基础。

2. 强化技能，对接岗位

教材要体现中等职业教育的属性，使学生掌握一定的技能以适应岗位的需要，具有一定的理论知识基础和可持续发展的能力。理论知识把握有度，既要给学生学习和掌握技能奠定必要的、足够的理论基础，也不要过分强调理论知识的系统性和完整性；注重技能结合理论知识，建设理论－实践一体化教材。

3. 优化模块，易教易学

设计生动、活泼的教学模块，在保持教材主体框架的基础上，通过模块设计增加教材的信息量和可读性、趣味性。例如通过引入实际案例以及岗位情景模拟，使教材内容更贴近岗位，让学生了解实际岗位的知识与技能要求，做到学以致用；"请你想一想"模块，便于师生教学的互动；"你知道吗"模块适当介绍新技术、新设备以及科技发展新趋势、行业职业资格考试与现代职业发展相关知识，为学生后续发展奠定必要的基础。

4. 产教融合，优化团队

现代职业教育倡导职业性、实践性和开放性，职业教育必须校企合作、工学结合、学作融合。专业技能课教材，鼓励吸纳 1～2 位具有丰富实践经验的企业人员参与编写，确保工作岗位上的先进技术和实际应用融入教材内容，更加体现职业教育的职业性、实践性和开放性。

5. 多媒融合，数字增值

为适应现代化教学模式需要，本套教材搭载"医药大学堂"在线学习平台，配套以纸质教材为基础的多样化数字教学资源（如课程 PPT、习题库、微课等），使教材内容更加生动化、形象化、立体化。此外，平台尚有数据分析、教学诊断等功能，可为教学研究与管理提供技术和数据支撑。

编写出版本套高质量教材，得到了全国各相关院校领导与编者的大力支持，在此一并表示衷心感谢。出版发行本套教材，希望得到广大师生的欢迎，并在教学中积极使用和提出宝贵意见，以便修订完善，共同打造精品教材，为促进我国中等职业教育医药类专业教学改革和人才培养作出积极贡献。

数字化教材编委会

主　编　欧阳小青
副主编　罗泽宇
编　者　（以姓氏笔画为序）
　　　　朱晓盈（广东省食品药品职业技术学校）
　　　　陈伟良（江西省医药学校）
　　　　欧阳小青（广东省食品药品职业技术学校）
　　　　罗泽宇（广州市医药职业学校）
　　　　周　彬（广东省食品药品职业技术学校）
　　　　霍佩琼（华润广东医药有限公司）

前言

医药物流行业本身具有交叉跨越性，涉及医药行业、物流行业两个领域，因此全方位、循序渐进地培养具有两个行业知识的交叉型人才是医药物流企业和专业院校的共同目标。本书按照医药流通企业物流岗位人员的知识和技能要求，以医药物流企业管理和作业流程为主线，形成本教材的知识框架，结合当今职业教育教学改革发展实际，以案例教学为切入点，注重培养学生的综合职业能力，充分体现实用和够用的原则。为深入贯彻落实《国家职业教育改革实施方案》（国发〔2019〕4号）、《中等职业学校专业目录（2010年修订）》，更好地适应我国中等职业教育教学改革的需求，在中国健康传媒集团中国医药科技出版社组织规划下，进行了第二轮规划教材的修订编写。本次修订根据行业发展和有关政策调整在内容上做了相应的修改和补充，补充增加了绿色物流、逆向物流、药品追溯码、医院院内物流等专业名词的解释，根据医药物流的行业发展增加了医疗器械物流概述等内容。在内容表现形式上为了建设书网融合教材，增加了数字化资源，可以通过扫描书中二维码或者登陆平台的方式阅读资源、做题巩固所学内容等。

本教材根据医药物流实务课程标准的基本要求和课程特点编写而成。全书共八个项目。每个项目以任务引领的方式进行展开，具体阐述了医药物流的基本知识、常用的物流设备、作业流程和物流信息技术，也结合实际工作的需求，对近年来医药物流市场中发展迅速的第三方医药物流、冷链物流、医疗器械物流的物流管理、相关作业流程以及新物流管理技术、新型医药物流服务模式等进行了介绍。内容上注重理论联系实际，反映出现代医药物流的发展，注意与国家职业技能鉴定初级、中级的医药商品储运员的知识、技能相融合，针对学生学习的特点和岗位需求，重点突出。本教材主要适合全国中等职业教育药剂、医药物流、医药电子商务、医疗器械管理等医药物流相关专业使用，也可作为医药行业培训和自学用书。

本教材项目一、二、八由欧阳小青完成编写，项目三由朱晓盈完成编写，项目四由陈伟良完成编写，项目五、七由罗泽宇完成编写，项目六由周彬完成编写。霍佩琼负责对全书进行审阅指导。

在教材编写过程中，得到了各有关院校、各医药公司给予的大力支持和帮助；编写过程中也借鉴和参考了相关的专业文献并融入了有关专家的指导意见。在此表示衷心的感谢！

由于编者水平所限，物流领域发展迅速，教材内容难免有所不足，敬请读者提出宝贵意见。

编　者
2020 年 10 月

目录

1. 掌握现代物流和医药物流一些基本概念及行业术语。

2. 熟悉物流的分类和基本功能。

1. 掌握药品采购的基本流程以及采购药品注意事项。

2. 熟悉采购的原则和采购药品的分类模型。

1. 掌握药品运输过程中物流的基本业务流程和注意事项。

2. 熟悉运输方式、分拣方式的选择原则。

1. 掌握药品仓储的物流流程和相关注意事项。

2. 熟悉仓储的基本概念与相关概念。

1. 掌握冷链药品的概念和范围；冷链药品储运的温湿度要求。

2. 熟悉冷链药品收货、验收、储存、出库、运输等环节要求。

1. 掌握办公软件在物流仓储作业数据统计中的应用。

2. 熟悉 GSP 对物流信息技术的要求。

1. 掌握第三方医药物流的概念、提供的服务及监管，发展第三方医药物流的要求。

2. 熟悉与传统医药物流相比第三方医药物流的优势。

1. 掌握医疗器械的概念、范围、分类管理以及医疗器械相关术语。

2. 熟悉医疗器械经营企业物流作业流程管理要求。

 **项目一** **物流和医药物流的认知**

PPT

学习目标

知识要求

1. **掌握** 现代物流和医药物流一些基本概念及行业术语。
2. **熟悉** 物流的分类和基本功能。
3. **了解** 药品的特殊性以及药品的特点。

能力要求

1. 具备在实际工作中灵活运用物流、医药物流基本概念及术语的能力。
2. 熟练掌握对不同类别物流、不同类别药品、药品和非药品的基本分类、判断。

实例分析

实例 W公司原是一家乡村小店,从事零售行业。经过多年的发展,W公司在全球28个国家拥有超过70个品牌的约11000家分店以及遍布11个国家的电子商务网站,每周有超过2.5亿名顾客和会员光顾。2015财政年度的净销售金额达到近4857亿美元。W公司是怎么由一家乡村小店一跃成为零售业的巨头呢?W公司建立了高效运作的配送中心,利用了高科技信息技术解决了与供应商信息沟通不畅的问题并实现了对物流流程的自动化掌控,可以把送到配送中心的货在一天内送到配送中心覆盖区域内的所有商店;W公司对每一辆卡车使用进行了精密的计划,减少了车辆的空载率;W公司投巨资建立了公司的全球物流信息化管理系统,对物流管理的过程进行全程监督管理。

问题 W公司是通过哪些方面的管理提高了竞争力而取得成功的?

任务一 走近物流

一、物流的概念和相关术语

(一)物流的起源和概念

自从有了商品交换,就有了物流(logistics)的活动。在全球经济快速发展的今天,我们的日常生活更是离不开物流。得益于物流我们才能享用到来自各地的美食和物品。那什么是物流呢?让我们来追溯下物流的起源和发展。

1. 物流的起源 关于物流的具体概念最早起源于20世纪初的美国。物流概念的产生和发展经历了三个阶段:第一个阶段是20世纪初到20世纪50年代,这个阶段是物流概念的孕育和提出阶段，主要学说有两个。一是美国市场营销学者阿奇·萧（Arch W. Shaw）1915 年从市场分销的角度提出的"physical distribution"的概念，即"分销物流"学说，就是指把企业的产品怎么分送到客户手中的活动。另一个是美国少校琼西·贝克（Chauncey B. Baker）1905 年从军事后勤的角度提出的 logistics 的物流概念："与军备的移动与供应相关的战争艺术的分支就叫物流"，即"后勤"学说。第二个阶段：分销物流学（physical distribution）阶段，从 20 世纪 50 年代中开始到 80 年代中期，可以叫作分销物流学阶段。这一个阶段的基本特征，是分销物流学的概念发展并占据了统治地位。分销物流学，主要把物流看成是运输、储存、包装、装卸、加工、物流等各种物流活动的总和。在分销物流学中，主要研究这些物流活动在分销领域的优化问题，并且从美国走向了全世界，成为世界各国一致公认的比较统一的物流概念，进而形成和发展了物流管理。20 世纪 50 年代中期，美国的分销物流学概念传到了日本，在日本得到了承认，并发扬和光大，以后又逐渐传到了欧洲、北美。1979 年 6 月中国物资经济学会派代表团参加在日本举行的第三届国际物流会议，首次由日本引进了物流概念。第三阶段是现代物流学阶段，这个阶段从 20 世纪 80 年代中期开始一直到现在，随着物流活动进一步集成化、一体化、信息化的发展，使全世界都自然意识到，物流已经不仅仅限于分销领域，而已经涉及到包括物资供应、生产、企业分销以及企业废弃物再生等全范围和全领域。但是这个时候的物流概念 logistics 跟第一阶段的军事后勤学上的物流概念 logistics 意义完全不同，第一个阶段主要是指军队物资供应调度上的物流问题，而新时期的 logistics 概念是在各个物流全面高度发展的基础上基于企业供、产、销等全范围、全方位物流问题。

你知道吗

美国、日本以及欧洲物流的定义

美国物流管理协会对于物流的定义：物流是供应链流程的一部分，是为了满足客户需求而对商品、服务及相关信息从原产地到消费地的高效率、高效益的正向和反向流动及储存进行的计划、实施与控制过程。

欧洲物流协会对于物流的定义：物流是在一个系统内对人员及人或商品运输、安排及与此相关的支持活动的计划、执行与控制，以达到特定的目的。

日通综合研究所《物流手册》对于物流的定义：物质资料从供给者向需求者的物理性移动，是创造时间价值和场所价值的经济活动。从物流范畴来看，包括包装、装卸、保管、运输、配送、流通加工及物流信息处理等多项基本活动。

2. 物流的定义　目前关于物流的定义，国际上没有一个统一的定义，2001 年中国制定出《物流术语》国家标准，首次给出了官方的"物流"定义版本。物流（logistics）的定义：物品从供应地向接收地的实体流动过程。根据实际需要，将运输、储存、装卸、搬运、包装、流通加工、配送、回收、信息处理等基本功能实施有机结合。

（二）现代物流的定义以及与传统物流的区别

1. 现代物流的定义　现代物流（modern logistics）指的是将信息、运输、仓储、库存、装卸搬运以及包装等物流活动综合起来的一种新型的集成式管理，其任务是尽可能降低物流的总成本，为顾客提供最好的服务。一些专家学者则认为：现代物流是根据客户的需求，以最经济的费用，将物流从供给地向需求地转移的过程。它主要包括运输、储存、加工、包装、装卸、配送和信息处理等活动。

2. 现代物流与传统物流的区别　传统物流一般指产品出厂后的包装、运输、装卸、仓储等的单项功能。而现代物流提出了物流系统化或称为总体物流、综合物流管理的概念，并付诸实施。具体地说，就是从采购物流开始，经过生产物流，再进入销售物流，与此同时，要经过包装、运输、仓储、装卸、加工配送到达用户（消费者）手中，最后还有回收物流。可以这样讲，现代物流包含了产品从"生"到"死"的整个物理性的流通全过程。两者的不同主要表现在以下几个方面。

（1）目的不同　现代物流提供增值服务，以满足顾客需要为目的；传统物流则只提供简单的位移。

（2）业态不同　现代物流是主动服务，传统物流是被动服务。

（3）运作方式不同　现代物流实施信息管理，传统物流实行人工控制。

（4）服务标准不同　现代物流实施标准化服务，传统物流无统一服务标准。

（5）管理重点不同　现代物流构建全球服务网络，是整体系统优化；传统物流是单一环节的管理，侧重点到点或线到线服务。

（6）观念不同　现代物流以客户为中心，传统物流以物流企业为中心。

（三）物流管理和供应链管理

1. 物流管理的定义　物流管理（logistics management）是为了以合适的物流成本达到用户满意的服务水平，对正向及反向的物流活动过程及相关信息进行的计划、组织、协调与控制。其中物流活动指的是物流过程中的运输、储存、装卸、搬运、包装、流通加工、配送、回收等功能的具体运作。现代物流管理是建立在系统论、信息论和控制论基础上的，有狭义和广义两个方面的含义：狭义的物流管理是指物资的采购、运输、配送、储备等活动，是企业之间的一种物资流通活动；广义的物流管理包括了生产过程中的物料转化过程，即现在人们通常所说的供应链管理。

2. 供应链管理的定义　我国 2006 年版国家标准《物流术语》（GB/T 18354 - 2006）给出的供应链（supply chain，SC）定义为：生产及流通过程中，为了将产品或服务交付给最终用户，由上游与下游企业共同建立的需求链状网。供应链管理（supply chain management）则是对供应链涉及的全部活动进行计划、组织、协调与控制。供应链管理的作用就是通过对供应链中的信息流、物流和资金流进行设计、规划和控制，建立一个最优的商品供应体系，降低整个供应链的成本，增强竞争实力，提高供应链中各成员的效率和效益，同时提高对顾客（消费者）的服务水平。从范围角度来看，物流管理又是供应链管理的一部分。

（四）绿色物流和逆向物流

1. 绿色物流　随着世界经济的不断发展，人类的生存环境出现能源危机、资源枯竭、生态系统失衡等现状。各国政府采用各种方式推动绿色的发展，包括追加投入以促进环保事业的发展、组织力量监督环保工作的开展、制定专门政策和法令来引导企业的环保行为。在这种背景下，绿色物流开始兴起。近年来，我国政府也越来越重视绿色的发展。2019年7月1日开始执行的《绿色物流指标构成与核算方法》（GB/T 37099 – 2018）首次给出了我国关于绿色物流（green logistics）的定义：通过充分利用物流资源、采用先进的物流技术，合理实施运输、储存、包装、装卸、搬运、流通加工、配送、信息处理等物流活动，实现物流环境净化的过程。即通过对土地、能源、水、材料、管理等资源的合理配置和有效利用，通过在物流各环节中设施设备的高效运行和物流作业效率提升，进而达到减少能源消耗、降低排放，实现对环境的保护。目前绿色物流一般是从物流设施、物流装备、物流运作模式和物流包装四个方面推进。比如节能的仓储设施、新能源运输车辆、智能信息化管理、可降解物流包装和回收物的再利用等。

2. 逆向物流　逆向物流（reverse logistics）是指物品从供应链下游向上游的运动所引发的物流活动，也称反向物流。按照成因、途径、处置方式及产业形态来分，逆向物流可以分为终端使用退货、维修退回、商业退回、报废退回、包装回收等。医药行业常见的逆向物流包括医药商品召回和医药商品退货。随着大力提倡环保意识和资源再生新技术的快速发展，绿色导向的逆向物流逐渐增多，比如运输包装的重复利用、周转箱的循环使用等。逆向物流不但能提高企业的顾客满意度还能减少企业的成本，为企业带来经济效益、社会效益和环境效益的共同增加。

二、物流的分类 📱微课

（一）按照物流活动作用分类

1. 供应物流（supply logistics）　生产企业、流通企业或用户购入原材料、零部件或商品的物流过程称为供应物流。也就是物资生产者、持有者到使用者之间的物流。对于制造企业而言，是指对于生产活动所需要的原材料、燃料、半成品等物资的采购、供应等活动所产生的物流，例如：汽车配件从配件生产商到汽车生产商的物品流动；对于流通企业而言，是指交易活动中，从买方角度出发的交易行为中所发生的物流。

2. 生产物流（production logistics）　是指生产过程中，原材料、在制品、半成品、产品等在企业内部的实体流动。生产物流是制造企业所特有的，它和生产流程同步。如果生产物流发生中断，生产过程也将随之停顿。

3. 销售物流（distribution logistics）　生产企业、流通企业售出产品或商品时，物品在供方和需方之间的实体流动称之为销售物流。对于制造企业，是指售出商品，例如：药品从药厂到达药店的销售；而对于流通企业是指交易活动中，从卖方角度出发的交易行为中所发生的物流。例如：药品从药店到达消费者手里的销售。

4. 回收物流（returned logistics）　是指商品生产和流通过程中，不合格物品的返修、退货以及伴随货物运输或搬运中的包装容量、装卸工具及其他可再用的旧杂物等从需方返回到供方所形成的物品实体流动。例如：啤酒玻璃瓶的回收处理。

5. 废弃物流（waste material logistics）　是指经济活动中失去原有使用价值的物品，根据实际需要进行收集、分类、加工、包装、搬运、储存等，并分送到专门处理场所时形成的实体流动。如：城市生活垃圾的处理。

（二）按照从事物流的主体划分

1. 第一方物流（the first party logistics，1PL）　第一方物流是指由卖方、生产者或供应方组织的物流，这些组织的核心业务是生产和供应商品，为了自身生产和销售的需要而进行物流网络及设备的投资、经营与管理。

2. 第二方物流（the second party logistics，2PL）　第二方物流是指买方、销售者组织的物流，这些组织的核心业务是采购并销售商品，为了销售业务需要而投资建设物流网络、物流设施和设备，并进行具体的物流业务运作组织和管理。严格地说从事第二方物流的公司属于分销商。

3. 第三方物流（the third party logistics，TPL 或 3PL）　第三方物流是指由物流的供应方与需求方以外的物流企业提供的物流服务。即由第三方专业物流企业以签订合同的方式为其委托人提供所有的或一部分的物流服务。所以第三方物流也称之为合同制物流。

4. 第四方物流（the fourth party logistics，4PL）　第四方物流是一个供应链的集成商，是供需双方及第三方的领导力量。它不是物流的利益方，而是通过拥有的信息技术、整合能力以及其他资源提供一套完整的供应链解决方案，以此获取一定的利润。它是帮助企业实现降低成本和有效整合资源，并且依靠优秀的第三方物流供应商、技术供应商、管理咨询以及其他增值服务商，为客户提供独特的和广泛的供应链解决方案。

（三）按照物流的对象分类

1. 社会物流（external logistics）　社会物流一般是指流通领域发生的物流，是全社会物流的整体，所以有人也称之为大物流或宏观物流。社会物流的一个标志是：它是伴随商业活动发生的，也就是说与物流过程和所有权的更迭相关的。

就物流学的整体而言，可以认为研究对象主要是社会物流。社会物流的流通网络是国民经济的命脉，流通网络分布是否合理，渠道是否畅通这些都是至关重要的。必须对其进行科学管理和有效控制，采用先进的技术手段，保证高效能、低成本运行，这样做可以带来巨大的经济效益和社会效益。

2. 行业物流（industry logistics）　同一行业中的企业虽然在市场上是竞争对手，但是在物流领域中却可以常常互相协作，共同促进行业物流系统的合理化，行业物流系统化的结果是使参与的所有企业都得到相应的利益。如：医药、汽车、钢铁。

例如在日本建设机械行业，提出行业物流系统化的具体内容有：各种运输手段的有效利用；建设共同的零部件仓库，实行共同集配送；建立新旧车设备及零部件的共同流通中心；建立技术中心，共同培训操作人员和维修人员；统一建设机械的规格等。又如在大量消费品方面提出采用发票的统一、商品规格的统一、法规政策的统一、托盘规格的统一等，这些措施统一了行业标准，减少了物资的浪费，加强了专业人员的培养，促进了行业的发展。

3. 企业物流（internal logistics）　企业物流是指企业内部的物品实体流动。它从企业角度上研究与之有关的物流活动，是具体的、微观的物流活动的典型领域。例如：一个制造企业的物流活动首先是购进原材料，然后经过若干工序的加工，最后形成产品销售出去；一个运输企业的物流活动是按照客户的要求将货物运送到指定地点。

（四）按照物流活动的范围划分

1. 区域物流（regional logistics）　按行政区域划分，我国可以划分为八大区：东北、华北、西北、西南、华南、华东、华中等；按省区来划分，可划分为北京、天津等30多个省、直辖市和自治区等；按经济圈划分，可划分为以北京、天津为中心的首都经济圈物流，以上海为中心的长江三角洲经济圈物流，以广州、深圳、珠海为中心外连港澳、内接珠江三角洲的珠江三角洲经济圈物流等。区域物流系统对于提高该地区企业物流活动的效率，以及保障当地居民的生活福利环境，具有不可缺少的作用。

2. 国内物流（domestic logistics）　是指在一个国家内发生的物流活动，物流活动的空间范围局限在一个国家内。国家制定的各项计划、法令政策都是为其自身的整体利益服务的，物流作为国民经济的一个重要方面，也应该纳入国家的总体规划。在物流系统的建设投资方面也要从全局考虑，使一些大型物流项目能够尽早建成，为经济建设服务。

请你想一想
日常生活中我们有见过哪些物流活动？

3. 国际物流（international logistics）　国际物流是指世界各国（或地区）之间，由于进行国际贸易而发生的商品实体从一个国家（或地区）流转到另一个国家（或地区）的物流活动。随着国际贸易的发展，物流国际化越来越突出，"物流无国界"已被人们所公认，国际物流将不断得到发展，这就要求有相应的国际物流设施和管理经验。国际物流比国内物流更为复杂，需要国家间的良好协作，同时也需要国内各方面的重视和参与。

三、物流的价值体现

物流是增值性经济活动，是除了节约原材料的"第一利润源泉"和提高劳动生产率的"第二利润源泉"之外的第三个能给企业带来利润的"源泉"。关于物流成本有三种重要学说，除了"第三利润源学说"外还有"黑大陆学说"和"物流冰山说"。"黑大陆学说"是 1962 年由美国管理学权威彼得·德鲁克（Peter Drucker）提出，"黑大陆"说法目前主要针对物流而言。"黑大陆学说"认为，在消费者所支出的商品价格中，大约 50% 是与商品流通有关的费用，由于当时企业物流以外的活动已经得到明显的改善，生产方面的机械化、自动化取得了较大的进展，销售方面采用了科学的营销方法，因此，物流被视为降低成本的最后领域。"物流冰山说"的含义是：人们对物流费用的总体内容并不掌握，提起物流费用大家只看到露出海面的冰山的一角，而潜藏在海水下面的冰山主体却看不见，海水中的冰山才是物流费用的主要部分。一般情况下，企业会计科目中，只把支付给外部运输企业、仓库企业的费用列入成本，实际这些费用在整个物流费用中犹如冰山的一角。因为物流基础设施建设费，企业利用自己的车辆运输，利用自己的库存保管货物，由自己的工人进行包装、装卸等费用都没计入物流费用科目内。物流的"第三利润源泉"和"物流冰山说"都是由日本早稻田大学的物流专家西泽修教授提出。这三种学说有助于我们更好地理解物流的双重性和重要性，有利于我们更好地了解物流管理的任务：就是尽量降低物流成本占用和物流的环境负担，使物流的价值进一步体现。

（一）物流创造时间价值

"物"从供给者到需要者之间本来就存在有一段时间差，由于改变这一时间差创造的价值，称为"时间价值"。物流创造时间价值主要通过以下几种方式。

1. 缩短时间创造价值　缩短物流时间，可获得多方面的好处，如减少物流损失，降低物流消耗，增加物的周转，节约资金等。从全社会物流的总体来看，加快物流速度，缩短物流时间，是物流必须遵循的一条经济规律。

2. 弥补时间差创造价值　经济社会中，需要和供给普遍地存在着时间差，例如，粮食是生产时间集中产出，但是人们的消费是一年 365 天，天天有所需求，因而供给和需求之间出现时间差，这是一种普遍客观存在的情况，物流可以通过科学的、系统的方法去改变、弥补时间差，以实现理想的效益。

3. 延长时间差创造价值　尽管加快物流速度，缩短物流时间这是普遍规律，但是在某些具体物流中也存在人为地、能动地延长物流时间来创造价值的。例如，秋季集中产出的水果等农产品，通过物流的储存、储备活动，有意识延长物流的时间，以均衡人们的需求；配合待机销售，通过物流的储存来寻找进入市场的最理想时间也是一种有意识地延长物流时间、增加时间差来创造价值的形式。

（二）物流创造场所价值

场所价值指的是"物"的供给者和需求者往往处于不同的场所，由于改变"物"

的不同场所存在位置，创造的价值称为场所价值，也叫空间效用。

物流创造场所价值是由现代社会产业结构、社会分工所决定的，主要原因是供给和需求之间的空间差，商品在不同地理位置有不同的价值，通过物流将商品由低价值区转到高价值区，便可获得价值差，即场所价值。有以下几种具体形式。

1. 从集中生产场所流入分散需求场所创造价值　通过集中的、大规模的生产以提高生产效率，降低成本。在一个小范围集中生产的产品可以覆盖大面积的需求地区，有时甚至可覆盖一个国家乃至若干国家。通过物流将产品从集中生产的低价位区转移到分散于各处的高价位区有时可以获得很高的利益。例如：山西的煤炭，通过物流流入不产煤炭却有需求的地区，以此获得更高的利润。

2. 从分散生产场所流入集中需求场所创造价值　这种情况在现代社会中也不少见，例如水果是可以在不同的地方种出来，而一个大城市对水果的需求却相对大规模集中；一台电脑的零配件生产分布也非常广，最后集中在一个厂中装配，这也形成了分散生产和集中需求，物流便因此取得了场所价值。

3. 在低价值地生产流入高价值地需求创造场所价值　现代社会中供应与需求的空间差比比皆是，十分普遍。例如南方热带生长的水果运到北方消费，农村生产的农作物运到城市消费等。现代社会中，人们每天消费的物品几乎都是不同的地方生产的。复杂的供应和需求的空间差之间的问题都是靠物流来解决，物流也从中取得了利益。

（三）物流创造加工价值

在流通过程中，可以通过流通加工的特殊生产形式，使处于流通过程中的物品通过特定方式的加工而增加附加值，这就是物流创造加工价值的活动。例如：根据当地市场的需求把大包装的商品分装成小包装商品出售。物流创造加工价值是有局限性的。它不能取代正常的生产活动，而只能是生产过程在流通领域一种完善和补充。但是，物流过程的增值功能往往通过流通加工得到很大的体现，可以对整个物流系统完善起到重大作用。

综上所述，物流的作用不只在于使物品发生物理位置的转移，更重要的是产生时间和空间价值的增长。它可以通过运输、储存、保管、装卸、搬运、包装、流通加工活动创造时间效用、空间效用、形质效用。加快发展现代物流，对于我国应对经济全球化的形势，提高我国经济运行质量和效益，优化资源配置，改善投资环境，增强企业竞争力和促进先进生产力的发展具有重要意义。

四、企业物流管理组织

物流管理组织是指从事物流管理的机构设置、管理权限及范围划分的组织形式。物流管理组织包括组织设计和组织管理两个方面的内容。组织设计的核心是确定组织结构。根据确定的物流管理组织结构，可以明确企业物流业务分工，规定物流部门的职位、职权、职责和相互间的关系，建立责任制度以及指令和反馈信息的渠道和程序。组织管理是对物流过程的动态管理，使物流系统的各组成部分按明确的业务分工准确地执行各自的职能，从而保证物流活动顺利进行。不同的企业会根据自身的情况建立适合自身发展的物流管理组织结构，合理的物流管理组织有助于企业实现物流合理化发展。物流管理组织结构的类型有以下几种类型。

1. 要素分割型物流管理组织结构　要素分割型物流管理组织结构，是指物流的不同要素由企业不同的职能部门分别进行管理的组织结构。如：采购部门的物料订货及物料仓储决定原材料、零部件的存货水平，运输计划决定原材料、零部件的运输效率；生产部门的工业工程决定企业生产线的布局，影响企业生产物流的效率，工厂仓储、生产计划安排、物料管理计划决定原材料、零部件及产成品的存货水平；营销部门的预测、订单处理、产成品库存控制、顾客订货服务决定库存水平，运输决策影响产成品的运输效率。对于规模不大、各职能部门之间联系较为密切的企业，这种物流管理组织结构较为适合，但这种组织结构不利于物流管理的总体优化，不同部门往往会为了追求本部门的利益最大化而牺牲其他部门的利益，如生产部门为了降低产品的库存，压缩生产规模，导致销售部门不能够满足预测期内正常的订单需求。

2. 一体化物流管理组织结构　一体化物流管理组织结构，是指将原来分属于不同职能部门的物流管理职能集中到物流部门进行管理的组织。由于将所有的物流要素都集中在一个部门内进行管理，可以减少不同部门之间的冲突，实现物流活动的整体最优。

3. 物流子公司　物流子公司，是指让企业的物流部门独立出来，成为由企业控股或参股的独立子公司。物流子公司不仅可以为本集团企业承担物流服务，也可以为集团以外的其他企业承担物流服务。由于物流子公司是独立的利润中心，因而有利于充分调动其业务开拓的积极性。与第三方物流企业相比，让物流子公司承担物流职能对企业而言具有更大的可控制性。当企业的规模较大且在物流方面形成了较大的竞争优势时，可以选择这种物流管理组织结构。

4. 战略合作型第三方物流企业　核心竞争力不在物流方面的企业可以与第三方物流企业建立战略合作伙伴关系，让第三方物流企业为自己承担各项物流职能，而企业则集中资源专注于自己的核心业务领域，通过在这些领域内做大、做强，实现与第三方物流企业的强强联合、共同发展。

你知道吗

现代物流管理系统的 7R 目标

- 适当的质量（right quality）；
- 适当的数量（right quantity）；
- 适当的时间（right time）；
- 适当的地点（right place）；
- 适当的产品（right product）；
- 适当的成本（right cost）；
- 适当的顾客（right customer）。

任务二 医药物流的认知

实例分析

实例 2008 年 10 月 6 日，云南省红河州第四人民医院有 6 名患者使用刺五加注射液后出现严重不良事件，其中 3 名患者死亡。紧接着，在云南省红河州蒙自、泸西两县也相继出现这种情况。11 月 6 日，国家食品药品监督管理总局与卫生部的联合调查组公布调查结果：这是一起药品污染引起的严重不良事件。

患者所使用的刺五加注射液均为黑龙江省完达山药业公司所生产，因云南遭遇大雨，部分刺五加注射液在流通环节被雨水浸泡，受到细菌污染，该公司销售人员张某违规以新标签更换被浸泡的标签并销售。此次事件按假药论处，有关部门对完达山药业公司的违法违规行为依法进行了处罚，公司被责令全面停产，并被收回药品 GMP 证书，销售人员张某等人被云南省公安部门刑拘，企业管理者被追究责任。

问题 案例中张某是通过什么方法让被污染的药品重新流入市场？从案例中我们看出药品的流通管理跟普通商品的流通管理有什么不一样？

正如我们所知，药品是一种商品，但是药品与普通商品相比是具有本身的特殊性的，表现在：①药品具有专属性，就是患什么病用什么药是特定的，不能像普通商品可以随便替换；②药品具有两重性，就是药品使用得当能防病治病，使用不当也能导致不良反应；③质量重要性，就是药品必须符合法定的药品质量标准才能有效；④药品的时限性，在有效期内的药品才能使用。这些因素决定了药品是一种特殊商品，它的流通过程关系到人们的生命健康。认识医药物流首先要对物流的"物品"——药品有基本的认知。

一、药品基本知识的认知

（一）药品的定义

药品是指用于预防、治疗、诊断人的疾病，有目的地调节人的生理机能并规定有适应证或者功能主治、用法和用量的物质，包括中药、化学药和生物制品等。

1. 中药 中药包括中药材、中药饮片和中成药三大部分。①中药材是指药用植物、动物、矿物的药用部分采收后经产地初加工形成的原料药材；②中药饮片是以中药材为原料，经过炮制加工之后、可直接用于调配或制剂的产品；③中成药则是以中草药为原料，经制剂加工成各种不同剂型的中药制品，包括丸、散、膏、丹、口服液等各种剂型，是经国家批准依法生产的成方中药制剂。中药材、中药饮片和中成药的关系如图 1-1 所示。

图1-1　板蓝根中药材、中药饮片和中成药的示意图

2. 化学药品　化学药品是通过合成或者半合成的方法制得的原料药及其制剂，例如：盐酸左氧氟沙星片（图1-2）；天然物质中提取或者通过发酵提取的新有效单体及其制剂。

3. 生化药品　根据2017年9月1日施行的《药品生产质量管理规范生化药品附录》，是指从动物的器官、组织、体液、分泌物中经前处理、提取、分离、纯化等制得的安全、有效、质量可控的药品。主要包括：蛋白质、多肽、氨基酸及其衍生物、多糖、核苷酸及其衍生物、脂、酶及辅酶等（不包括生物制品附录所列产品）。例如：三磷酸腺苷二钠注射液（图1-3）。

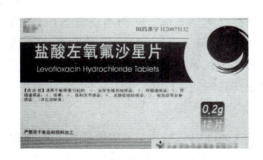

图1-2　化学药品-盐酸左氧氟沙星片　　　　图1-3　生化药品-三磷酸腺苷二钠注射液

4. 生物制品　根据《中华人民共和国药典》（2020年版）三部通则，生物制品是指以微生物、细胞、动物或人源组织和体液等为起始原材料，用生物学技术制成，用于预防、治疗和诊断人类疾病的制剂，如疫苗、血液制品、生物技术药物、微生态制剂、免疫调节剂、诊断制品等。例如：乙肝疫苗、人血白蛋白（图1-5）。

5. 放射性药品　是指用于临床诊断或者治疗的放射性核素制剂或者其他标记的化合物，有一定的放射性。例如：碘［I-123］化钠注射液。放射性药品属于国家特殊管理的药品，放射药品有专用标识（图1-4）。

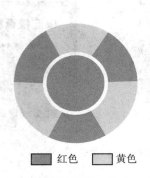

红色　　黄色

图1-4　放射性药品专用标识

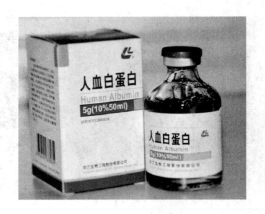

图1-5　生物制品-人血白蛋白

（二）药品的分类

药品的分类方法有很多种，主要列举以下几种　①按药品使用的安全性和使用便利性可分为：处方药与非处方药。②按药品特性和安全性可分为：一般管理药和特殊管理药。③按内外给药途径可分为：内服药和外用药。④按临床用药可分为：抗微生物药物、中枢神经系统药物、循环系统药物、呼吸系统药物、消化系统药物、泌尿系统药物、影响血液及造血系统的药物、抗过敏药物、激素类药物、抗肿瘤药物、酶类及其他生化制剂、解毒药物、驱虫药物、麻醉药及肌松药物等。⑤按医药商品的仓储保管习惯，可将品种繁多的商品简单地分为片剂类（包括片剂、丸剂和胶囊剂）、针剂类（注射液粉针、注射液、大输液等）、水剂类（包括酊剂和油膏剂）、粉剂类（包括原料药品、散剂、糖浆剂等）四大类，但这种分类方法难以适应现在的药品监管要求。无论哪一种分类方法，目的都是为了合理地组织药品流通和使用。

（三）常用药品相关术语

1. 非处方药　非处方药指由国务院药品监督管理部门公布的，不需要凭执业医师和执业助理医师处方，消费者可自行判断、购买和使用的药品。国家根据药品的安全性，又将非处方药分为甲、乙两类。非处方药简称 OTC。非处方药有专用标识（图1-6）。

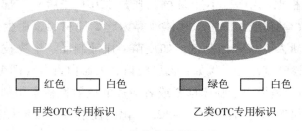

红色　　白色　　　　绿色　　白色

甲类OTC专用标识　　　　乙类OTC专用标识

图1-6　非处方药专用标识

2. 处方药　处方药是指凭执业医师和执业助理医师的处方方可购买、调配和使用的药品。

3. 医疗用毒性药品 医疗用毒性药品指毒性剧烈、治疗量与中毒量相近、使用不当会致人中毒或死亡的药品。医疗用毒性药品属于国家特殊管理药品，毒性药品的包装容器上必须印有毒药标志（图1-7）。

4. 麻醉药品 麻醉药品是指对中枢神经有麻醉作用，连续使用后易产生生理依赖性、能成瘾癖的药品。麻醉药品属于国家特殊管理药品，麻醉药品有专用标识（图1-8）。

> **请你想一想**
>
> 日常生活中，你所熟悉的药哪些是处方药？哪些是非处方药？你是通过什么区分的？请举例。

■ 黑色 □ 白色

图1-7 医疗用毒性药品专用标识

■ 蓝色 □ 白色

图1-8 麻醉药品专用标识

5. 精神药品 精神药品指直接作用于中枢神经系统，使大脑神经传导改变，产生兴奋或抑制，如果连续使用能够产生心理依赖性的药品。依据精神药品使人体产生的依赖性和危害人体健康的程度，精神药品分为第一类精神药品和第二类精神药品。精神药品属于国家特殊管理药品，精神药品有专用标识（图1-9）。

6. 特殊管理药品 特殊管理药品是指特殊药品（包括麻醉药品、精神药品、医疗用毒性药品、放射性药品）、药品类易制毒化学品原料或单方制剂、罂粟壳、蛋白同化制剂和肽类激素。

■ 绿色 □ 白色

图1-9 精神药品专用标识

7. 药品类易制毒化学品 药品类易制毒化学品是指《易制毒化学品管理条例》中所确定的麦角酸、麦角新碱、麻黄素、去甲麻黄素、甲基麻黄素等物质。

8. 蛋白同化制剂和肽类激素 蛋白同化制剂又称同化激素，俗称合成类固醇，是合成代谢类药物，具有促进蛋白质合成和减少氨基酸分解的特征，可促进肌肉增生，提高动作力度和增强男性的性特征。滥用会导致人生理、心理的不良后果，还会形成强烈的心理依赖。常见的蛋白同化激素有雄激素、苯丙酸诺龙、司坦唑醇、丙酸睾酮等。肽类激素由氨基酸通过肽键连接而成，最小的肽类激素可由三个氨基酸组成，多数肽类激素可由十几个、几十个或乃至上百及几百个氨基酸组成。其作用是通过刺激肾上腺皮质生长、红细胞生成等实现促进人体的生长、发育，大量摄入会降低自身内分泌水平，损害身体健康，还可能引起心血管疾病、糖尿病等。滥用肽类激素也会形成较强的心理依赖。常见的肽类激素有促红细胞生成素（EPO）及其类似物、生长激素（hGH）及其类似物，促皮质素、促性腺激素（含黄体生成素、绒毛膜促性腺激素）、胰岛素及其类似物等。

9. 兴奋剂　兴奋剂原指运动员为提高运动成绩服用的能使机体功能提高的药物，现在实际上是对运动员体育运动中禁用药物的统称。我国公布的《2024年兴奋剂目录》共收录兴奋剂品种391种，其中，蛋白同化制剂品种95种，肽类激素品种73种，麻醉药品品种14种，刺激剂（含精神药品）品种82种，药品类易制毒化学品品种3种，医疗用毒性药品品种1种，其他品种（利尿剂、β受体阻滞剂等）123种。含兴奋剂药品的包装或说明书应标有"运动员慎用"字样，如图1-10所示。

图1-10　运动员慎用的警示语

10. 含麻黄碱类复方制剂　含麻黄碱类复方制剂是指含有《易制毒化学品管理条例》所附品种目录中麻黄碱类物质，如：麻黄素、伪麻黄素、消旋麻黄素、去甲麻黄素、甲基麻黄素、麻黄浸膏、麻黄浸膏粉等麻黄素类物质的药品复方制剂。

11. 假药　有下列情形之一的，为假药：①药品所含成分与国家药品标准规定的成分不符的；②以非药品冒充药品或者以他种药品冒充此种药品的；③变质的药品；④药品所标明的适应证或者功能主治超出规定范围的。

12. 劣药　有下列情形之一的，为劣药：①药品成分的含量不符合国家药品标准；②被污染的药品；③未标明有效期或者更改有效期的；④未注明或者更改产品批号的药品；⑤超过有效期的药品；⑥擅自添加防腐剂、辅料的药品；⑦其他不符合药品标准规定的药品。

（四）药品标签上的常见内容

药品标签是指药品包装上印有或者贴有的内容，包括内标签和外标签，药品内标签是指直接接触药品包装的标签；外标签是指内标签以外的其他包装标签。药品内标签至少要标注药品通用名称、规格、产品批号、有效期等内容。中药饮片的包装必须印有或者贴有注明品名、规格、产地、生产企业、产品批号、生产日期的标签，实施批准文号管理的中药饮片还必须注明批准文号，中药饮片发运时包装上必须注明品名、产地、日期、调出单位等，并附有质量合格的标志。药品标签，是药品外在质量的一个主要体现。

1. 药品的名称　药品的名称一般包括通用名、商品名、英文名、化学名等，药品标签上常见的是通用名、英文名、商品名。

（1）我国药品通用名 即中国药品通用名称（China Approved Drug Names，CADN），由药典委员会按照《药品通用名称命名原则》组织制定并报卫生部备案的药品的法定名，是同一种成分或相同配方组成的药品在中国境内的通用名称，具有强制性和约束性。因此，凡上市流通的药品标签、说明书或包装上必须要用通用名称。其命名应当符合《药品通用名称命名原则》的规定，不可用作商标注册。

（2）英文名称 采用世界卫生组织编订的国际非专利药名（INN），是全世界通用的名称。

（3）商品名 是药品生产厂企业自己确定，经过注册的国家药品监督管理局部门核准的法定标志名称，具有专有性质。并非任何药品都可以使用商品名，《药品注册管理办法》明确规定，除了新化学药品、新生物制品和具有化合物专利的药品，其他药品（包括原料药、中药和仿制药）都不得使用商品名。

2. 注册商标 注册商标是指国家知识产权局商标局依照法定程序核准注册的商标。商标的注册标记为 R，使用时应当标注在商标的右下角或右上角。要注意的是，药品的注册商标不等于药品的商品名，虽然商品名有时也是注册商标，但注册商标和商品名是完全不同的概念。

3. 剂型 剂型通常是指药物根据临床预防和治疗的需要经过加工制成适合于使用、保存和运输的一种制品形式，或是指药物制剂的类别。剂型可以根据不同的需要进行分类，以下是两种常见的分类方式。

（1）按物质形态分类 可分为：固体剂型（如散剂、丸剂、颗粒剂、胶囊剂、片剂等）、半固体剂型（如软膏剂、糊剂等）、液体剂型（如溶液剂、芳香水剂、注射剂等）和气体剂型（如气雾剂、部分吸入剂等）。

（2）按给药途径分类 可分为：①经胃肠道给药剂型，指给药后药物经胃肠道吸收后发挥疗效的剂型，如片剂、溶液剂、糖浆剂、颗粒剂、胶囊剂、散剂、丸剂等；②非经胃肠道给药剂型，是指除胃肠道给药途径以外的其他所有剂型，如注射给药（静脉注射、肌内注射、皮下注射及皮内注射等）、皮肤给药（洗剂、软膏剂、贴剂、凝胶剂）、口腔给药（如漱口剂、含片、舌下片剂、膜剂等）、鼻腔给药（如滴鼻剂、喷雾剂、粉雾剂等）、肺部给药（如气雾剂、吸入剂、粉雾剂）、眼部给药（如滴眼剂、眼膏剂、眼用凝胶等）、直肠、阴道和尿道给药（如灌肠剂、栓剂等）。

4. 规格 药品的规格是指一定药物制剂单元内所含药物成分的量。药品规格的表示通常用含量、容量、浓度、质量（重量）、数量等其中一种方式或几种方式结合来表示。如：头孢拉定胶囊，0.25g×6粒/盒，规格就是0.25g。根据药品流通、使用的不同需要，对药品的数量常需要结合药品的规格和包装单位才能准确表述，如：头孢拉定胶囊，一个销售的最小单元是一盒0.25g×6粒，一箱（件）药中有20中盒，每一中盒内有10小盒，那么小包装规格是0.25g×6粒，中包装规格是0.25g×6粒×10盒，大包装规格是0.25g×6粒×10盒×20/箱。

5. 药品批准文号 药品批准文号是指国家批准药品生产企业生产药品的文号，是药品生产合法性和药品合法性的重要标志，是区分药品和非药品（食品、医疗器械、保健食品、化妆品等）的重要依据。药品批准文号由国家药品监督管理局批准。药品生产企业在取得药品批准文号后，方可生产该药品。但是，生产没有实施批准文号管理的中药材和中药饮片除外。

由于历史原因，2002 年前我国已上市药品的批准文号的格式不尽相同，不利于进行统一管理和监督。为加强药品批准文号管理，2001 年，原国家药品监督管理局发布《关于统一换发并规范药品批准文号格式的通知》，要求自 2002 年 1 月 1 日以后批准生产的新药、仿制药品和通过地方标准整顿或再评价升为国家标准的药品，一律采用新的药品批准文号格式。规范后的药品批准文号格式为：国药准（试）字 + 1 位字母 + 8 位数字。这种格式其中字母共分 7 个，分别代表药品的不同类别：H 表示化学药品，Z 表示中药，S 表示生物制品，B 表示保健药品，T 表示体外化学诊断试剂，F 表示药用辅料，J 表示进口分包装药品。数字第 1、2 位为原批准文号的来源代码，如："10" 代表原卫生部批准的药品，"19""20" 代表 2001 年 12 月 31 日以前国家药品监督管理局批准的药品，其他使用各省行政区划代码前两位的（表 1 - 1），为原各省级卫生行政部门批准的药品。第 3、4 位为换发批准文号之年公元年号的后两位数字，但来源于原卫生部和国家药品监督管理局的批准文号仍使用原文号年号的后两位数字。数字第 5 至 8 位为顺序号。如：某化学药品为原卫生部批准的 "卫药准字（1997）X - 01（1）号" 换发为 "国药准字 H10970001"；某化学药品为北京市卫生行政部门 1996 年批准的药品，原药品批准文号为："京卫药准字（1996）第 000001 号"，2002 年换发为 "国药准字 H11020001"。字母和数字含义依次是："H" 为化学药品，"11" 为北京市的行政区划代码前两位，"02" 为换发之年 2002 年的后两位数字，"0001" 为新的顺序号。每种药品的每一规格发给一个批准文号。

表 1 - 1　药品批准文号采用的中华人民共和国行政区划代码

代码	省（自治区、直辖市）	代码	省（自治区、直辖市）
110000	北京市	420000	湖北省
120000	天津市	430000	湖南省
130000	河北省	440000	广东省
140000	山西省	450000	广西壮族自治区
150000	内蒙古自治区	460000	海南省
210000	辽宁省	500000	重庆市
220000	吉林市	510000	四川省
230000	黑龙江省	520000	贵州省
310000	上海市	530000	云南省
320000	江苏省	540000	西藏自治区
330000	浙江省	610000	陕西省
340000	安徽省	620000	甘肃市
350000	福建省	630000	青海省
360000	江西省	640000	宁夏回族自治区
370000	山东省	650000	新疆维吾尔自治区
410000	河南省		

2007 年 10 月 1 日起施行的《药品注册管理办法》对药品注册批准文号有了新的格式要求，其中第一百七十一条明确规定药品批准文号的格式为：国药准字 H（Z、S、J）+4 位年号 +4 位顺序号，其中 H 代表化学药品，Z 代表中药，S 代表生物制品，J 代表进口药品分包装。

进口药品注册证号：H（Z、S）+4 位年号 +4 位顺序号，如：进口药品注册证号：H20180013。

医药产品注册证号：H（Z、S）C +4 位年号 +4 位顺序号，如：医药产品注册证号：ZC20100004。

对于境内分包装用大包装规格的注册证，其证号在原注册证号前加字母 B。

新药证书号的格式为：国药证字 H（Z、S）+4 位年号 +4 位顺序号。

2020 年 7 月 1 日起施行的《药品注册管理办法》对药品注册批准文号又进行了重新规定，其中第一百二十三条有如下规定。

境内生产药品批准文号格式为：国药准字 H（Z、S）+四位年号 +四位顺序号。中国香港、中国澳门和中国台湾地区生产药品批准文号格式为：国药准字 H（Z、S）C +四位年号 +四位顺序号。

境外生产药品批准文号格式为：国药准字 H（Z、S）J +四位年号 +四位顺序号。

其中，H 代表化学药，Z 代表中药，S 代表生物制品。药品批准文号，不因上市后的注册事项的变更而改变。中药另有规定的从其规定。

按照 2020 年新的药品批准文号格式规定，无论是国产药品，进口药品，或是中国香港、澳门和台湾地区生产药品，都以国药准字开头，例如：国药准字 SJ20150121，表示该批准文号首次批准为 2015 年，批准药品为进口生物药。

6. 产品批号 产品批号是用于识别"批"的一组数字或字母加数字。通过药品产品批号可以追溯和审查该批药品的生产历史。目前我国的药品产品批号通常由 6 位或 8 位数字组成，不同的生产厂家所标示的批号也有所差别。

（1）批号以 6 位数字表示的有下面两种情况。①前两位数表示年份，中间两位数表示月份，最后两位数表示日期。如：产品批号"150305"，即 2015 年 3 月 5 日生产的药品。②前两位数表示年份，中间两位数表示月份，最后两位数表示生产流水号。如：产品批号"150347"，即 2015 年 3 月第 47 批产品。

（2）批号以 8 位数字表示，即表示日号的 6 位数—2 位数分号组成。分号表示的意义只有生产者知道，它可能表示同一日生产批号，如"151107 – 3"，即 2015 年 11 月 7 日第三小批产品；也可能表示有效期，如 20151122 – 03，这批药品是 2015 年 11 月 22 日生产的，有效期为 3 年。

（3）还有另一种批号表示法，如抗生素批号为"51 – 0799 – 15"，即 51 为品种代号，系指注射用盐酸四环素，"07"为 7 月，"99"为 1999，"15"为第 15 批。国内某些厂的药品和进口药品的批号（尤其是原料药品），在形式上几乎没有规律可循，其特点是不把批号和生产日期相联系。如图 1 – 11 所示。

7. 有效期　有效期是药品在规定的贮存条件下，能够保证质量的期限。超过有效期的药品属于劣药，不能使用。有效期的标准格式：药品标签中的有效期应当按照年、月、日的顺序标注，年份用四位数字表示，月、日用两位数表示。其具体标注格式为"有效期至 XXXX 年 XX 月"或者"有效期至 XXXX 年 XX 月 XX 日"；也可以用数字和其他符号表示为"有效期至 XXXX.XX"或者"有效期至 XXXX/XX"（图 1 – 12）等。预防用生物制品有效期的标准按照国家药品监督管理局批准的注册标准执行，治疗用生物制品有效期的标注自分装日期计算，其他药品有效期的标注自生产日期计算。虽然欧美国家的时间表示方法不同，但是只要在中国境内销售的外国药品都要按照有效期的标准格式。

产品批号：G2508092
生产日期：2015.09

图 1 – 11　产品批号的格式

生产日期：2015/02/03
有效期至：2020/01

图 1 – 12　有效期的格式

8. 条形码　条形码，统称条码，由一组规则排列、宽度不同、黑白相间、平行相邻的线条组成，并配有相对应字符组成的码记，表示一定的信息。按码制可分为 Code39 码、Code25 码、EAN – 13 码（图 1 – 13）、EAN – 8 码、Code 128 码、UPC – A 码等。按携带信息的维度可分为一维条形码、二维条形码（图 1 – 14）等。

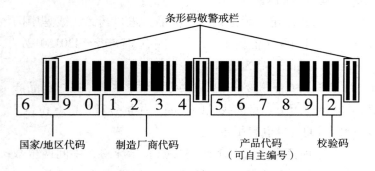

图 1 – 13　EAN – 13 码格式

图 1 – 14　二维条形码

　　药品标签上常见的条形码有商品条形码，就是以直接向消费者销售的商品为对象、以单件商品为单位使用的条形码。常见的商品条码有 EAN – 13（标准版）和 EAN – 8（缩短版）等。EAN 商品条形码亦称通用商品条形码，由国际物品编码协会制定，通用于世界各地，是目前国际上使用最广泛的一种商品条形码。EAN – 13 码为标准码，由 13 位数字构成，一般按前缀部分 + 制造厂商代码 + 产品代码 + 校验码的顺序排列（图 1 – 13）。商品条形码中的前 3 位（前缀码）是用来标识国家或地区的代码，赋码权在国际物品编码协会，中国的代码为 690 ～ 699；第 4 ～ 7 位代表制造厂商，我国由国家物品编码中心赋予制造厂商代码；第 8 ～ 12 位代表商品，赋码权由产品生产企业自由决定；商品条形码最后用 1 位校验码来校验商品条形码中左起第 1 ～ 12 数字代码的正确性。EAN – 8 码由 8 位数字组成，用在面积比较小的商品上。

商品条形码是国际组织公布的非强制标准，是"一类一码"，主要用于 POS 扫描结算，不能分辨真假和记录产品质量，不能实现产品流通跟踪，也不适用于农产品等价格复杂或不在超市销售的产品。

9. 药品电子监管码 我国药品电子监管码是由一组规则排列的线条、空白以及对应数字字符"码"按照一定的编码规则组合起来的表示一定信息的药品标识符号，有 20 位编码，是企业按照国家对药品可追溯的要求，为药品最小包装赋予的电子标识。药品的每个最小包装与其电子监管码一一对应，即"一件一码"。通过药品电子监管码可以实现药品可追溯，但是 2016 年，《国家食品药品监督管理总局关于修改〈药品经营质量管理规范〉的决定》将原先要求具有"药品电子监管系统"更改为"药品追溯系统"，并取消强制执行电子监管码扫码和数据上传的要求。随着 2019 年 4 月《药品信息化追溯体系建设导则》《药品追溯码编码要求》两项信息化标准发布，明确了"药品追溯码"是用于唯一标识药品各级销售包装单元的代码，由一列数字、字母和（或）符号组成。药品追溯码如同药品的电子身份证号码，是解锁药品对应追溯数据的钥匙，是实现"一物一码，物码同追"的必要前提和重要基础。药品追溯码是由一系列数字、字母和（或）符号组成的代码，包含药品标识代码段（即用于识别药品上市许可持有人/生产企业、药品名称、剂型、制剂规格和包装规格的唯一代码）和生产标识代码段（即用于识别药品在生产过程中相关数据的代码），用于唯一标识药品销售包装单元，通过一定的载体（如一维码、二维码、电子标签等）附着在药品产品上，应可被扫码设备和人眼识别。要求药品追溯码应关联药品上市许可持有人名称、药品生产企业名称、药品通用名、药品批准文号、药品本位码、剂型、制剂规格、包装规格、生产日期、药品生产批号、有效期和单品序列号等信息；应符合以下两项要求中的一项：①代码长度为 20 个字符，前 7 位为药品标识码；②符合 ISO 相关国际标准（如，ISO/IEC 15459 系列标准）的编码规则。药品追溯码编码的原则为：实用性、唯一性、可扩展性、通用性。

10. 贮藏 贮藏项下的规定，系为避免污染和降解而对药品贮存与保管的基本要求。规定了药品储存和保管的温度等环境要求。一般按药品包装标示的温度要求储存药品，包装上没有标示具体温度的，按照《中华人民共和国药典》规定的贮藏要求进行储存。以下是贮藏项下常用术语的含义：①避光是指避免阳光直射；②遮光系指用不透光的容器，例如棕色容器或黑纸包裹的无色透明、半透明容器；③密闭系指将容器密闭，以防止尘土或异物进入；④密封系指将容器密封以防止风化、吸潮、挥发或异物进入；⑤熔封或严封系指将容器熔封或用适宜的材料严封，以防止空气与水分的侵入并防止污染；⑥阴凉处系指不超过 20℃；⑦凉暗处系指避光并不超过 20℃；⑧冷处系指 2 ~ 10℃；⑨常温系指 10 ~ 30℃。

常见剂型药品储存的相关要求：①片剂。片剂的贮藏一般需要避免阳光直射，放置在低温、干燥的地方。②胶囊剂。胶囊分为软胶囊和硬胶囊，由于胶囊主要由明胶制作，受潮后易发霉、粘连，受热后易软化变形褪色，贮藏时需注意避免高温和潮湿。

③糖浆剂。糖浆剂一般室温贮藏即可，若温度过低可能会降低成分的溶解度，甚至造成其中的糖分析出形成结晶。开瓶后的糖浆剂不需放冰箱内，但是容易被微生物污染，主要表现为药瓶中出现絮状物、药品颜色不均甚至霉变，需要定期查看。④眼药水。大多数眼药水一般在常温下放置即可，若注明"须冷藏"应置于冰箱冷藏区储存。另外，包装上的有效保存期限是指未开封的药品存放期限，开封后一个月内尽快用完，超过一个月则应该丢弃以免细菌污染。

二、医药物流的定义和特点

（一）医药物流的定义

医药物流就是指依托一定的物流设备、技术和物流管理信息系统，有效整合营销渠道上下游资源，通过优化药品供销配运环节中的验收、存储、分拣、配送等作业过程，提高订单处理能力，降低货物分拣差错，缩短库存及配送时间，减少物流成本，提高服务水平和资金使用效益，实现自动化、信息化和效益化。

（二）医药物流的特点

药品的特殊性决定了医药物流有以下的特点。

1. 品类划分的复杂　医药物流最大的特点就是药品品种繁多、分类复杂。

2. 要符合《药品经营质量管理规范》（GSP）要求　医药物流在流通环节上，对药品批号、来源、效期、流向、单据等要求都非常严格，在仓储环节上的量化指标要求也极高，要求有高精度的运作模式信息系统作支持。

3. 运输管理严格　药品运输是实现药品的空间位移的手段，也是物流活动的核心环节。在运输过程中应根据不同药品的特性选择不同的交通工具以及采取必要的措施保证药品的安全性。如运输贮藏温度要求 $2 \sim 8℃$ 的生物制品要选用有温度控制的密封冷藏车。

4. 包装严格　包装材料的材质情况直接影响到药品的质量，药品包装必须适合药品质量的要求，方便储存、运输和医疗使用；必须按照规定贴有标签并附有说明书；特殊药品的标签，必须印有规定的标志等。印有专用标签的药品有麻醉药品、精神药品、医疗用毒性药品、放射性药品、非处方药品和外用药品。

5. 仓储与在库保管严格　按照药品的管理，药品需要严格实行色标管理，不同管理药品分不同库区储存，不同温度药品分不同温度库储存等。

6. 配送严格　出库时应遵循"先产先出、先进先出、易变先出、近期先出"原则，以确保库存药品质量始终保持在良好状态。药品需求的高时效性要求医药物流配送系统具有很高的灵活性。

三、医药物流行业的发展趋势和人才需求

我国医药流通企业是指具有《药品经营许可证》《药品经营质量管理规范认证证

书》《企业法人营业执照》(《营业执照》),将购进的药品、医疗器械等医药商品销售给合法的药品生产企业、药品经营企业、医疗机构以及消费者的药品经营企业的总称,包括药品批发企业、药品零售企业(含药品零售连锁企业和药品零售单体企业),也包括具有《互联网药品交易服务机构资格证书》的互联网药品交易服务机构。药品物流流通行业的健康发展有利于保障人民的用药合理安全方便和促进国家经济发展。近年来,我国医药物流总体规模呈现持续上升的趋势,根据中物联医药物流分会统计,2019 年我国医药物流总费用为 677. 71 亿元,较 2018 年增长 10. 39%。数据表明,当前我国医药物流的总体规模十分庞大,并且呈现持续上升的趋势。随着中国逐步进入老年化社会,国务院大健康产业规划等政策的推行,健康消费将为药品流通行业带来新的增长,行业批零一体化也将加速推进,同时"互联网 +"行动计划的推广使跨界侵入、跨界融合现象对药品流通行业形成新的冲击和挑战。在这种形势下,医药物流行业呈现出以下趋势:①行业集中化。随着"两票制"等政策的实施,压缩了药品流通环节,打破了药品流通环节普遍存在的多级经销体系,加快了药品流通企业兼并重组步伐,使行业集中度不断加强。②专业化和社会化。随着医药市场的逐步开放和医药市场监管规范性加强,专业化的第三方医药物流企业进入医药物流领域以及部分传统医药流通配送企业向供应链服务商转型,使医药物流行业呈现出专业化、社会化趋势。③标准化。随着国家和行业一系列标准化规章制度的发布,医药物流逐步进入标准化发展。医药物流标准化有利于提升物流服务质量、运营效率、降低物流成本。④智慧化。移动互联网、大数据、云计算等先进信息技术的应用,促进了物流信息化、智能化、自动化的发展,助力医药物流实现全程可视、可控、可管理,最终实现医药智慧物流。⑤服务模式创新化。随着终端消费者对医药流通服务的要求不断提高,服务模式出现创新化。如:医院院内物流管理 SPD 模式(它将医院医用物资的院内物流工作放在一个专业的物流管理平台上运营,由专业的物流服务商提供整体的医院物资物流运营管理配套服务以便实现管理效能的提高)、DTP 药房模式(即药店获得制药企业产品经销权,患者在医院获得处方后从药店直接购买药品并获得专业指导与服务的模式)和社会零售药店融合线上、线下发展的"网订店送""网订店取"等新服务模式涌现。

医药物流行业本身具有交叉跨越性,涉及医药行业、物流行业两个领域,因此全方位、循序渐进地培养具有两个行业知识的交叉型人才是医药物流企业和专业院校的共同目标。医药物流行业除了对具备系统的现代物流知识、药品知识、现代信息技术应用和规范化医药管理等知识的基层从业人员需求大增外,对中高层管理人才需求主要体现在以下几类:①物流系统咨询规划人才。因为医药物流相对普通物流来说具有特殊性,如药品的存放与其他物品要求不一样,再加上我国目前开设物流管理专业的本科医药院校较少,所以具备医药知识的物流系统咨询规划人才缺乏。②供应链管理人才。供应链人才需具备全面的物流知识、丰富的医药物流供应链工作经验。③对外贸易相关的医药物流人才。要求物流管理相关人才必须既掌握国际医药贸易相关知识,又通晓国际医药物流的相关知识。

实训一 制作某医药物流公司的招聘简章海报

一、实训目的

通过实训了解医药物流公司的业务范围、组织结构图和岗位要求，从而了解从事医药物流行业需要掌握的知识和能力要求，激发学习医药物流知识的兴趣。

二、实训器材

电脑、A3 或 A2 纸若干、彩色马克笔、黑色油性笔若干。

三、实训原理

利用医药物流公司的招聘简章海报使学生初步了解医药物流公司的业务和岗位要求。

四、实训方法

1. 学生进行分组，4~5 人为一组。
2. 每组各自成立一家新的医药物流公司并进行命名。
3. 通过上互联网查阅资料了解医药物流公司的业务范围、组织结构图。根据组织结构图，组内成员分工上网查阅岗位要求。
4. 各组内讨论并在纸上制作自己医药物流公司的招聘简章海报。
5. 小组之间点评。
6. 教师点评。

五、实训考核方式

具体内容见表 1 – 2。

表 1 – 2 实训考核表

评分项目	评分说明	评分
结构完整性（10 分）	按招聘简章海报格式要求结构完整（0~10，缺一处扣2分，扣完即止）	
内容正确（20 分）	表述内容正确，无科学性和知识性的错误（0~10 分，错一处扣2分，扣完即止）	
模块内容齐全（60 分）	要求有医药物流公司的业务范围，根据组织结构图写的岗位和岗位要求内容齐全（缺一处扣5分，扣完为止）	
整体设计风格视觉效果（10 分）	版面设计和谐美观，布局合理，视觉效果好，符合视觉心理（0~10 分）	

目标检测

一、单项选择题

1. （　　）是物品从供应地向接收地的实体流动过程。

  A. 运输   B. 配送   C. 物流   D. 流通

2. 物流的具体概念最早起源于哪个国家？（　　）

  A. 中国   B. 日本   C. 英国   D. 美国

3. （　　）是制造企业所特有的物流活动。

  A. 销售物流 B. 生产物流 C. 供应物流 D. 原材料物流

4. （　　）是宏观物流。

  A. 物流   B. 国家物流 C. 社会物流 D. 现代物流

5. 板蓝根冲剂属于以下（　　）类。

  A. 化学药品 B. 中成药   C. 中药饮片 D. 中药材

6. 国药准字批准文号中字母为 B 的代表（　　）类药品。

  A. 化学药品 B. 中药   C. 生物制品 D. 保健药品

二、多项选择题

1. 按照从事物流的主体划分，物流可以分为（　　）。

  A. 第一方物流 B. 第二方物流 C. 第三方物流 D. 第四方物流

2. 按照物流活动作用分类，物流可以分为供应物流、生产物流、销售物流和（　　）。

  A. 回收物流 B. 社会物流 C. 行业物流 D. 废弃物物流

3. 物流的价值体现在（　　）方面。

  A. 时间   B. 社会   C. 场所   D. 加工

4. 特殊管理药品包括（　　）和肽类激素。

  A. 特殊药品   B. 药品类易制毒化学品原料或单方制剂

  C. 罂粟壳   D. 蛋白同化制剂

三、简答题

1. 简述逆向物流的定义。

2. 简述医药物流的定义和特点。

书网融合……

微课   划重点   自测题

▷▷ 项目二　药品的采购

学习目标

知识要求

1. **掌握**　药品采购的基本流程以及采购药品注意事项。
2. **熟悉**　采购的原则和采购药品的分类模型。
3. **了解**　采购的相关定义和采购分类。

能力要求

　　熟练运用采购量计算公式计算采购量；学会根据药品的相关法规制定出药品采购合同。

📋 任务一　采购的概述

☞ 实例分析

　　实例　刘老板在市里开了三间连锁药店（图2-1），生意非常好，从早上8：00开门做到晚上9：00关门。但是，让刘老板头痛的是药品采购的问题，为了根据市场需求进货，避免积压，刘老板都是让店长自己制定采购计划，再报给总部采购员购买。因为害怕积压药品给刘老板责备，分店的店长们都是频繁地根据顾客要求下采购计划，总部的采购员根据需求频繁地购买药物。开店才三个月，虽然生意好，但是因为频繁的采购增加了物流成本，导致大部分的利润都被物流成本消耗了。

图2-1　药店

　　问题　请你帮帮刘老板，说说应该采取什么样的措施才能做到合理采购？

采购往往占用企业大量的资金，直接影响到企业的经营成本。同时，采购的质量也关乎到企业生死存亡。无论是生产企业还是流通企业，没有采购，企业就无法生存，也不存在物流的运输、储存保管、包装等一系列作业活动，所以，采购物流是企业物流活动过程的起始环节，是物流系统运行的前提和基础，是企业生存的关键环节。要保证企业物流系统的良性运行，必须加强和重视采购物流。本单元主要涉及药品流通企业的采购物流。

一、药品流通企业采购员的岗位职责和工作内容

1. 岗位职责

（1）负责企业经营药品的采购；

（2）负责药品退换货管理；

（3）供应商管理。

2. 工作内容

（1）及时查验有关信息资料，根据库存下限确定药品和供应单位，制定采购计划；

（2）审核采购成本，对不同厂商的药品供应价格进行询价、议价、比价；

（3）对分管品种、价格变动品种计算补偿价格，确定补偿方式，开据扣款单，抄报财务部；

（4）签订购货合同，跟踪合同执行情况，反馈货源信息；

（5）根据品种进、销、存情况及有关协议，制定付款计划并报领导审批，办理付款手续；

（6）定期查询库存滞销药品，处理验收有问题的药品、售后有问题药品、近效期药品等；

（7）与供应商联系，填写退换货申请书，交退货员办理；

（8）进行信息跟踪，做到账、货相符；

（9）解答供应商对销、存方面的疑问；协助供应商核对账务；

（10）索取供应商、品种资质资料并配合调查、审核其资质。

由以上的岗位职责和工作内容可以得知：作为一名药品采购员要掌握一定的药品专业知识、物流知识和相关法律法规，了解采购部门的采购战略，才能根据采购的工作流程做好本职工作。了解工作内容有助于最大限度地实现劳动用工的科学配置，提高工作效率和工作质量，从而促进企业的发展。

二、企业采购物流概述

（一）采购的含义

采购（purchasing）是指企业在一定的条件下向供应商购买产品或服务的全过程。按照取得产品的方式途径不同，采购有狭义和广义之分。狭义的采购就是买东西，是

企业根据需求提出采购计划、审核计划、选择供应商、经过商务谈判确定价格和交货条件，最终签订合同并按要求收货付款的过程。采购，既是一个商流过程，也是一个物流过程。广义的采购是指除了以购买的方式占有物品之外还可以通过租赁、借贷、征收和交换等途径取得物品的使用权，来达到满足需求的目的。

（二）采购的分类 📱微课

采购根据不同的标准可分为不同的类别。

1. 按采购范围分类　可分为：国内采购和国外采购。国内采购是指向国内的供应商采购商品；国外采购是指向国外供应商采购商品，通常采取直接与国外供应商联系或通过本地的代理商来采购商品。

2. 按采购政策分类　可分为：集中采购、分散采购。集中采购是指企业在核心管理层建立专门采购机构，统一组织企业所需物品的采购业务；分散采购是指由企业下属各单位为满足自身的生产经营需要的采购，是集团将权力分散的采购活动。

3. 按采购价格方式分类　可分为：招标采购、询价现购、比价采购、议价采购、订价收购和公开市场采购。招标采购就是将物品采购的所有条件（如物品名称、规格、品质要求、数量、交货期、付款条件、处罚规则，投票押金、投标资格等等）详细列明，刊登公告。投标厂商报价投标方的开标，开标后原则上以报价最低的厂商得标，但得标的报价仍高过标底时，采购人员有权宣布废标，或征得监办人员的同意，以议价方式办理。询价现购就是采购人员选取信用可靠的厂商将采购条件讲明，并询问价格或寄以询价单并促请对方报价，比较后现价采购。比价采购就是采购人员请数家厂商提供价格后，从中加以比价后，决定厂商进行采购。议价采购是采购人员与厂商议价后，议定价格进行了采购。一般来讲，询价、比价或议价是结合使用的，很少单独进行的。订价收购是当购买物料数量巨大，非几家厂商所能全部提供的或当市场上该料匮乏时，则订定价格现款收购。公开市场采购是采购人员在公开交易或拍卖时随时机动的采购，因此大宗需要物料时，价格变动频繁。

4. 按采购方法分类　分可分为：传统采购和科学采购两大类。

（1）**传统采购**　企业传统采购的一般模式是，每个月的月末，企业各个单位报下个月的采购申请单。报下个月需要采购的物资的品种数量，然后采购部门把这些表汇总，制订出统一的采购计划，并于下个月实行采购实施。采购回来的物资存放于企业的仓库中，满足下个月对各个单位的物资供应。这种采购，以各个单位的采购申请单为依据，以填充库存为目的，管理比较简单、粗糙，市场响应不灵敏、库存量大、资金积压多、库存风险大。

（2）**科学采购**　分为订货点采购、准时化采购（JIT采购）、供应链采购（VMI采购）、电子商务采购、物料需求计划采购（MRP采购）。

订货点采购是紧密根据需求的变化和订货提前期的大小，精确确定订货点、订货批量或订货周期、最高库存水准等，建立起连续的订货启动、操作机制和库存控制机制，达到既满足需求又使得库存总成本最小的目的。这种采购模式以需求分析为依据，以填充库存为目的，采用一些科学方法兼顾满足需求和库存成本控制两方面的要求。订货点采购有两种，一种是定量订货点法：就是预先确定一个订货点和一个订货批量，随时监视库存量的变化，当库存量下降到订货点时，开始发出订货，订货量等于规定的订货批量。另一种是定期订货点法：就是预先确定一个订货周期和一个最高库存水准，然后以订货周期为检查周期检查库存，发出订货，订货的数量等于最高库存水准与当时实际库存的差额。

JIT 采购也叫准时化采购，是一种完全以满足需求为依据的采购方法。它对采购的要求，就是要供应商恰好在用户需要的时候，将合适的品种、合适的数量送到用户需求的地点。

供应链采购（VMI）准确地说，是一种供应链机制下的采购模式。在供应链机制下，库存将由供应商进行管理和控制，采购者不再对库存进行管理。采购者只需要把自己的需求规律信息即库存信息向供应商连续、及时地传递，供应商自己根据产品消耗情况不断地及时连续、小批量地补充库存，保证既满足采购者需要又使其总库存量最小。

电子商务采购也就是网上采购，是在电子商务环境下的采购模式。它的基本特点是，在网上寻找供应商、寻找品种、网上洽谈贸易、网上订货甚至在网上支付货款，但是在网下送货进货，完成全部采购活动。

MRP 采购也叫物料需求计划采购。MRP 采购主要应用于生产企业。它是生产企业根据生产计划和主产品的结构以及库存情况，逐步推导出生产主产品所需要的零部件、原材料等的生产计划和采购计划的过程。这个采购计划规定了采购品种、数量、采购时间和采购回来的时间，计划比较精确、严格。

（三）采购的基本流程

企业的采购工作一般流程如图 2 - 2 所示。

1. 形成采购需求 采购物品的企业根据内部供应所需，形成采购物品的需求。药品批发企业的药品采购需求往往由库存和订单需求产生。

2. 选择供应商 根据对物品的需求，寻找供应商，确认供应商在产品质量、规格型号、数量、价格、交货以及信誉服务等方面能够满足企业需求。药品的供应商必须符合 GSP 的规定才能进入企业的供应商目录。目前，在我国全民医保的形势下，80% 的药品市场在医院，药品批发企业主要商业模式是面向医院的直接销售，而我国的医院大部分是公立医院，根据卫计委印发《关于落实完善公立医院药品集中采购工作指导意见的通知》，我国的公立医院要全面实行集中采购，也就是医院要面向药品生产企业招标，由投中标的药品生产企业指定的药品经营企业做配送。在这个形势下，药品批发企业要转变思想观念，积极提高自身医药物流终端覆盖能力，挑选优势生产厂商

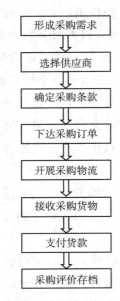

图 2-2 采购的基本流程

流程图内容：
形成采购需求 → 选择供应商 → 确定采购条款 → 下达采购订单 → 开展采购物流 → 接收采购货物 → 支付货款 → 采购评价存档

作为供应链的合作伙伴，利用原先熟悉下级终端市场的优势，配合上级的供应商达到双赢的目的。

3. 确定采购条款　采购物品的企业与已确定的供应商就货物的品名、质量要求、运输方式等采购条款进行洽谈，并签订书面的采购合同。采购一些特殊条件保存下的药品，如冷藏药品时，应与供应商提前签订质量保证协议，明确运输方式、保温包装、温度保证及运输责任等事宜，并在采购合同注明。

4. 下达采购订单　根据合同规定，以订单方式向供应商传递购买计划。根据 GSP 要求，采购药品必须使用计算机系统中的采购订单进行。计算机系统对供货单位及其人员、采购药品的合法资质，能够自动识别、审核和拦截，防止资格无效、超出经营方式或经营范围的采购行为发生。采购订单通过相关部门审核通过确认后，计算机系统将自动生成药品采购记录。

5. 开展采购　物流根据采购合同的要求，由供应商或第三方物流企业将所采购的物品在规定时间送达规定的地点。药品由于其特殊性，从事第三方物流企业必须有相应的资质才可以开展工作。虽然 2016 年 2 月 3 日，国务院取消从事第三方药品物流业务的行政审批，但是第三方物流企业还是必须符合国家要求的质量规定。物流行政审批取消并不意味着放弃质量要求，故应选拥有完整质量体系的药品第三方物流企业，而不应选取无药品经营资质的第三方物流企业。

6. 接收采购货物　采购药品的批发企业根据有关的验收标准，对采购药品进行验收，合格后接收入库。出现不符合要求的物品时，应与供应商根据有关规定处理。

7. 支付货款　采购药品的采购部门核对发票和货物验收清单，确认后交财务部门，由财务部门按照合同规定向供应商支付货款。

8. 采购评价存档　对供货商的表现进行评价并将采购相关的资料存档。每年对药品采购的整体情况进行综合质量评审，对药品质量评审和供货单位质量档案进行跟踪管理，对审核合格的，列入可以继续供货的合格供货单位目录，审核不合格的应不准再购进药品。

（四）采购的"5R"原则

采购的"5R"原则是指适价、适时、适质、适量、适地。它指导企业采购活动在适当的时候以适当的价格从适当的供应商处买回所需数量物品。

1. 适价（right price）　价格永远是采购企业在采购中最关心的要点，大量采购与少量采购，长期采购与短期采购在价格上有差别，决定一个适合的价格要经过多渠道询价、比价、议价等过程。这就要求采购者要时常了解该行业的最新市况，尽可能多地获取相关资料。

2. 适时（right time） 采购计划的制定要非常准确，该进的物料不及时到，会造成缺货，增加管理费用，影响销售和信誉；太早采购货物，又会造成资金的积压、场地的浪费、物料的变质，所以按采购计划适时的进货，既能使销售顺畅，又可以节约成本，提高市场竞争力。

3. 适质（right quality） 采购药品的品质成本是间接的，往往被忽视，但是品质不良会造成管理费用增加、生产不稳定、信用和产品竞争能力降低等后果。

4. 适量（right quantity） 资金的周转率、仓库储存的成本都直接影响采购成本。虽然采购量多，价格就便宜，但不是采购越多越好，要根据资金的周转率、储存成本、物流需要计划等综合计算出最经济的采购量。

5. 适地（right place） 即供应商离自己的企业越近，运输费用就越低，机动性就越高，协调沟通就越方便，成本自然就越低了。同时也有助于紧急定购时的时间安排。

在实际的采购作业中，很难将上述"5R"面面俱到，往往只能侧重其中最为关心的一两个方面。若过分强调"5R"中的一方面时可能就要以牺牲其他方面来作为补偿。例如，若过分强调品质，有可能不能以市场最低价拿货，这就要求采购人员必须综观全局，准确地把握企业对所购货物各方面的要求，争取让企业的总体利益最大化。

（五）采购量的确定

1. 定量订货法

（1）定量订货法的概念　定量订货法是指当库存量下降到预定的最低库存量（订货点）时，按规定数量（一般以经济批量 EOQ 为标准）进行订货补充的一种采购方法。适用于品种数目少但占用资金较大的商品的采购。

经济订货批量（economic order quantity，EOQ）是指通过平衡采购进货成本和保管仓储成本核算，以实现总库存成本最低的最佳订货量。经济订货批量是固定订货批量模型的一种，可以用来确定企业一次订货（外购或自制）的数量。当企业按照经济订货批量来订货时，可实现订货成本和储存成本之和最小化。

$$EOQ = \sqrt{\frac{2DC}{h}} = \sqrt{\frac{2DC}{PI}} \qquad (2-1)$$

式中，D 为商品的年需求量；C 为每次订货费用；h 为单位商品年平均仓储保管费用；P 为商品采购单价；I 为商品年仓储保管费用率。

（2）定量订货法的基本原理　当库存量下降到订货点时，即按预先确定的订购量发出订货单，经过交纳周期（订货至到货间隔时间），库存量继续下降，到达安全库存量时，收到订货量，库存水平上升。

（3）订货点的确定　一般情况下，采购商品的过程会出现各种波动的情况，比如：

需求量产生变化、交纳周期延长等，故必须设立安全库存，此时订货点为：

$$R = LT \times D/365 + S \tag{2-2}$$

式中，R 为订货点的库存量；LT 为交纳周期，即从发出订单至该批商品入库间隔的时间；D 为该商品的年需求量；S 为安全库存。

当需要量固定均匀、订货交纳周期不变时，不需要设安全库存，则此时安全库存为零，此时订货点为：

$$R = LT \times D/365 \tag{2-3}$$

（4）订货批量的确定　订货批量 Q 依据经济批量（EOQ）的方法来确定，即总库存成本最小时的每次订货数量。通常，年总库存成本的计算公式为：

年总库存成本 = 年购置成本 + 年订货成本 + 年保管成本 + 缺货成本

假设不允许缺货的条件下，年总库存成本 = 年购置成本 + 年订货成本 + 年保管成本，即：

$$TC = DP + DC/Q + QH/2 \tag{2-4}$$

式中，TC 为是年总库存成本；D 是年需求总量；P 是单位商品的购置成本；C 是每次订货成本，元/次；H 是单位商品年保管成本，元/年（$H = PF$，F 为年仓储保管费用率）；Q 为批量或订货量。

因为经济订货批量就是使库存总成本达到最低的订货数量，故最低年总库存成本为：

$$TC = DP + H（EOQ） \tag{2-5}$$

年订货次数：
$$N = D/EOQ = \sqrt{\frac{DH}{2C}} \tag{2-6}$$

平均订货间隔周期：
$$T = 365/N = 365EOQ/D \tag{2-7}$$

例 2-1　某企业 A 商品年需求量为 30000 个，单位商品的购买价格为 20 元，每次订货成本为 60 元，单位商品的年保管费为 10 元，求：该商品的经济订购批量，最低年总库存成本，每年的订货次数及平均订货间隔周期。

解：经济批量　$EOQ = \sqrt{\dfrac{2 \times 60 \times 30000}{10}} = 600$（个）

每年总库存成本　$TC = 30000 \times 20 + 10 \times 600 = 606000$（元）

每年的订货次数　$N = 30000/600 = 50$（次）

平均订货间隔周期　$T = 365/50 = 7.3$（天）

2. 定期订货法

（1）定期订货法的概念　定期订货法是按预先确定的订货时间间隔按期进行订货，以补充库存的一种库存控制方法。适用于品种数量大、平均占用资金少的、只需一般管理的商品。

（2）基本的原理　每隔一个固定的时间周期检查库存项目的储备量。根据盘点结果与预定的目标库存水平的差额确定每次订购批量。这里假设需求为随机变化，因此，每次盘点时的储备量都是不相等的，为达到目标库存水平而需要补充的数量也随着变化。这样，这类系统的决策变量应是：检查时间周期、目标库存水平。

（3）订货周期的确定 订货周期一般根据经验确定，主要考虑制定生产计划的周期时间，常取月或季度作为库存检查周期，但也可以借用经济订货批量的计算公式确定使库存成本最有利的订货周期。

（4）目标库存水平的确定 目标库存水平是满足订货期加上提前期的时间内的需求量。它包括两部分：一部分是订货周期加提前期内的平均需求量，另一部分是根据服务水平保证供货概率的保险储备量。

$$Q_0 = (T+L)r + ZS_2 \tag{2-8}$$

式中，T 为订货周期；L 为订货提前期；r 为平均日需求量；Z 为服务水平保证的供货概率查正态分布表对应的 t 值；S 是订货期加提前期内的需求变动的标准差。若给出需求的日变动标准差 S_0，则：

$$S_2 = S_0 \sqrt{T+L} \tag{2-9}$$

依据目标库存水平可得到每次检查库存后提出的订购批量：

$$Q = Q_0 - Q_t \tag{2-10}$$

式中，Q_t 为在第 t 期检查时的实有库存量。

例 2-2 某药品的需求率服从正态分布，其日均需求量为 100 件，标准差为 25 件，订购的提前期为 5 天，要求的服务水平为 95%，每次订购成本为 450 元，年保管费率为 20%，货品单价为 1 元，企业全年工作 250 天，本次盘存量为 300 件，经济订货周期为 24 天。计算目标库存水平与本次订购批量。

解：$(T+L)$ 期内的平均需求量 $= (24+5) \times 100 = 2900$（件）

$(T+L)$ 期内的需求变动标准差 $= 25 \times \sqrt{24+5} = 135$（件）

目标库存水平 $Q_0 = 2900 + 1.96 \times 135 = 3165$（件）

订购批量 $Q = 3165 - 300 = 2865$（件）

（六）采购合同的制定

采购合同是企业法人之间为顺利地进行商品购销活动而缔结的具有法律效力的契约。一般的企业都有固定标准的合同格式，采购人员只需要在标准合同中填写相关参数及一些特殊说明后即完成制作合同操作。合同正文需要明确的具体条款如下。

1. 药品品名 一般是医药商品的通用名称和剂型。如：头孢拉定胶囊、维生素 K_3 注射液等。

2. 规格 规格一般是药品的最小销售单位的规格。如：$0.25g \times 6$ 粒。

3. 单位 单位是合同中的计量单位，常用的有千克、瓶、盒等。

4. 数量 数量是指购方所需要的具体数量。采购数量的确定要注意其单位盒规格。

5. 生产企业　由于医药商品的生产企业不同，其价格、质量各异。因此在签订采购合同时，一定要把药品厂家详细地注明，如果是中药饮片、中药材还需注明产地，以便在收货时进行监督和检查。

6. 价格　价格是指经供需双方同意后的协商价格。

7. 金额　金额是指每份合同的每个品种的价格与数量乘积的总和。若几个品种共用一份合同时，先将每个品种的金额算出，再将各个品种的金额合计，就是该合同的金额。

8. 交货时间　交货时间是指从签订合同之日起到购方收到货物为止的日期和时间。有的注明急用速发，也有注明具体交货日期的。

9. 交货地点　交货地点一般指供货方交货的最终地点。

10. 质量要求　质量要求是指需方对药品质量情况的具体要求。例如：质量符合国家规定的质量标准及有关质量要求等。根据 GSP 要求，药品企业与供货单位签订购销合同还应明确质量保证协议，其目的就是有效地达到使供销双方在经营活动中牢固树立质量意识，明确双方的质量责任，促使企业自觉主动地加强质量控制，依法规范经营，确保药品经营质量。

11. 验收办法　合同中要具体规定在数量上验收和在质量上验收商品的办法、期限和地点。

12. 运输方式　指药品的运输方法和形式，如火车快件、火车慢件、汽车送货、汽车零担等。

13. 付款方式和时间　有现款结算、批结、货到后按合同预定时间付款等。

14. 违约责任和争议处理　对于买卖双方有一方未能全部或部分履行合同规定的责任和义务所引起的纠纷的处理规定。

15. 合同的有效日期和购销双方代表签字　注明合同签订的日期、有效日期，购销双方的单位全称、法人、委托办理人、详细地址、税号、电话号码、开户行、银行账号等。

（七）采购管理

1. 采购管理的含义　所谓采购管理，就是指为保障企业物资供应而对企业采购进货活动进行的管理活动，具体包括采购计划、对采购活动的管理、采购人员的管理、采购资金的管理和采购评价等。

2. 采购管理的定位　采购管理是对整个企业采购活动的计划、组织、指挥、协调和控制活动，是管理活动。它不但面向企业全体采购员，而且也面向企业组织其他人员（进行有关采购的协调配合工作）。它一般由企业的采购部门来承担，其使命就是要保证整个企业的物资供应，其权力是可以调动整个企业的资源。而采购只是指具体的采购业务活动，是作业活动。它一般是由采购人员承担的工作，只涉及采购人员个人，其使命就是完成采购主管布置的具体采购任务，其权力只能调动采购主管分配的有限资源。

3. 采购管理的模式　采购管理的模式如图2-3所示。

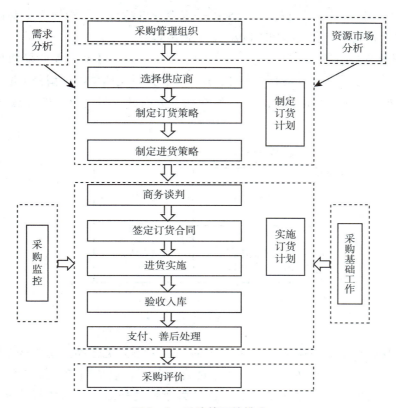

图2-3　采购管理的模式

请你想一想

如果你是某家医药公司的采购员，某个畅销品种的供货商突然提出提价的要求，你会不会答应，为什么？

（八）采购战略

1. 采购战略的含义　所谓企业采购战略，是指企业采购所采用的带有指导性、全局性、长远性的基本运作方案。一个采购战略，无论它是什么战略、什么方案，都应当包含以下五个方面的基本内容。

（1）采购品种战略　包括品种种类、性质、数量、质量等的选择。

（2）采购方式战略　包括采购主体、采购技术、采购途径、联合方式等的选择。

（3）供应商选择战略　包括招标方式、考核方式、评价方式、使用方式等的选择。

（4）订货谈判战略　包括采购的品种规格、数量、质量、价格、服务和风险分摊、责任权利和义务等。

（5）采购进货战略　包括运输方式、运输路径、运输商等的选择。

因此也常常把采购品种选择、采购方式选择、供应商选择、订货谈判和采购进货选择看成是采购战略五要素。

2. 采购战略的内容和实施步骤　根据一般企业的特点，采购战略主要包括三个方面内容，即资源战略、供应商战略以及采购控制战略。

（1）资源战略制定　在制定资源战略的过程中，首先要对企业的采购物品进行分类。采购物品的分类分析方法有很多种，这里主要讲的是四象限模型分类法，即根据采购方的年购买量、采购药品的风险和采购机会对采购药品进行分类的方法，如图2-4所示。

图2-4　采购药品的分类模型

第一类物品是采购风险大和购买量大的，定义为关键药品。这类药品供应商少，难采购，需要和少数关键供应商结成战略性合作关系，避免断货。第二类是采购风险大和需求量不高但又不可缺少的药品，称其为瓶颈类药品。在采购战略实施过程中，首先应注重如何降低风险，其次才考虑价格与采购成本。一般有两种解决办法：一是与供应商形成战略合作伙伴关系。如果供应商积极性不高时，与供应商商定一个固定的供应量，签订长期合同来降低风险。二是修改自己的需求，将瓶颈类药品转化为其他药品。第三类是低采购风险和采购量大的药品，这类药品供应商多，不缺少货源，容易采购，且因为采购量大，可以吸引供应商，这类药品定义为杠杆型药品，杠杆类药品需要扩大寻源范围，通过招标降低成本。第四类是低风险和采购量小的药品，即常规类药品。这类药品可以通过标准化和自动化的采购流程简化采购过程、降低采购成本。可以使用一个优先供应商，并与其签订长期、无定额或永久性的合同，在增加对供应商的吸引力的同时提高议价能力。重点应该放在采购管理费用控制方面。

（2）供应商战略制定　对供货商的管理是采购管理过程中一项重要工作。公司可以从希望与供应商建立关系类型的角度对潜在供应商进行评估。针对某一特定采购药品，公司能够与供应商建立的关系类型是与该药品在采购药品的分类模型中所处的位置相联系的，该位置反映了公司所面临的风险和支出水平。

对候选供应商，可以对之采用SWOT（态势分析法）分析的方法，通过将一个供应商的优势和劣势与企业自身的优势和劣势相对比，公司可以了解双方之间有哪些优势和劣势可以相互弥补。公司可以通过对双方的相互关系进行分析。对于供应商之间的关系可能给公司带来什么样的市场机会或产生什么样的威胁有一个总体的评价。

（3）采购控制战略　制定再好的战略都需要周密的计划和执行。采购的组织和人员、对于采购的绩效考核、采购流程的精心设计都是保证有效管控的重要手段，此三者密不可分。采购战略确定了一个企业合理的集分权采购组织结构，根据采购组织及管控模式确定适宜的采购岗位，制定清楚明确的岗位说明书和采购职责描述，依据公司战略和目标设立采购组织和个人的考核指标体系，才能保证战略计划有效实施。

你知道吗

区块链技术在采购领域的应用

区块链技术是按照时间顺序将数据区块以一定顺序进行连接后组成的链式数据结构，通过密码学加密的方式来保证网络中每个节点所记录的信息（也称为分布式账本）真实有效、不被伪造。区块链技术的核心思想是去中心化，各方共享账本，具有一致性、可追溯性、不可篡改性等特点，并且交易可被验证，因此区块链技术能有效提升交易效率、降低交易成本和降低交易风险。区块链技术在采购业务的一大应用，在于采购管理系统关于开放式联合和可靠的（不能更改的）交易记录以及数据可追溯性。基于信任的商业交易，方可充分保障采购企业利益，帮助企业实现采购去中心化和直通式处理，提升采购效率，也可及时发现采购交易问题。具体运用在采购领域中包括如简化采购流程，加速供应商认证过程，简化付款的单据匹配工作，并且由于数据按顺序生成且不可篡改，因此也对合规审计具有重大意义。

📖 任务二　药品采购的相关法规

📌实例分析

实例　2006 年 4 月，广州中山大学附属三院、广东龙川县中医院患者，陆续使用了齐齐哈尔第二制药有限公司生产的亮菌甲素注射液，部分出现了肾衰竭等严重症状，其中 11 名患者出现急性肾功能衰竭并死亡。原国家食品药品监督管理总局调查结果是：齐二药厂采购钮某某违规购买工业用的二甘醇取代丙二醇生产亮菌甲素注射液，化验室主任陈某某等人严重违反操作规程，签发合格证，致使假药用辅料投入生产，导致患者死亡。5 月，国家食品药品监督管理总局做出处罚意见：没收查封扣押的假药；没收其违法所得238 万元，并处货值金额 5 倍罚款 1682 万元，罚没款合计 1920 万元；吊销其《药品生产企业许可证》，撤销其 129 个药品批准文号，收回药品 GMP 证书。相关责任人移交公安机关法办。

问题　结合你学过的知识说说齐二药厂生产的亮菌甲素注射液是不是假药？为什么？如果你是该厂的采购员，你如何做到既帮企业节约成本又能保证药品质量？如果你是医药批发企业的采购员，你如何做到避免买入不符合标准的药品？

药品是特殊的商品，其生产、流通经营要遵循国家的相关法律法规，如《中华人民共和国药品管理法》《药品经营质量管理规范》《药品流通监督管理办法》等，导致药品采购要求与普通商品的采购要求有所差异。对于药品批发企业而言，药品采购是指药品批发企业在一定的条件下从药品生产企业或上一级药品批发企业买入药品的全过程。

一、企业药品采购必备条件

（一）企业采购药品应当确定供货单位的合法资格

采购中涉及的首营企业，采购部门应当填写《首营企业审批表》，首营企业是指购进药品时与本企业首次发生供需关系的药品生产企业或经营企业。经过质量管理部门和企业质量负责人审核批准。必要时应当组织实地考察，对供货单位质量管理体系进行评价。对首营企业的审核，应当查验加盖其公章原印章的以下资料，确认真实、有效。

1. 审核资料

（1）首营生产企业的审核中要有加盖原印章的《药品生产许可证》复印件（图2-5）和药品 GMP 证书复印件（图2-6），首营经营企业的审核中要有加盖原印章的《药品经营许可证》复印件（图2-7）和药品经营质量管理规范认证证书复印件（图2-8）。2019年的《国家药监局关于贯彻实施〈中华人民共和国药品管理法〉有关事项的公告（2019年第103号）》文件指出："2019年12月1日起，取消药品 GMP、GSP 认证，不再受理 GMP、GSP 认证申请，不再发放药品 GMP、GSP 证书。2019年12月1日以前受理的认证申请，按照原药品 GMP、GSP 认证有关规定办理。2019年12月1日前完成现场检查并符合要求的，发放药品 GMP、GSP 证书。凡现行法规要求进行现场检查的，

图2-5　《药品生产许可证》

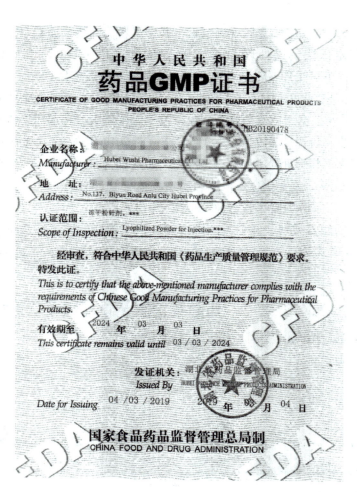

图 2 - 6　药品 GMP 证书

图 2 - 7　药品经营许可证

2019 年 12 月 1 日后应当继续开展现场检查，并将现场检查结果通知企业；检查不符合要求的，按照规定依法予以处理。"这意味着虽然 2019 年 12 月 1 日起，取消药品 GMP、GSP 认证，不再受理 GMP、GSP 认证申请，不再发放药品 GMP、GSP 证书，但是现有 GMP 证书或 GSP 认证证书没过有效期的企业仍然需提交 GMP 证书或 GSP 认证证书作为首营资料。同时根据《国家药监局综合司关于启用新版〈药品生产许可证〉等许可证书的通知（药监综药管〔2019〕72 号)》要求，对 2019 年尚未到期的许可证书，由各省（区、市）药品监督管理局组织在 2020 年 12 月底前为其更换新版许可证，有效期与原证一致（图 2 - 9 、2 - 10）。根据国家市场监督管理总局《药品经营和使用质量监督管理办法》（国家市场监督管理总局令第 84 号）要求：2024 年 1 月 1 日起，《药品经营许可证》的经营类别和经营范围进行调整，实施新的许可证号编号规则。药品经营许可证编号格式为：省份简称 + 两位分类代码 + 四位地区代码 + 五位顺序号。其中两位分类代码为大写英文字母，第一位 A 表示批发企业，B 表示药品零售连锁总部，C 表示零售连锁门店，D 表示单体药品零售企业；第二位 A 表示法人企业，B 表示非法人企业。四位地区代码为阿拉伯数字，对应企业所在地区（市、州）代码。按照国内电话区号编写，区号为四位的去掉第一个 0，区号为三位的全部保留，第四位为调整码。要求药品经营许可证应当载明许可证编号、企业名称、统一社会信用代码、经营地址、法定代表人、主要负责人、质量负责人、经营范围、经营方式、仓库地址、发证机关、发证日期、有效期等项目。

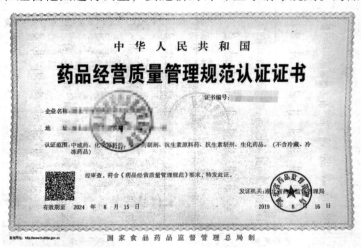

图 2 - 8   药品经营质量管理规范认证证书

图 2 - 9   新版《药品生产许可证》正本模板

图 2 - 10 新版《药品经营许可证》正本模板

（2）首营企业还需提供营业执照、税务登记、组织机构代码的证件复印件，及上一年度企业年度报告公示情况。根据 2015 年 10 月 1 日全国全面推行的"三证合一"登记制度规定：实行"三证合一"登记制度改革后，企业的组织机构代码证和税务登记证不再发放，企业原需要使用组织机构代码证、税务登记证办理相关事务的，一律改为使用"三证合一"后的营业执照办理（所谓"三证合一"，就是将营业执照、税务登记证和组织机构代码证合并为一张加载有统一社会信用代码的营业执照，在新版的营业执照中，把原有的工商注册号、组织机构代码、纳税人识别号都整合为一个统一的 18 位社会信用代码，其中代码第 1 位代表登记管理部门，第 2 位代表机构类别，第 3 ~ 8 位代表登记管理机关的行政区划，第 9 ~ 17 位为组织机构代码，第 18 位为校验码），到 2018 年 1 月 1 日，旧版的营业执照全面停止使用。按照以上规定，首营企业不再提供旧版营业执照、税务登记、组织机构代码的证件复印件，取而代之的是加载有统一社会信用代码的新版营业执照复印件（图 2 - 11）。

（3）相关印章、随货同行单（票）样式；

（4）开户户名、开户银行及账号；（图 2 - 12）

2. 补充资料涉及委托生产或委托销售的，还应收集以下资料

（1）企业间商业委托书原件。

（2）委托企业与被委托企业的相关资料，资料应按"首营企业资料"收集（加盖公章原印章），两者都必须有。

3. 资料审核要点

（1）审核各证件复印件的真假、企业名称、有效期、经营方式、法人代表、企业负责人、生产地址、生产范围或经营范围。有变更事项的还须提供许可证副本变更事项登记记录或药监部门证明文件。《药品生产许可证》《药品经营许可证》在国家药品监督管理局网站核实，三证合一的《营业执照》可以在全国企业信用信息公示系统网站核实。

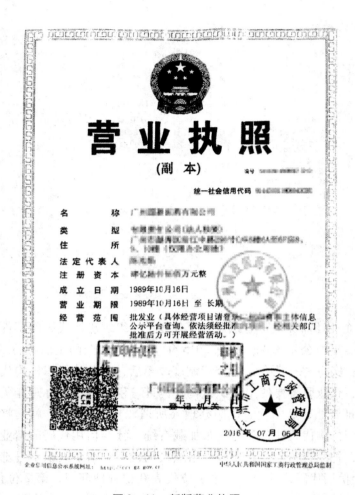

图2-11　新版营业执照

图2-12　开户许可证

（2）药品经营企业经营方式有批发、零售、零售（连锁）三类，药品零售连锁总部的药品经营许可证，应当在经营方式下注明"零售（连锁总部）"。药品批发企业经营范围包括中药饮片、中成药、化学药、生物制品、体外诊断试剂（药品）、麻醉药品、第一类精神药品、第二类精神药品、药品类易制毒化学品、医疗用毒性药品、蛋白同化制剂、肽类激素等。药品批发企业取得化学药经营范围的，可以经营化学原料药。经营冷藏冷冻等有特殊管理要求的药品的，应当在经营范围中予以标注，如"化学药（含冷藏、冷冻药品）"或者"化学药（含冷藏药品）"。从事药品零售活动的企业，还应当核定经营类别，并在经营范围中予以明确，经营类别分为处方药、甲类非处方药、乙类非处方药，药品零售企业经营范围包括中药饮片、中成药、化学药、第二类精神药品、血液制品、细胞治疗类生物制品及其他生物制品等，如有经营冷藏冷冻药品的，也应当在经营范围中予以标注。药品零售企业经营罂粟壳中药饮片的，应当在"中药饮片"经营范围中予以单独标注，如"中药饮片（含罂粟壳）"。药品零售企业经营毒性中药饮片的，应当在"中药饮片"经营范围中予以单独标注，如"中药饮片（含毒性中药饮片）"。药品零售连锁门店的经营范围不得超过药品零售连锁总部的经营范围。

（3）《药品生产许可证》的生产范围有 6 类：①药品制剂的填写应按《中国药典》制剂通则及国家药品标准填写剂型：大容量注射剂、小容量注射剂、进口药品分包装（注明剂型）等。其中青霉素类、头孢菌素类、激素类、抗肿瘤药、避孕药应同时在括号内注明。一种剂型既有类别品种也有其他普通品种，应在类别前加"含"字；外用制剂应在制剂后加括号注明外用，既有口服也有外用的制剂，应在制剂后括号内注明含外用。如：片剂（头孢菌素类），颗粒剂，胶囊剂（含头孢菌素类）。②原料药、无菌原料药、中药提取物的填写，药品生产许可证正本上只注明类别，药品生产许可证副本上在类别后括号内注明其国家药品标准规定的产品通用名称。如，正本生产范围：原料药；副本生产范围：原料药（青霉素）。③生物制品应在正本上按疫苗、血液制品、血清抗毒素、生物工程产品、免疫制剂、体内诊断试剂、过敏原制剂、体细胞及基因治疗制剂等分类填写，副本上在类别后括号内注明产品名称。④体外诊断试剂的正本上只填写类别，副本上在类别后括号内注明产品名称。⑤医疗用毒性药品、麻醉药品、精神药品、药品类易制毒化学品等特殊药品，应在正本上填写类别，副本上在类别后括号内注明产品名称。⑥药用辅料在正本上只填写类别，副本上在括号内注明产品名称。中药饮片在正本上括号内注明含毒性饮片，副本上应除括弧内注明含毒性饮片外，还应括号内注明含直接服用饮片及相应的炮制范围，包括净制、切制、炒制、炙制、煅制、蒸制等。医用氧等应在正本上填写类别，副本上在类别后括弧内注明产品名称。空心胶囊直接填写。以上类别之外的药品可直接填写通用名称。

（4）相关印章包括：出库专用章、质量专用章、公章、合同专用章、财务专用章、发票专用章、法人印章，样式应为原印章样式，不能用黑白复印件。

（5）开户许可证上的资料应与开票资料一致。

你知道吗

许可事项变更和登记事项变更

《药品生产许可证》《药品经营许可证》变更分为许可事项变更和登记事项变更。《药品生产许可证》许可事项变更是指企业负责人、生产范围、生产地址的变更，登记事项变更是指上述事项以外的其他事项的变更；《药品经营许可证》许可事项变更是指经营方式、经营范围、经营地址、仓库地址。登记事项是指企业名称、统一社会信用代码、法定代表人、主要负责人、质量负责人等。

（二）确定所购入药品的合法性

采购首营品种应当审核药品的合法性，索取加盖供货单位公章原印章的药品生产或者进口批准证明文件复印件并予以审核，审核无误的方可采购。首营品种是指本企业首次采购的药品，包括新产品、新规格、新剂型、新包装。首营品种审核资料应当归入药品质量档案。

1. 对首营品种要求有以下的文件

（1）药品生产许可证或药品经营许可证、生产企业对供货企业的商业委托书（首营企业审核时已递交相同证明的可以不用重复递交）。

（2）GMP 证书或 GSP 认证证书（首营企业审核时已递交相同证明的可以不用重复递交），根据相关文件规定，以上的许可证发证日期是 2019 年 12 月 1 日前的需要提供，之后的不需要提供。

（3）有统一社会信用代码的营业执照复印件以及上一年度企业年度报告公示情况（首营企业审核时已递交相同证明的可以不用重复递交）。

（4）委托生产的药品需提供委托生产批件及被委托方《药品生产许可证》、《营业执照》。

（5）加盖供货单位公章原印章的《药品注册证》或药品注册批件的复印件。

（6）供货单位对销售人员的授权书原件和销售人员身份证复印件（法定代表人印章或者签名的授权书，授权书应当载明被授权人姓名、身份证号码，以及授权销售的品种、地域、期限）。

以上资料第（1）项至第（4）项的文件在首营企业资料审核中都已经提交，如果没有变动，不需要重复提交；第（5）项的文件资料没有提交的需要提交；第（6）项资料是对供货单位销售人员的合法资格的要求。至于旧版 GSP 规定需要提交的一些文件资料，如：当地省市级药品监督管理局审批的《药品包装、标签、说明书备案批复》或药品说明书、包装、标签备案件复印件、外盒（或瓶签）与说明书原件、药品质量标准、有注册商标的《商标注册证》、价格批文（除麻醉药品和第一类精神药品仍暂时由国家发展改革委实行最高出厂价格和最高零售价格管理外，其他药品由市场形成价格）。

2. 进口药品的，还要按照国家有关规定提供加盖供货单位公章的以下资料的复印件，包括以下几项内容。

（1）《进口药品注册证》（图2-13）（或者《医药产品注册证》）复印件、《进口药品质量标准》复印件；

（2）《进口药品检验报告书》复印件（图2-14）或者注明"已抽样"并加盖公章的《进口药品通关单》复印件；

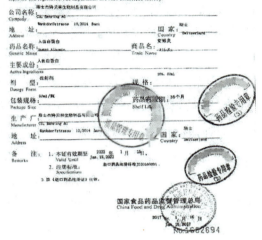

图2-13 《进口药品注册证》

图2-14 《进口药品检查报告书》

（3）国家药品监督管理局规定批签发的生物制品，需要同时提供口岸药品检验所核发的批签发证明复印件；

（4）进口麻醉药品、精神药品，应当同时提供其《进口药品注册证》（或者《医药产品注册证》）复印件、《进口准许证》复印件和《进口药品检验报告书》复印件。

3. 特殊药品管理的药品采购还要按照有关的条例和管理办法规定执行，如：《麻醉药品和精神药品管理条例》《麻醉药品和精神药品经营管理规范（试行）》《易制毒化学品管理条例》《医疗用毒性药品管理办法》《放射性药品管理办法》《反兴奋剂条例》《关于印发〈罂粟壳管理暂行规定〉的通知》等。

（三）核实供货单位销售人员的合法资格

企业应当核实、留存供货单位销售人员的以下资料。

1. 加盖供货单位公章原印章的销售人员身份证复印件；

2. 加盖供货单位公章原印章和法定代表人印章或者签名的授权书，授权书应当载明被授权人姓名、身份证号码，以及授权销售的品种、地域、期限（一般不超过1年）；

3. 供货单位及供货品种相关资料。

（四）企业采购药品应当与供货单位签订质量保证协议

企业与供货单位签订的质量保证协议至少包括以下内容。

1. 明确双方质量责任；

2. 供货单位应当提供符合规定的资料且对其真实性、有效性负责；

3. 供货单位应当按照国家规定开具发票；

4. 药品质量符合药品标准等有关要求；

5. 药品包装、标签、说明书符合有关规定；

6. 药品运输的质量保证及责任；

7. 质量保证协议的有效期限。

> **请你想一想**
>
> 核实供货单位销售人员的合法资格时，加盖供货单位公章原印章和法定代表人印章或者签名的授权书复印件可以代替原件吗？

二、对药品采购过程的要求

（一）票据的要求

1. 购进药品，应附随货同行单（票）。随货同行单（票）应包括供货单位、生产厂商、药品的通用名称、剂型、规格、批号、数量、收货单位、收货地址、发货日期等内容，并加盖供货单位药品出库专用章原印章。如无单据或单据不符规定，应督促供应商尽快提供符合规定要求的单据，以免耽误验收入库。

2. 采购药品时，企业应当向供货单位索取发票。发票应当列明药品的通用名称、规格、单位、数量、单价、金额等；不能全部列明的，应当附《销售货物或者提供应税劳务清单》，并加盖供货单位发票专用章原印章、注明税票号码；发票上的购、销单位名称及金额、品名应当与付款流向及金额、品名一致，并与财务账目内容相对应。发票按有关规定保存。

3. 提供每批次药品应有加盖质量管理专用章原印章的该批次药品的检验报告书（血液制品、疫苗还应提供同批号的生物制品批签发合格证），整件药品内必须附药品合格证明。进口药品随货物提供加盖原印章的《进口药品注册证》或《医药产品注册证》和同批号《进口药品检验报告书》复印件。

（二）采购记录的要求

采购药品应当建立采购记录。采购记录应当有药品的通用名称、剂型、规格、生产厂商、供货单位、数量、价格、购货日期等内容，采购中药材、中药饮片的还应当标明产地。

（三）药品直调的要求

发生灾情、疫情、突发事件或者临床紧急救治等特殊情况，以及其他符合国家有关规定的情形，企业可采用直调方式购销药品，将已采购的药品不入本企业仓库，直接从供货单位发送到购货单位，并建立专门的采购记录，保证有效的质量跟踪和追溯。

（四）对质量档案的要求

企业应当定期对药品采购的整体情况进行综合质量评审，建立药品质量评审和供货单位质量档案，并进行动态跟踪管理。

（五）对付款方式的要求

购进特殊管理药品及含特殊药品复方制剂禁止使用现金交易，货款应汇到供货单位的银行账户。

三、药品首营企业首营品种采购流程图和审核表

企业向首营企业购买首营品种时，必须审核首营企业的合法资格、首营品种的合法性、供货单位销售代表的合法性，具体流程如图 2 - 15 所示，所需表格见表 2 - 1、2 - 2。

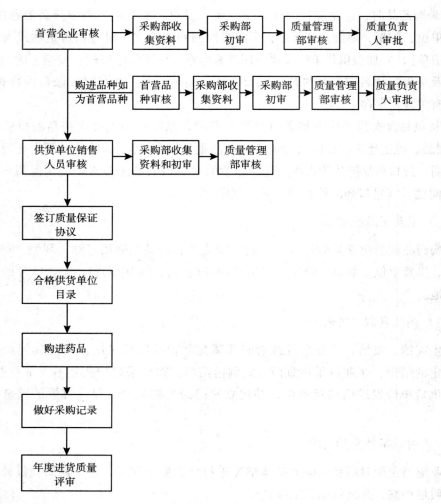

图 2 – 15　首营企业首营品种采购流程图

表 2 – 1　首营企业审核表

审批编号：　　　　　　　　　　　　　　　　　　　　　　　　　　　　　　　　　日期：

项目	审核内容		
销售客户名称			
详细地址			
经营范围			
负责人/联系人		电话		传真	
购销员姓名		购销员委托授权书止日期	
购销员真实性是否已审核	是□　否□	税号	
许可证号		许可证有效期	
营业执照号		执照号有效期	

续表

项目	审核内容		
GSP/GMP 证号		GSP/GMP 证有效期	
申请人		签名：　　　　　日期：	
业务部门意见		签名：　　　　　日期：	
质管部门意见		签名：　　　　　日期：	
主管经理意见		签名：　　　　　日期：	

表 2 - 2　首营品种审核表

审批编号：　　　　　　　　　　　　　　　　　　　　　　　　　日期：

药品通用名称		商品名		剂型	
英文名或汉语拼音		单位		规格	
主要成分与功能主治					
质量标准		有效期		批准文号	
生产企业					
详细地址					
GMP 证书号				考察结论	
装箱规格					
申请理由		签字：　　　　　日期：			
业务部门意见		签字：　　　　　日期：			
质管部意见		签字：　　　　　日期：			
主管经理意见		签字：　　　　　日期：			

实训二　采购量的计算和采购合同的制定

一、实训目的

通过模拟练习，熟悉采购量的计算和采购合同的制定。

二、实训器材

A4 纸、笔各若干。

三、实训原理

利用实训练习让学生熟悉采购合同的制定和采购量的计算方法。

四、实训方法

资料：小东是公司的采购员，现在需要替公司向广东风光医药有限公司采购德国 Z 药厂的 A 注射液，规格 0.5g/瓶，每瓶单价 100 元，1 件 6 瓶包装，订购成本每次 8 元，年需求量为 3000 件，库存成本为价格的 10%。请你帮小东算出该药的月经济订购量，并帮他完成采购合同的制定。

1. 学生进行分组，4~5 人为一组；
2. 以组为单位，根据上述资料，完成采购量计算和采购合同制定；
3. 小组之间点评；
4. 教师点评。

五、实训考核方式

具体内容如表 2-3 所示。

表 2-3　实训考核表

评分项目	评分说明	评分
合同结构完整性（30 分）	要求结构完整（0~30，缺一处扣 2 分，扣完即止）	
合同内容正确性（40 分）	表述内容正确，无科学性和知识性的错误（0~10 分，错一处扣 5 分，扣完即止）	
合同版面布局效果（10 分）	版面设计布局合理，符合合同格式要求（0~10 分）	
采购量计算正确（20 分）	要求公式计算步骤清楚无误，计算结果正确（错一处扣 5 分，扣完为止）	

目标检测

一、单项选择题

1. 药品采购员的岗位职责包括负责企业经营药品的采购、供应商管理和（　　）。

　　A. 负责审核供应商资料　　　　　　B. 负责药品退换货管理

　　C. 负责审核药品的真假　　　　　　D. 负责采购药品的比价

2. （　　）采购是指企业在核心管理层建立专门采购机构，统一组织企业所需物品的采购。

　　A. 集中　　　　　　B. 分散　　　　　　C. 共同　　　　　　D. 企业

3. （　　）采购就是将物品采购的所有条件（如物品名称、规格、品质要求，数量、交货期、付款条件、处罚规则，投票押金、投标资格等等）详细列明，刊登公告。

A. 询价现购　　　　B. 比价市场　　　　C. 招标　　　　D. 公开

4. 准时性采购的英文简称是（　　）。

A. JIT　　　　　　B. MRPⅡ　　　　　C. MRP　　　　　D. JIN

5. 态势分析法的英文简称是（　　）。

A. TIJ　　　　　　B. VMI　　　　　　C. TOWS　　　　D. SWOT

6. 订货法适用于品种数量大、平均占用资金少的、只需一般管理商品的（　　）。

A. 定量　　　　　　B. 定期　　　　　　C. 定时定量　　　D. 定点定量

二、多项选择题

1. 科学采购可以分为订货点采购和（　　）。

A. 物料需求计划采购　　　　　　B. 准时化采购

C. 供应链采购　　　　　　　　　D. 电子商务采购

2. 企业授权书应当载明（　　）。

A. 被授权人姓名　　　　　　　　B. 被授权人身份证号码

C. 被授权人户口　　　　　　　　D. 被授权人年龄

3. 采购的基本流程包括（　　）。

A. 支付货款　　B. 采购评价存档　　C. 接收采购货物　　D. 开展采购物流

4. 采购战略主要包括（　　）。

A. 资源战略　　B. 供应商战略　　C. 采购控制战略　　D. 用户战略

三、简答题

1. 简述采购的 5R 原则。

2. 简述药品质量保证协议书至少需具备的内容。

书网融合……

 微课　　 划重点　　 自测题

项目三 **药品的运输**

学习目标

知识要求

1. **掌握** 药品运输过程中物流的基本业务流程和注意事项。
2. **熟悉** 运输方式、分拣方式的选择原则。
3. **了解** 运输、装卸、搬运、包装、流通加工和配送的定义和相关设备。

能力要求

1. 学会药品运输有关规定在物流业务中的实际运用。
2. 学会根据药品的类别和要求选用合适的工具进行装卸搬运作业。
3. 学会根据配送中心工作流程模拟岗位操作，熟悉岗位职能。

 任务一 运输的概论

PPT

实例分析

实例 "长安回望绣成堆，山顶千门次第开。一骑红尘妃子笑，无人知是荔枝来。"这是唐代著名诗人杜牧的《过华清宫绝句》中的诗句。诗中的"妃子"就是指当时赫赫有名的杨贵妃。作为中国古代四大美女之一，享受着皇帝万般地宠爱。

问题 结合以上的案例，谈谈你对运输的理解？

一、运输的概念和基本原则

运输（transportation）是指用专门运输设备将物品从一地点向另一地点运送。其中包括集货、分配、搬运、中转、装入、卸下、分散等一系列操作。运输是物流的一个最基本业务，是实现人和物空间位置变化的活动，与人类的生产生活息息相关。因此，可以说运输的历史和人类的历史同样悠久，被认为是国民经济的根本。运输具有物品的转移和物品的储存两大职能。运输作业要求运输企业采用经济、合理的运输方案，利用相关的运输设备和运输工具，按照客户要求在规定的时间把货物安全、无差错地送达指定地点。因此运输的基本原则是"及时、准确、安全、经济"。

二、运输的分类

（一）按运输的范围分类

1. 干线运输　干线运输是利用铁路、公路的干线，大型船舶的固定航线进行的长距离、大数量的运输，是进行远距离空间位置转移的重要运输形式。是运输的主体，就如人体的大动脉。

2. 支线运输　支线运输是相对于干线运输来说的，是与干线相接的分支线路上的运输。是对干线运输起细化作用的运输形式，就如人体的毛细血管。

3. 二次运输　是指经过干线与支线运输到站的货物，还需要再从站运至仓库、工厂或指定交货地点的运输。是一种补充性的运输形式，路程短，运量小。

4. 厂内运输　又称工业运输，是指工厂企业内部在生产过程中所进行的运输，是工厂整个生产活动的重要组成部分。

（二）按运输的协作程度分类

1. 一般运输　是指孤立地采用不同运输工具或同类运输工具，而没有形成有机协作关系的运输。

2. 联合运输　是使用同一运送凭证，由不同运输方式或不同运输企业进行有机衔接接运货物，利用每种运输手段的优势以充分发挥不同效用的一种运输方式。

（三）按运输是否换载分类

1. 直达运输　是指物品由发运地到接收地，中途不需要换装和在储存场所停滞的一种运输方式。

2. 中转运输　是指物品由生产地运达最终使用地，中途经过一次以上落地并换装的一种运输方式。

（四）按运输设备及运输工具分类 💻微课

运输可以分为铁路、公路、水路、航空和管道五种运输方式，它们的性质、技术经济特点和运用范围也不相同。铁路运输是指使用铁路设施、设备运送旅客和货物的一种运输方式；公路运输是指使用公路设施、设备运送旅客和货物的一种运输方式，公路运输的运载工具一般是汽车或其他无轨车辆；水路运输是指使用船舶和排筏为运输工具，在江、河、湖、海等水域运送货物的一种运输方式。水路运输包括内河运输、沿海运输和远洋运输等；航空运输是指使用飞机或其他飞行器运送货物的一种运输方式；管道运输是指使用管道设施、设备来完成物品运输的运输方式。

1. 五种运输方式的优缺点对比　如表 3-1 所示。

2. 五种运输方式的国内发展状况及多式联运

（1）铁路运输　铁路是我国主要的干线运输方式，铁路纵横交错，初步形成了"五纵三横"的全国性铁路网（表 3-2）。主要铁路枢纽有：北京、广州、沈阳、兰州、郑州、徐州、株洲、南昌、上海等。

表 3 – 1　五种运输方式的对比

运输方式	速度	运量	运价	适合的货物	优点	缺点
水路运输（轮船）	最慢	最多	最便宜	大宗货物，时间宽裕	价格便宜	速度慢，受气候影响大
公路运输（汽车）	较慢	较少	较贵	灵活，量少，路程短	灵活，方便	装载量小，不太适合长途运输
铁路运输（火车）	较快	较多	较便宜	量大，时间较紧	安全，可靠	中转作业时间长
航空运输（飞机）	最快	少	最贵	贵重，急需，时间要求紧	速度快，价格昂贵	运费高，限重
管道运输（管道）	连续	大	便宜	气体、液体，连续性强	货损少，连续运输	专业性强

表 3 – 2　"五纵三横"铁路干线

	干线名称	跨越省市区	经过的城市	重要意义
五纵	京沪线	京 – 津 – 冀 – 鲁 – 苏 – 皖 – 沪	北京、天津、德州、济南、徐州、蚌埠、南京、镇江、常州、无锡、上海	沟通了华北与华东，是东部沿海的交通大动脉
	京九线	京 – 津 – 冀 – 鲁 – 豫 – 皖 – 赣 – 粤 – 港	北京、霸州、衡水、商丘、潢川、麻城、九江、南昌、赣州、龙川、深圳、九龙	与京广线平行，缓解了京广线、京沪线的运输压力
	京广线	京 – 冀 – 豫 – 鄂 – 湘 – 粤	北京、石家庄、邯郸、新乡、郑州、武汉、长沙、株洲、衡阳、韶关、广州	沟通了华北、华中与华南，我国铁路网的中轴，运量最大的南北大动脉
	焦柳线	豫 – 鄂 – 湘 – 桂	焦作、洛阳、襄樊、枝城、怀化、柳州	提高晋煤南运能力，分流京广线运量
	宝成 – 成昆线	陕 – 甘 – 川 – 滇	宝鸡、成都、攀枝花、昆明	促进西南地区经济建设
三横	京包 – 包兰线	京 – 冀 – 晋 – 内蒙古 – 宁 – 甘	北京、大同、集宁、呼和浩特、包头、银川、中卫、兰州	促进华北与西北联系，分担陇海线运量
	陇海 – 兰新线	苏 – 皖 – 豫 – 陕 – 甘 – 新	连云港、徐州、商丘、开封、郑州、洛阳、西安、宝鸡、兰州、乌鲁木齐、阿拉山口	沟通东部和西北，促进西北发展，横向联合贯亚欧为主的第二条大陆桥，加速沿线工业的发展
	沪杭 – 浙赣 – 湘黔 – 贵昆线	沪 – 浙 – 赣 – 湘 – 黔 – 滇	上海、杭州、鹰潭、萍乡、贵阳、六盘水、昆明	横贯江南的东西干线，加强华东、中南、西南的联系，与长江航线相辅相成

（2）公路运输　我国公路运输发展很快，在交通运输中的地位日趋重要。我国到 2007 年已完成"五纵七横"国道主干线工程建设。"五纵七横"国道主干线工程是我国规划建设的以高速公路为主的公路网主骨架，总规模约 3.5 万公里，其中高速 2.5 万公里。贯通首都、各省省会、直辖市、经济特区、主要交通枢纽和重要对外开放口岸；约覆盖全国城市总人口的 70%。连接了全国所有人口在 100 万人以上的特大城市和 93% 的人口在 50 万人以上的大城市。"五纵"指同江—三亚、北京—珠海、重庆—湛江、北京—福州、二连浩特—河口。"七横"指连云港—霍尔果斯、上海—成都、上海—瑞丽、衡阳—昆明、青岛—银川、丹东—拉萨、绥芬河—满洲里。

你知道吗

中国的行政区划分

23 个省份：河北（石家庄）、山西（太原）、辽宁（沈阳）、吉林（长春）、黑龙江（哈尔滨）、江苏（南京）、浙江（杭州）、安徽（合肥）、福建（福州）、江西（南昌）、山东（济南）、河南（郑州）、湖北（武汉）、湖南（长沙）、广东（广州）、海南（海口）、四川（成都）、贵州（贵阳）、云南（昆明）、陕西（西安）、甘肃（兰州）、青海（西宁）、台湾（台北）。

5 个自治区：广西壮族自治区（南宁）、西藏自治区（拉萨）、新疆维吾尔自治区（乌鲁木齐）、内蒙古自治区（呼和浩特）、宁夏回族自治区（银川）。

4 个直辖市：北京、天津、上海、重庆。

2 个特别行政区：香港、澳门。

"五纵七横"优化了我国交通运输结构，促进了高速公路持续、快速和有序的发展，对缓解交通运输的"瓶颈"制约发挥了重要作用，有力地促进了我国经济发展和社会进步。随着经济的快速发展，对交通服务的要求越来越高，规划和建设一个统一的国家级高速公路网，优化跨区域资源的配置和管理成为必然的要求。为此，2013 年我国发布了《国家高速公路网规划》，计划到 2030 年形成"布局合理、功能完善、覆盖广泛、安全可靠"的国家干线公路网络，由 7 条首都放射线、11 条南北纵向线和 18 条东西横向线，以及地区环线、并行线、联络线等组成，规模约 11.8 万公里，把我国人口超过 20 万的城市全部连接起来。

（3）水路运输　水路运输主要分为内河运输和海洋运输。

内河运输，是指使用船舶通过陆地内的江、湖、河、川等天然或人工水道，运送货物和旅客的一种运输方式。我国的内河航道有 11 万公里。航运比较发达的航道有长江、京杭运河、珠江、松花江。长江是我国内河航道的大动脉，被誉为"黄金水道"。重庆、武汉、南京、上海是沿岸重要港口。

海洋运输，我国海上航运分为沿海航运和远洋航运。沿海航运是使用船舶通过大陆附近沿海航道运送客货的一种方式，我国沿海航运可以分为以大连、上海为中心的北方航区和以广州为中心的南方航区，主要通航：秦皇岛、天津、烟台、青岛、连云港、南通、宁波、温州、福州、湛江、北海等主要海港。远洋航运是使用船舶跨大洋的长途运输形式，我国的远洋航线可通达世界150多个国家和地区，我国远洋运输总载重吨位居世界第2位。

（4）航空运输　现在我国已形成以北京为中心的航空运输网，有600多条航线联系亚、欧、非、美和大洋洲的许多国家及国内重要城市。北京、上海、广州、乌鲁木齐是重要的国际航空港。

（5）管道运输　管道运输已成为我国继铁路、公路、水路、航空运输之后的第五大运输行业。我国的管道运输主要有油气管道运输。

三、多式联运

多式联运是指由两种及其以上的交通工具相互衔接、转运而共同完成的连续的运输过程。多式联运采取的是一票到底制，发货人只需要签订一次合同，缴纳一次费用与保险，凭借一张单证即可完成全程运输。多式联运根据是否跨越其他国家可以分为国内多式联运和国外多式联运。

随着经济全球化的发展，单一的运输方式难以满足复杂的运输需求，而多式联运可以提高运输效率降低运输成本，进而越来越受到企业的喜爱。多式联运主要有以下几个优点。

（1）简化手续　无论货物的运输距离有多远，需要由几种运输工具进行运输，托运人只需要办理一次托运手续，签订一次合同，降低了办理分段运输的有关单证和手续的复杂性。

（2）减少中间环节，提高了运输效率　采用多式联运增加了各运输工具间的协作程度，紧凑衔接，减少了货物中转的停留时间，降低了货物的库存量与库存成本，提高了运输效率。

（3）降低运输成本　多式联运可实行门到门运输，因此对货主来说，当货物交给第一承运人后即可取得货运单证，并进行结汇，由此提前了结汇的时间。这不仅有利于加快资金的流转速度，还可以减少利息的支出。此外，采用统一的货运单证，简化手续，也节省了很多人力、物力。

（4）提高运输管理水平，实现运输合理化　由于各运输方式的经营人各自为政，自成体系，导致其经营业务范围以及货运量都受到限制。而当由多式联运经营者承担运输工作时，可以大大扩展经营的范围，并且最大限度地发挥其现有设备的作用，选择最佳运输线路组织合理化的运输。

四、选择运输方式主要考虑的因素

1. 运输数量　一般而言，15～20t 以下的货物，采用公路运输；15～20t 以上的货物，采用铁路运输；数百吨以上的原材料之类的货物，应选择水路运输。

2. 运输价格　就运输的价格来说，航空运输最昂贵，公路运输较贵，水路运输最便宜，铁路和管道也比较便宜。

3. 运输时间　通常运输的时间跟运输的速度有关。一般来说，航空运输最快达到 $900 \sim 1000 km/h$；铁路运输 $80 \sim 250 km/h$；公路运输 $80 \sim 120 km/h$；水路中的河运运输 $8 \sim 20 km/h$，海运运输 $18.52 \sim 55.56 km/h$。同时，在实际的运输中，由于受环境、经济等其他因素的影响，各种运输方式的服务速度是低于运输载体的技术速度的。

4. 货物的性质　货物本身的性质对运输方式的选择也有一定的影响。比如货物包装、货物储存保管的要求等都会影响对运输方式的选择。

5. 运输距离　一般来说，200km 以内，采用公路运输；$200 \sim 500km$ 的区域，按照交通设施状况，采用铁路运输和公路运输；500km 以上根据具体情况、成本的承受能力，以及设施配置的情况，采用水路或航空运输、铁路和公路等组合运输方式。

五、运输的作业流程

（一）铁路货运作业流程

铁路运输按照货物的装运方式分为整车货物运输、零担货物运输和集装箱运输。整车货物运输就是根据规定批量按整车货物办理承托手续、组织运送和计费的货物运输；零担货物运输是根据规定批量按零担货物办理承托手续、组织运送和计费的货物运输；集装箱运输是以集装箱为单元进行货物运输的一种货运方式。铁路集装箱运输是铁路货运的主要形式。铁路货物运输作业的流程图如图 3-1 所示。

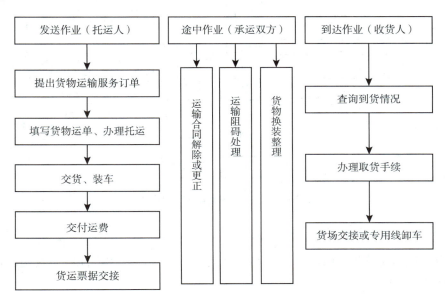

图 3-1　铁路货物运输作业流程图

你知道吗

常见运输物流术语

1. 甩挂运输（drop and pull transport）　用牵引车拖带挂车至目的地，将挂车甩下后，换上新的挂车运往另一目的地的运输方式。

2. 集装运输（containerized transport）　使用集装器具或利用捆扎方法把裸装物品、散粒物品、体积较小的成件物品组合成一定规格的集装单元进行的运输。

3. 门到门服务（door-to-door service）　承运人在托运人指定的地点接货，运抵收货人指定的地点的一种运输服务方式。

4. 托盘运输（pallet transport）　将成件物品堆垛在托盘上，连盘带货一起装入运输工具运送物品的运输方式。

5. 专业线（special railway line）　在铁路总经管线网以外，而又与铁路营业网相衔接的各类企业或仓库自有的或向铁路部门租用的铁路。

（二）公路货运作业流程

公路货物运输作业的流程图如图 3-2 所示。

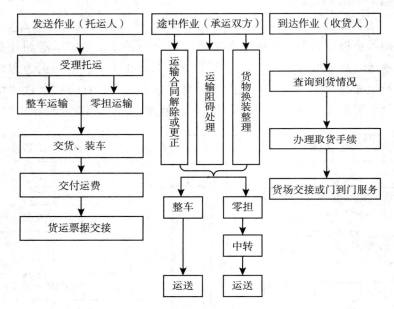

图 3-2　公路货物运输作业流程图

（三）航空货运作业流程

航空货物运输分为国内航空运输和国际航空货物运输。国内航空货物运输的作业流程如图 3-3 所示。

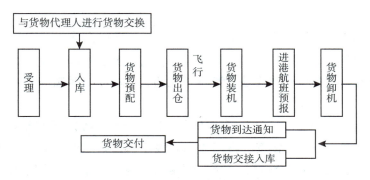

图 3 – 3 国内航空货物运输作业流程图

（四）水路货物运输作业流程

水路运输是运输成本最低的运输方式。我国是航运大国，内河既是贯穿区域大中小城市的通道，也是连接沿海、走出国门的重要纽带。内河航运的货物运输作业流程如图 3 - 4 所示。

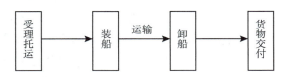

图 3 – 4 内河航运的货物运输作业流程图

六、运输合理化

（一）不合理运输

不合理运输，是指在组织货物运输过程中，违反货物流通规律，不按经济区域和货物自然流向组织货物调运，忽视运输工具的充分利用和合理分工，装载量低，流转环节多，从而浪费运力和加大运输费用的现象。

不合理运输的表现如表 3 - 3 所示。

表 3 – 3 不合理运输的表现

不合理运输	不合理运输的表现
空驶	空车无货载行驶，可以说是不合理运输的最严重形式
对流运输	亦称"相向运输""交错运输"
迂回运输	舍近取远的一种运输
重复运输	货物在未达目的地时将货卸下，再重复装运送达目的地
倒流运输	货物从销地或中转地向产地或起运地回流的一种运输现象
过远运输	调运物资舍近求远
运力选择不当	未选择各种运输工具优势而不正确地利用运输工具造成的不合理现象
托运方式选择不当	未选择最好的托运方式
无效运输	凡装运的物资中有超过标准量的无使用价值的杂质

（二）运输合理化的措施

运输在整个物流中占重要地位，其成本占物流总成本的 35% ~ 50%，合理地控制运输成本，选择合适的运输方式是物流合理化的重要内容。运输合理化的措施包括以下几个方面。

1. 选择合理的运输方式　选择运输方式的时候一般会考虑五个要素：第一考虑运输物品的种类，第二考虑运输量，第三考虑运输距离，第四考虑运输时间，第五考虑运输费用。为了达到及时、准确、经济、安全的运输，运输方式有时不会仅限于单一的运输方式，常会采用复合运输方式来实现物流的合理化。

2. 提高运输工具的实载率　即尽量减少运输空驶或者部分空驶，尽量实现运输工具的满载。

3. 尽量采取直达运输　即把货物从生产地直接运输到消费地，减少中间环节，避免不合理的迂回运输等，从而减少运输费用和运输时间。

请你想一想

在实际生活中，我们应该如何选择合适的运输方式，使得运输工作合理？

4. 组织"四就"直拨运输　"四就"就是就仓库直拨、就厂直拨、就车站直拨和就车船直拨。"四就"直拨运输就是指企业在接受厂家或其他企业的运输物品时，不将其直接运到企业自己的仓库，而将货品运到基层的批发商、零售商或最终用户，从而缩短运输时间，降低运输成本。

七、药品的运输

药品是特殊的商品，药品的质量关系到人民的身体健康和生命安全。药品的质量容易受到外部环境的影响而改变，因此，运输是保证药品质量的重要环节之一。为了确保药品的安全、有效、均一、稳定，运输药品的过程除了要遵循普通商品的运输标准还必须遵循药品的运输的相关规定，如《药品经营质量管理规范》（简称 GSP）等规定。随着公路交通的发展，公路运输因为"门到门"的便利性越来越受到企业的青睐。下面主要介绍药品公路运输的路程和相关的规定。

（一）药品运输的相关法律规定

1. 对运输人员的要求

（1）从事特殊管理的药品和冷藏冷冻药品的储存、运输等工作的人员，应当接受相关法律法规和专业知识培训并经考核合格后方可上岗。

（2）运输岗位人员的着装应当符合劳动保护和产品防护的要求。

2. 对药品运输工具、设备以及管理制度的要求

（1）运输药品，应当根据药品的包装、质量特性并针对车况、道路、天气等因素，选用适宜的运输工具，采取相应措施防止出现破损、污染等问题。

（2）运输药品应当使用封闭式货物运输工具（图 3 - 5）。这就要求运输工具的车厢体应当整体封闭、结构牢固、货箱门严密可锁闭，可以做到有效防尘、防雨、防遗失。

（3）运输冷藏、冷冻药品的冷藏车（图3－6）及车载冷藏箱、保温箱应当符合药品运输过程中对温度控制的要求。冷藏车具有自动调控温湿度、显示温度、存储和实时读取温度监测数据的功能；冷藏箱及保温箱具有外部显示和采集箱体内温度数据的功能。

图3－5　厢式柜车　　　　　　　　　　图3－6　运输冷藏车

（4）运输设施设备的定期检查、清洁和维护应当由专人负责，并建立记录和档案。

（5）企业应当对冷库、储运温湿度监测系统以及冷藏运输等设施设备进行使用前验证、定期验证及停用时间超过规定时限的验证并记录存档。

（6）药品运输车辆出发前必须进行运输状况的检查，发现运输状况不符合规定的，不得发运。

企业应当严格按照外包装标示的要求，搬运、装卸药品，根据药品的温度控制要求，在运输过程中采取必要的保温或者冷藏、冷冻措施。冷藏、冷冻药品应当由专人负责在冷藏环境下完成其装箱、封箱、装车工作。装车前应当检查冷藏车辆的启动、运行状态，当温湿度达标后，要暂时关闭温度调控系统，快速装车。装车完毕，及时关闭车厢厢门，检查厢门密闭情况，并上锁，才重新启运温度调控系统。启运时应当做好运输记录，内容包括运输工具和启运时间等。运输过程中，药品不得直接接触冰袋、冰排等蓄冷剂，防止对药品质量造成影响。

药品到货时，收货员应核实运输状况，发现运输状况不符合规定的，应当拒收。

（7）要求所有运输的相关数据做到真实、完整、准确、有效和可追溯。

（8）企业应当采取运输安全管理措施，防止在运输过程中发生药品盗抢、遗失、调换等事故。企业还应当制定冷藏、冷冻药品运输应急预案，对运输途中可能发生的设备故障、异常天气影响、交通拥堵等突发事件，能够采取相应的应对措施。

3. 委托运输

（1）企业委托其他单位运输药品的，应当对承运方运输药品的质量保障能力进行审计，索取运输车辆的相关资料，符合本规范运输设施设备条件和要求的方可委托。

（2）企业委托运输药品应当与承运方签订运输协议，明确药品质量责任、遵守运输操作规程和在途时限等内容。

（3）企业委托运输药品应当有记录，实现运输过程的质量追溯。记录至少包括发货时间、发货地址、收货单位、收货地址、货单号、药品件数、运输方式、委托经办人、承运单位，采用车辆运输的还应当载明车牌号，并留存驾驶人员的驾驶证复印件。记录应当至少保存5年。

（4）委托运输的，企业应当要求并监督承运方严格履行委托运输协议，防止因在途时间过长影响药品质量。

（二）药品公路运输作业流程

药品的公路运输作业流程图如3-7所示。

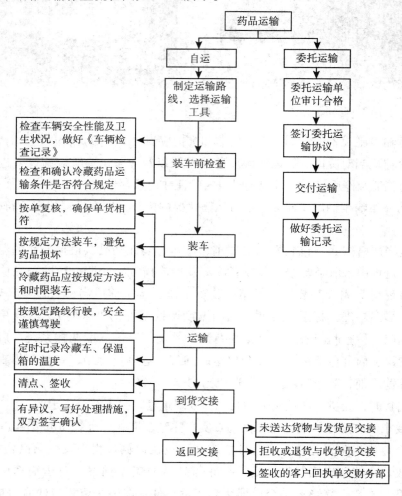

图3-7　药品公路运输作业流程图

（三）特殊管理药品的运输

1. 麻醉和精神药品运输的相关法律规定　为加强麻醉药品和精神药品的管理，保证麻醉药品和精神药品的合法、安全、合理使用，防止流入非法渠道，根据《麻醉药品和精神药品管理条例》的规定：经药品监督管理部门批准的生产、经营、使用麻醉药品和精神药品的单位运输麻醉药品和第一类精神药品时，需向所在地省、自治区、直辖市人民政府药品监督管理部门申请办理运输证明才能托运，而第二类精神药品的运输则不需办理运输证明。

2. 托运人运输证明的申请流程 根据《麻醉药品和精神药品运输管理办法》第四条规定：托运或自行运输麻醉药品和第一类精神药品的单位，应当向所在地省、自治区、直辖市药品监督管理部门申领《麻醉药品、第一类精神药品运输证明》（简称运输证明），如图3-8所示。申请领取运输证明须提交以下资料：①麻醉药品、第一类精神药品运输证明申请表（表3-4）；②加盖单位公章的《药品生产许可证》或《药品经营许可证》复印件（仅药品生产、经营企业提供）；③加盖单位公章的《企业营业执照》或登记证书复印件；④经办人身份证明复印件、法人委托书；⑤申请运输药品的情况说明。

省、自治区、直辖市药品监督管理部门对资料审查合格的，应于10日内发给运输证明，同时将发证情况报同级公安机关备案。

麻醉药品、第一类精神药品运输证明（正本）

编号：省汉字简称-年号-正本流水号

根据国务院发布的《麻醉药品和精神药品管理条例》，允许持证单位运输本证明所列的麻醉药品和第一类精神药品。

发货单位名称：

发货单位联系电话：

发证机关联系电话：

运输证明有效期限：自   起至   止

准予运输麻醉药品、第一类精神药品名称：

图3-8 麻醉药品、精神药品运输证明模板

表3-4 麻醉药品、第一类精神药品运输证明申请表

申请运输单位				
地址				
经办人		身份证号		
联系电话		移动电话		
运输期限	自 年 月 日起至	年 月 日止		

申请运输麻醉药品、第一类精神药品名称*：

申请单位盖章
年   月   日

*药品名称以国家批准的药品注册证明文件为准。

3. 运输证明的使用 运输证明正本1份，根据实际需要可发给副本若干份，必要时可增领副本。运输证明有效期1年（不跨年度）。运输证明在有效期满前1个月按照上述规定重新办理，过期后3个月内将原运输证明上缴发证机关。运输证明应当由专人保管，不得涂改、转让、转借。

承运单位要查验、收取运输证明副本。运输证明副本随货同行以备查验。在运输途中承运单位必须妥善保管运输证明副本，不得遗失。货物到达后，承运单位应将运输证明副本递交收货单位。收货单位应在收到货物后1个月内将运输证明副本交还发货单位。

因科研或生产特殊需要，单位需派专人携带少量麻醉药品、第一类精神药品的，应当随货携带运输证明（或批准购买的证明文件）、单位介绍信和本人身份证明以备查验。

4. 运输注意事项 运输前需报送发运货物信息：①定点生产企业、全国性批发企业和区域性批发企业之间发运麻醉药品和第一类精神药品时，跨省运输的，发货单位应事先向所在地及收货单位所在地省、自治区、直辖市药品监督管理机构报送发运货物信息，内容包括发货人、收货人、货物品名、数量。发货单位所在地药品监督管理部门也应按规定向收货单位所在地的同级药品监督管理部门通报。②属于在本省、自治区、直辖市内运输的，发货单位应事先向所在地省、自治区、直辖市药品监督管理部门及收货单位所在地设区的市级药品监督管理机构报送发运货物信息。③发货单位所在地药品监督管理部门也应按规定向收货单位所在地设区的市级药品监督管理机构通报。

铁路、民航、道路、水路承运单位承运麻醉药品和精神药品时，应当及时办理运输手续，尽量缩短货物在途时间，并采取相应的安全措施，防止麻醉药品、精神药品在装卸和运输过程中被盗、被抢或丢失。铁路运输应当采用集装箱或行李车运输麻醉药品和第一类精神药品。采用集装箱运输时，应确保箱体完好，施封有效；道路运输麻醉药品和第一类精神药品必须采用封闭式车辆，有专人押运，中途不应停车过夜；水路运输麻醉药品和第一类精神药品时应有专人押运。

麻醉药品和精神药品在运输途中出现包装破损时，承运单位要采取相应的保护措施。

发生被盗、被抢、丢失的，承运单位应立即报告当地公安机关，并通知收货单位，收货单位应立即报告当地药品监督管理部门。

（四）危险化学品的运输管理

危险化学品，是指具有毒害、腐蚀、爆炸、燃烧、助燃等性质，对人体、设施、环境具有危害的剧毒化学品和其他化学品。危险化学品按照理化性质和危害性可划分为8类：①爆炸品，指在外界作用下（如受热、受摩擦、撞击等），能发生剧烈的化学反应，瞬时产生大量的气体和热量，使周围压力急骤上升，发生爆炸，对周围环境造成破坏的物品，如硝酸甘油等；②压缩气体和液化气体，该类化学品在受热、撞击或强烈震动时，容器内压力会急剧增大，致使容器破裂爆炸，或导致气瓶阀门松动漏气，酿成火灾或中毒事故，如环氧乙烷、压缩氧气等；③易燃液体，本类物质在常温下易挥发，其蒸气与空气混合能形成爆炸性混合物，如乙醇、麻醉乙醚等；④易燃固体、自燃物品和遇湿易燃物品，该类物品有硫黄、樟脑和龙脑等；⑤氧化剂和有机过氧化物，这类物品有高锰酸钾和过氧乙酸等；⑥毒害品和感染性物品，该类物品进入肌体后，累积达一定的量，能与体液和组织发生生物化学作用或生物物理学作用，扰乱或破坏肌体的正常生理功能，引起暂时性或持久性的病理改变，甚至危及生命，如氰化物（钾、钠）、亚砷酸及其盐类、砒霜、红升丹等；⑦放射性物品，如天然铀、钴60；⑧腐蚀品，是指能灼伤人体组织并对金属等物品造成损坏的固体或液体，如硫酸、冰醋酸、氢氧化钠、浓氨溶液等。

危险化学品一般通过道路运输比较多，这里主要介绍道路运输的相关事项，铁路、水路和航空运输的参照相关规定执行。

从事危险化学品道路运输的，应当依照有关道路运输的法律、行政法规的规定，取得危险货物道路运输许可，并向工商行政管理部门办理登记手续。通过道路运输危险化学品的，托运人应当委托依法取得危险货物道路运输许可的企业承运。通过道路运输剧毒化学品的，托运人应当向运输始发地或者目的地县级人民政府公安机关申请剧毒化学品道路运输通行证。

危险化学品道路运输企业、水路运输企业应当配备专职经过培训持证上岗的安全管理人员、驾驶员、船员、装卸管理人员、押运人员、集装箱装箱现场检查员等，该类人员应当了解所运输的危险化学品的危险特性及其包装物、容器的使用要求和出现危险情况时的应急处置方法。通过道路运输危险化学品的，应当配备押运人员，并保证所运输的危险化学品处于押运人员的监控之下。

用于运输危险化学品的槽罐以及其他容器应当封口严密，能够防止危险化学品在运输过程中因温度、湿度或者压力的变化发生渗漏、洒漏；槽罐以及其他容器的溢流和泄压装置应当设置准确、起闭灵活。危险化学品运输车辆应当符合国家标准要求的安全技术条件，并按照国家有关规定定期进行安全技术检验。危险化学品运输车辆应当悬挂或者喷涂符合国家标准要求的警示标志。通过道路运输危险化学品的，应当按照运输车辆的核定载质量装载危险化学品，不得超载。未经公安机关批准，运输危险化学品的车辆不得进入危险化学品运输车辆限制通行的区域。危险化学品运输车辆限制通行的区域由县级人民政府公安机关划定，并设置明显的标志。

托运人不得在托运的普通货物中夹带危险化学品，不得将危险化学品匿报或者谎报为普通货物托运。

运输危险化学品途中因住宿或者发生影响正常运输的情况，需要较长时间停车的，驾驶人员、押运人员应当采取相应的安全防范措施；运输剧毒化学品或者易制爆危险化学品的，还应当向当地公安机关报告。

实训三　设计并填写运输记录表

一、实训目的

通过模拟操作，熟悉药品运输过程中的相关规定及记录单据的填写。

二、实训器材

A4 纸若干、黑色笔若干。

三、实训原理

通过设计并填写运输记录表使学生初步了解药品运输中的注意事项。

四、实训方法

1. 阅读下列资料。

2018 年 1 月 23 日上午 10：30，佛山市 ZSF 医药有限公司收到广州市 N 药业有限责任公司上午 9：00 运来的一批出库单号为 E201801236058 的药品，药品分别有：A 人血白蛋白 600 箱，生产批号为 20171201，有效期为 20201130；B 胰岛素 80 箱，生产批号为 20170101，有效期为 20201230。在验收过程中，运输电子温度计上记录的启动温度是 3℃，到达温度是 6℃。N 药业有限责任公司运输员王某需填写相关药品运输记录表交于 ZSF 医药有限公司收货员李某签名确认，并带回一联单据交给公司相关部门进行存档。

2. 全班学生进行分组，4~5 人一组，根据资料以及运输的相关规定讨论、设计和填写药品运输记录表。

3. 各小组派代表讲解运输记录表各项的设计依据。

4. 教师点评。

五、实训考核方式

具体考核内容如表 3-5 所示。

表 3-5　实训考核表

评分项目	评分说明	评分
内容正确（20 分）	表述内容正确，无科学性和知识性的错误（0~10 分，错一处扣 2 分，扣完即止）	
内容齐全（60 分）	要求运输药品、运输过程中的相关数据、发运双方的信息内容齐全（缺一处扣 5 分，扣完为止）	

续表

评分项目	评分说明	评分
整体设计风格视觉效果（10分）	表格设计和谐美观，布局合理，视觉效果好，符合视觉心理（0~10分）	
小组合作（10分）	要求小组成员全部参与实训，分工合理明确（0~10分）	

任务二 装卸、搬运

PPT

实例分析

实例 SH 医药有限公司是一个以市场为核心、现代医药科技为先导、金融支持为框架的新型公司，是西南地区经营药品品种较多、较全的医药专业公司。

虽然 SH 已形成规模化的产品生产和网络化的市场销售，但其流通过程中物流管理严重滞后，造成物流成本居高不下，不能形成价格优势。这严重阻碍了物流服务的开拓与发展，成为公司业务发展的"瓶颈"。

装卸搬运活动是衔接物流各环节活动正常进行的关键，而 SH 公司恰好忽视了这一点，由于搬运设备的现代化程度低，只有几个小型货架和手推车，大多数作业仍处于人工作业为主的原始状态，工作效率低，且易损坏物品。另外仓库设计的不合理，造成长距离的搬运。并且库内作业流程混乱，形成重复搬运，大约有 70% 的无效搬运，这种过多的搬运次数，损坏了商品，也浪费了时间。

问题 1. 从以上的案例看装卸搬运环节对企业发展有什么作用？

2. 针对医药企业的特点，请你对 SH 公司搬运系统的改造提出建议和方法。

一、装卸、搬运的概念

装卸是指物品在指定地点以人力或机械实施垂直位移的作业。搬运是指在同一场所内，对物品进行水平移动为主的物流作业。装卸和搬运活动的基本动作包括装车（船）、卸车（船）、堆垛、入库、出库以及连接上述各项动作的短程输送（图 3–9），是随运输和保管等活动而产生的必要活动。在物流过程中，装卸和搬运活动是不断出现和反复进行的，它出现的频率高于其他各项物流活动，每次装卸和搬运活动都要花费很长时间，所以往往成为决定物流速度的关键。装卸和搬运活动所消耗的人力也很多，所以装卸和搬运费用在物流成本中所占的比重也较高。此外，进行装卸和搬运操作时往往需要接触货物，因此，这是在物流过程中造成货物破损、散失、损耗、混合等损失的主要环节。由此可见，装卸和搬运活动虽然不能创造利润但却是影响物流效率、决定物流技术经济效果的重要环节。

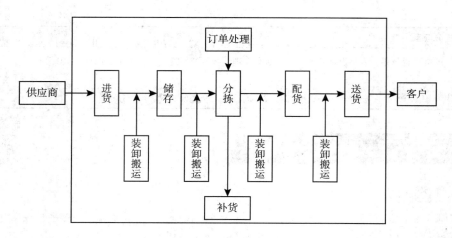

图3-9　物流中的装卸搬运

二、装卸、搬运的特点

1. 装卸、搬运是附属性、伴生性的活动　装卸、搬运是物流每一项活动开始及结束时必然发生的活动，因而有时常被人忽视，有时被看作其他操作时不可缺少的组成部分。例如，一般而言的"汽车运输"，就实际包含了相随的装卸、搬运，仓库中泛指的保管活动，也含有装卸、搬运活动。

2. 装卸、搬运是支持、保障性活动　装卸、搬运的附属性不能理解成被动的，实际上，装卸、搬运对其他物流活动有一定决定性。装卸、搬运会影响其他物流活动的质量和速度，例如，装车不当，会引起运输过程中的损失；卸放不当，会引起货物转换成下一步运动的困难。

3. 装卸、搬运是衔接性的活动　在任何其他物流活动互相过渡时，都是以装卸、搬运来衔接，因而，装卸、搬运往往成为整个物流"瓶颈"，是物流各功能之间能否形成有机联系和紧密衔接的关键，同时又是一个物流系统的关键。

三、装卸、搬运的合理化原则

物流系统中装卸搬运作业的比重较大，装卸搬运作业质量的好坏，不但影响物流成本，还与物流工作质量是否满足客户的服务要求密切关联。装卸合理化的主要目标是节省时间、节约劳动力、降低装卸搬运成本。

（一）降低装卸、搬运作业次数的原则

如果进行不适当的装卸、搬运作业，就可能造成药品的破损，或使药品受到污染。因此，必须尽力排除无意义的作业。减少装卸次数，以及缩短搬运距离等措施可以减少人力、物力和财力的浪费，还可以使流通速度加快，提供物流效率。可以通过合理安排作业流程，采用合理的作业方式或设备，合理布局库区货位，高频出入药品近门口摆放等措施降低装卸、搬运作业次数。

（二）装卸、搬运的连续性原则

是指两处以上的装卸和搬运作业要配合好。进行装卸、搬运作业时，为了不使连续的各种作业中途停顿且各作业能协调地进行，整理其作业流程是很必要的。因此，对药品的流动过程进行分析，使经常相关的作业配合在一起，也是很必要的。如把药品从自动仓库的取货作业，托盘与堆垛机货叉之间、托盘与传送带之间、托盘与地面叉车之间应当进行合理衔接。要使一系列的装卸和搬运作业顺利地进行，作业动作的顺序、作业动作的组合或装卸和搬运机械的选择及运用是很重要的。

（三）机械化原则

就是用机械化代替人工作业的原则。人机的有效结合，会明显地降低装卸搬运作业的成本。机械化能缩短劳动时间、防止成本上升，保证人和药品的安全，推进作业的省力化、自动化。

（四）提高装卸、搬运的灵活性原则

装卸、搬运的灵活性是指在装卸作业中的物料进行装卸作业的难易程度。所以，在堆放货物时，事先要考虑到物料装卸作业的方便性。

装卸、搬运的灵活性，根据物料所处的状态，即物料装卸、搬运的难易程度，可分为五个等级，即：物料杂乱地堆在地面上的状态为 0 级；物料装箱或经捆扎后的状态为 1 级；箱子或被捆扎后的物料，下面放有枕木或其他衬垫后，便于叉车或其他机械作业的状态为 2 级；物料被放于台车上或用起重机吊钩钩住，即刻移动的状态为 3 级；被装卸、搬运的物料，已经被起动、直接作业的状态为 4 级。

为了说明和分析物品整个物流过程装卸、搬运的灵活程度，通常采用平均活性指数的方法。这个方法是对某一物流过程物品所具备的活性情况累加后计算其平均值，用"δ"表示。δ 值的大小是确定改变搬运方式的信号。如：

当 $\delta < 0.5$ 时，指所分析的搬运系统半数以上处于活性指数为 0 的状态，即大部分处于散装情况，其改进方式可采用料箱、推车等存放物品。

当 $0.5 < \delta < 1.3$ 时，则是大部分物品处于集装状态，其改进方式可采用叉车和动力搬动车。

当 $1.3 < \delta < 2.3$ 时，装卸、搬运系统大多处于活性指数为 2，可采用单元化物品的连续装卸和运输。

当 $\delta > 2.3$ 时，则说明大部分物品处于活性指数为 3 的状态，其改进方法可选用拖车、机车车头拖挂的装卸搬运方式。

可通过提高装卸、搬运的灵活性提高搬、卸的效率，降低物流的成本。

（五）单位化原则

就是把物品汇集成一定单位数量，然后再进行装卸，即可避免损坏、消耗、丢失、又容易查点数量，而且最大的优点在于使装卸、搬运的单位加大，使机械装卸成为可

能，更能增加使装卸、搬运的灵活性等。这种方式是把物品装在托盘、集装箱和搬运器具中原封不动地装卸、搬运，进行输送、保管。

四、装卸、搬运的设备

装卸、搬运的设备是指用来搬移、升降、装卸和短距离输送物料或货物的机械。装卸、搬运设备是实现装卸搬运作业机械化的基础，是物流设备中重要的机械设备。它不仅可用于完成船舶与车辆货物的装卸，而且还可用于完成库场货物的堆码、拆垛、运输以及舱内、车内、库内货物的起重输送和搬运。

装卸、搬运的设备根据不同的条件有不同的分类方法，按装卸及搬运两种作业性质不同装卸、搬运设备可分成装卸机械、搬运机械及装卸搬运机械三类。

只满足装卸或搬运的单一作业功能的机械有很大优点，即机械结构较简单，多余功能较少，专业化作业能力强，因而作业效率高，作业成本较低，但由于其功能单一，作业前后需要很繁琐的衔接，会降低系统的效率。单一装卸功能的机械比较少用，有葫芦吊等，固定式吊车如卡车吊、悬臂吊等吊车虽然也有一定的移动半径，也有一些搬运效果，但基本上还是被看成单一功能的装卸机具。单一功能的搬运机具种类较多，如手推车、手动液压托盘搬运车（图3-10和3-11）等。在物流领域很注重装卸、搬运两功能兼具的机具，这种机具可将两种作业操作合二为一，因而有较好的系统效果。属于这类机具的最主要的有提升机、叉车等（图3-12、3-13、3-14和3-15）。

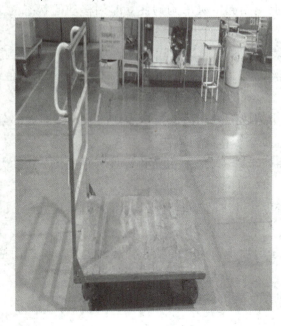

图3-10　手推车

图3-11　手动液压托盘车

图 3 – 12　垂直提升机

图 3 – 13　电动堆高车

图 3 – 14　平衡重式叉车

图 3 – 15　高位叉车

1. 手推车　手推车是一种以人力驱动为主，一般为无动力装置（不包括自行）在路面上水平运输货物的小型搬运车辆的总称。根据构造形式的不同有单层手推车、双层手推车、围栏手推车等类型。手推车的特点：①搬运作业距离为短距离；②承载能力一般在 500kg 以下；③灵活、易操作、转弯半径小；④方便、经济。根据其特点，常被用于输送短距离、较小、较轻的物品，是运输、搬运、周转常用的搬运类工具。

2. 托盘搬运车　托盘搬运车是一种用于搬运托盘或装载于托盘上货物的物流装卸搬运设备，可分为手动托盘搬运车和自动托盘搬运车。手动托盘搬运车在使用时将其承载的货叉插入托盘孔内，由人力驱动液压系统来实现托盘货物的起升和下降，并由人力拉动完成搬运作业，多用于仓库收发站台的装卸或车间内各工序间不需要堆垛的场合。它是托盘运输工具中最简便、最有效、最常见的装卸、搬运工具。电动托盘搬运车又称电动托盘车或电动搬运车，是利用电力提升货叉的装卸搬运设备。适用于重载及长时间货物转运工况，可大大提高货物搬运效率，减轻劳动强度。它以蓄电池为动力，直流电机驱动，液压工作站提升，操纵手柄集中控制。托盘搬运车具有以下特点：作业方便、平稳、快捷；外形小巧、操作灵活；低噪音、低污染。适合在商场、超市、仓库、货场、车间等场所作业。常见的类型包括踏板驾驶式、步行式和侧坐式。

3. 垂直升降提升机　垂直升降提升机主要应用于箱式元件的连续提升作业，分为往复式提升机和连续式提升机。适用于各种产品的垂直输送，它能在有限的空间实现对产品的连续或往复输送。它是利用升降厢的上下往复运动来实现物料的垂直输送。升降厢上可装上不同种类的输送设备，并与出入口输送设备相配合，使输送过程实现完全自动化，从而提高了生产效率。其广泛应用于家电、食品、饮料、医药、邮政、化工、机械电子、仓储物流等自动化生产行业。垂直提升机具有以下特点：①垂直提升机输送效率高，运行速度最高可达到 60m/min；②只能输送件货，且物料有最小尺寸的限制；③承载范围大，最大可达 2000kg（往复式 4000kg）；④与出入口输送设备配套使用，使输送过程实现完全自动化，可避免了人工操作带来的不稳定性；⑤结构紧凑，占地面积小；⑥安全可靠，易于维护，运行费用低廉，有效降低输送成本。

4. 叉车　叉车是工业搬运车辆，是指对成件托盘货物进行装卸、堆垛和短距离运输、重物搬运作业的各种轮式搬运车辆，国际标准化组织 ISO/TC110 称之为工业车辆，是叉式取货机依靠液压起升机构升降货物，由轮胎式行驶系统实现货物水平搬运，是具有装卸和搬运双重功能的机械设备，是现代物流业中常用的设备。广泛应用于车站、港口、机场、工厂、仓库等各国民经济部门，是机械化装卸、堆垛和短距离运输的高效设备。

叉车通常可以分为三大类：内燃叉车、电动叉车和仓储叉车。这里主要介绍仓储中常用的平衡重式叉车、电动堆高车和高位叉车。

平衡重式叉车：是车体前方装有升降货叉、车体尾部装有平衡重块的起升车辆。平衡重式叉车一般用于在船舱、火车车厢、集装箱内和企业内部装卸、堆垛和搬运成件物品。叉车的主要组成部分有动力装置、传动装置、转向装置、工作装置、液压系统和制动装置。其特点是为了保持平衡重因而自重大，轮距大，行走稳定，转弯半径大，作业通道宽度一般为 3.5～5.0m。在室内室外均可使用，行驶速度快，有较好的爬坡能力，承载能力 1.0～8.0t。

电动堆高车：承载能力为 1.0～2.5t，作业通道宽度一般为 2.3～2.8m，货叉提升高度一般在 4.8m 内。主要用于仓库内的货物堆垛及装卸，作业操作者需站立操作。堆高车结构简单，操控灵活，微动性好，防爆安全性能高。适用于狭窄通道和有限空间内的作业，是高架仓库、车间装卸托盘化的理想设备。

高位叉车：承载能力为 1.0 ~ 2.5t，门架可以整体前移或缩回，缩回时作业通道，提升高度最高可达 11m 左右。常用于仓库内高度的堆垛、取货作业，操控灵活，适应于室内作业。

五、药品装卸、搬运的注意事项

装卸、搬运药品应轻拿轻放，注意安全，严格按照外包装标示要求规范操作，堆码高度符合包装图示要求，避免损坏药品包装；药品按批号堆码，不同批号的药品不得混垛，垛间距不小于5cm，与库房内墙、顶、温度调控设备及管道等设施间距不小于30cm，与地面间距不小于10cm。

装车时要有序，根据运输的距离远近装药品，距离远的先装，距离近的后装；根据药品的轻重堆放，做到重不压轻；采取防护措施，堆码整齐、捆扎牢固、不倒置、不超越正常高度；严格按药品要求堆放，防止药品碰撞、挤压、倒置、破损等现象；禁止药品在阳光下停留时间过长或在下雨时无遮盖放置。如果是冷藏药品，还要提前打开冷藏车温度调控和监测设备，将车厢内预热或预冷至规定的温度，开始装车时关闭温度调控设备，并尽快完成药品装车，药品装车完毕，及时关闭车厢厢门，检查厢门密闭情况，并上锁。

实训四　装卸、搬运作业

一、实训目的

通过模拟练习，熟悉装卸、搬运的工作流程。

二、实训器材

A4 纸若干、黑色笔若干。

三、实训原理

利用模拟装卸、搬运练习使学生了解装卸搬运设备及工作流程。

四、实训方法

1. 阅读下列材料　2018 年 3 月某医药公司运来复方氨酚烷胺片 80 箱共两个批号，批号 20180103 的 30 箱，批号 20180108 的 50 箱，感冒冲剂 50 袋，5% 葡萄糖注射液 150 箱。现摆放在收货区，需分别放置在仓库一楼药品堆垛区、一楼药品拆零区和二楼药品托盘区的相应位置。请根据图 3 - 16、3 - 17 所示，对以上到货物品安排装卸、搬运作业，将物品进行入库储存。

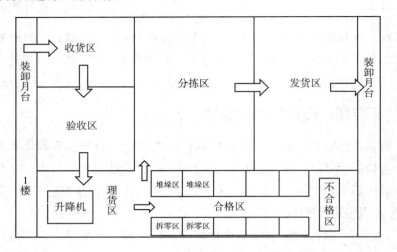

图 3 – 16　药品仓库 1 楼平面图

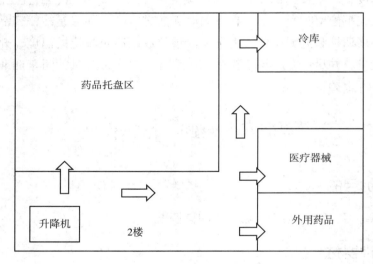

图 3 – 17　药品仓库 2 楼平面图

2. 以小组为单位讨论和设计装卸、搬运的线路和方式，准备使用搬运的工具和注意事项。

3. 进行装卸、搬运作业。

4. 教师总结与点评。

五、实训考核

具体考核内容如表 3 – 6 所示。

表 3 - 6　实训考核表

评分项目	评分说明	评分
内容正确（20 分）	表述内容正确，无科学性和知识性的错误（0～10 分，错一处扣 2 分，扣完即止）	
内容齐全（60 分）	要求列出使用的搬运工具，说明或画出装卸、搬运的路线及注意事项（缺一处扣 5 分，扣完为止）	
整体设计风格视觉效果（10 分）	设计和谐美观，布局合理，视觉效果好，符合视觉心理（0～10 分）	
设计结构合理（10 分）	要求按案例情况设计路线及设备，合理可行（0～10 分）	

 任务三　包装和流通加工

PPT

实例分析

实例　C 医药有限公司的物流经理小张最近很头痛，公司刚刚代理了一个厂家的胰岛素注射液，但是胰岛素注射液要求储存温度为 2～8℃，运输必须要用冷藏车。由于是新开的品种，销量不大，主要供应离公司路程为 3 天的 A 市的 3 家医院。为了节省物流费用，公司要等到累积到足够的货运量才将其运送到 A 市的各个医院。这种拖延导致了医院不能及时用上药品，公司因此遭到了厂家和医院的投诉。厂家威胁如果不能及时运达医院，将根据合同要求 C 医药有限公司赔偿一切损失。小张陷入了苦苦地思考中：用什么样的运输包装才能保证药品不在冷藏车内也能安全不变质呢？

问题　由以上的案例可以看出运输包装有什么作用？想一想药品除了运输包装还有什么包装？各自有什么作用？

一、包装的概念和要素

包装的概念有狭义和广义之分。狭义上讲包装（packaging）为在流通过程中保护产品，方便储运，促进销售，按一定的技术方法所用的容器、材料和辅助物等的总体名称；也指为达到上述目的在采用容器、材料和辅助物的过程中施加一定技术方法等的操作活动。承装没有进入流通领域物品的用品不能称之为包装，只能称为"包裹""箱子""盒子""容器"等。因为包装除了有包裹盒承装的功能外，对物品进行修饰，获得大众的青睐才是包装的重要作用。广义上讲是一切进入流通领域的拥有商业价值的事物的外部形式都是包装。

> **请你想一想**
> 包装的作用是什么？为什么需要包装呢？

包装要素有包装对象、材料、造型、结构、防护技术、视觉传达等。

二、包装的类别与材料

（一）包装的类别

1. 按包装在流通领域中的作用分类　可以分为：①销售包装（内包装、零售包装）。销售包装是以销售为主要目的，与药品一起到达消费者手中的包装。它具有保护产品、美化产品、宣传产品和促进销售的作用。②储运包装（外包装）。储运包装是以运输储存为主要目的的包装。是指内包装外面的木箱、纸箱、桶及其他包装物。它具有保障药品的安全、避免破损、方便储运装卸、加速交接、点验等作用。储运包装除了要满足包装的基本要求外，还应有明显清楚的运输标志，以便提示装卸、搬运、堆码、保管作业。此外，危险品必须有国家标准的危险货物包装标志，特殊管理药品及外用药品应有专用标签。

2. 按包装技术与目的分类　可以分为：①真空包装。真空包装指将药品装入气密性包装容器，抽去容器内的空气，使密封下的容器内达到预定真空度的一种包装方法。②充气包装。充气包装是指将药品装入气密性包装容器，用氮、二氧化碳等气体置换容器中原有空气的一种包装方法。③无菌包装。无菌包装是指将药品、包装容器、材料灭菌后，在无菌的环境中进行充填和封合的一种包装方法。④条形包装。条形包装是指将一个或一组药片、胶囊之类的小型药品包封在两层连续的带状铝塑包装材料之间，热封形成一粒一个单元的包装。⑤喷雾包装。喷雾包装是指将液体或膏状药品装入带有阀门和推进剂的气密性包装容器中，当开启阀门时，药品在推进剂产生的压力作用下被喷射出来的一种包装方法，也称气雾剂。⑥儿童安全包装。儿童安全包装系一种能够保护儿童安全的包装，其结构设计使大部分儿童在一定时间内难以开启或难以取出一定数量的药品。⑦危险品包装。危险品是指易燃、易爆、有毒、有腐蚀性或有辐射性的药品。危险品包装应能控制温度、防潮、防止混杂、防震、防火以及将包装与防爆、灭火等急救措施相结合。

无论哪一种形式的包装，都必须有利于保护药品的质量，有利于药品的装卸、储存、运输、销售，单纯为了促销而采用生活用品式包装是不对的。

（二）常用的包装材料

为了保证药品质量的完好，所有药品包装用材料及容器必须按法定标准生产。直接接触药品的包装材料及容器（包括油墨、黏合剂、衬垫、填充物等）必须卫生、无毒、不与药品发生化学反应，不发生组分游离或微粒脱落；不准采用可能影响药品质量的包装材料及容器。政府对直接接触药品的包装材料及容器的生产实施生产许可证制度。常用的包装材料包括：①玻璃。玻璃具有能防潮、易密封、透明和化学性质较稳定等优点。但玻璃也有许多缺点，如较重、易碎，还可因受到水溶液的侵蚀而释放出碱性物质和不溶性脱片。为了保证药品的质量，《中国药典》规定安瓿、大输液瓶必须使用硬质中性玻璃，在盛装遇光易变质的药品时，应选用棕色玻璃制成的容器。②塑料。塑料具有包装牢固、容易封口、色泽鲜艳、透明美观、重量轻、携带方便、价格低廉等优点。但是由于塑料在生产中常加入附加剂，如增塑剂、稳定剂等，这些附加剂直接与药品接触可能与药品发生化学反应，以致药品质量发生变化。塑料还具有透气透光、易吸附等缺点，这些缺点均可加速药品氧化变质的速度，引起药品变质。物流上使用的主要是塑料薄膜、气垫膜、塑料编织布做成的包装袋，主要适用于不易破碎、抗压类的物品包装。③纸制品。纸制品的原料来源广泛、成本较低、刷上防潮涂料后具有一定的防潮性能，包装体积可按需要而制造，具有回收使用的价值，是当今使用最广泛的包装材料之一。缺点是强度低、易变形。其中瓦楞纸纸箱在物流中被广泛使用，因为它多由三层或五层的瓦楞纸板构成，所以价格便宜、重量轻、耐冲击，容易进行加工和回收，方便运输和存放。④金属。常用的是黑铁皮、镀锌铁皮、马口铁、铝箔等，主要用于运输包装和销售包装。该类包装耐压、密封、性能好，但是成本比较高。⑤木材。具有耐压性能，是常用的外包装材料，由于消耗森林资源，逐步被纸及塑料等材料代替。⑥复合材料。复合材料是包装材料中的新秀，是用塑料、纸、铝箔等进行多层复合而制成的包装材料。常用的有纸 – 塑复合材料、铝箔 – 聚乙烯复合材料、铝箔 – 聚酯乙烯等。这些复合材料具有良好的机械强度、耐生物腐蚀性能、保持真空性能及抗压性能等。⑦橡胶制品。主要用于制作瓶装药品的各种瓶塞。由于其直接与药品接触，故要求具有非常好的生化稳定性及优良的密封性，以确保药品在有效期内不因空气及湿气的进入而变质。

从发展趋势来看，包装材料在向以纸代木、以塑代纸或以纸、塑料、铝箔等组成各种复合材料的方向发展。特种包装材料，如聚四氟乙烯塑料、有机硅树脂、聚酯复合板或发泡聚氨酯等应用处于上升趋势。

（三）包装用辅助材料

包装货物除了常用包装容器外，还需一些包装用辅助材料。常见的辅助材料有黏合带、捆扎材料、气垫膜等。

1. 黏合带 黏合带是在带的一面涂上压敏性结合剂，或者两面涂胶的双面胶带，这种带子用手压便可结合，比较方便。黏合带有橡胶带、热敏带、黏结带三种。橡胶带的特点是遇水可直接溶解，结合力强，黏结后完全固化，封口很结实；热敏带的特点是一经加热活化便产生黏结力，一旦结合，不好揭开且不易老化。

2. 胶带和捆扎带 胶带和捆扎带用于对包装进行捆扎加固。例如：纸箱包装必须用胶带封箱，较大的包装箱或包装袋需封口后用捆扎带进行捆扎二次加固，以免包装箱或包装袋破损。

3. 气垫膜 气垫膜是在两层塑料薄膜之间封入空气，在一面形成一个个突出的均匀连续的气泡，气泡的形状主要有圆筒形、半圆形和钟罩形。气垫薄膜具有良好的弹性和隔热性；不吸潮，耐腐蚀，且不腐蚀被包装物；加工性能好，易于制成各种形状，能热封，能吸收冲击能量，有优良的缓冲性能。但它不适于包装重量较大，负荷集中的尖锐物品，因为会被压破或刺破气泡而使其失去缓冲作用。常用的有气泡膜、气柱袋等。

三、包装的合理化

所谓包装合理化，是指在包装过程中使用适当的材料和适当的技术，制成与物品相适应的容器，节约包装费用，降低包装成本，既满足包装保护商品、方便储运、有利销售的要求，又要提高包装的经济效益的包装综合管理活动。

（一）包装合理化的要求

1. 包装应做到妥善保护货物，使其质量不受损伤。

2. 包装的容量要适当，有清晰的标志，以便于装卸和搬运。

3. 推行包装标准化，包装尺寸与托盘、集装箱、车辆、搬运机械、货架等物流设备息息相关，结合设备的情况设计包装尺寸的标准有利于物流的全过程。

4. 包装轻薄化，即包装对货物只是起到了保护的作用，不影响物品的使用价值。因此，在强度、寿命、成本相同的条件下，更轻、更薄的包装能提高装卸搬运的效率，降低物流成本。

5. 包装绿色化，即包装材料建议采用可回收再利用的材料，避免采用对人体健康有害、会污染环境的材料。

6. 采用无包装的物流形态对于需要大批量运送的物品（如水泥、煤炭等），对它们进行包装需要耗费大量的人力、物力、资金与材料。因此，可以采用专门的散装设备，从而获得较高的技术经济效果。散装并不是说不包装，而是一种变革的包装，就是由单件小包装向集合大包装的转变。

（二）合理设置包装方式

1. 便于装卸　当前我国主要采用的铁路运输、汽车运输，还大多采用人工的方式进行装卸、搬运作业，因此，包装的外形和尺寸需要限制在手工装卸搬运的能力范围之内。

2. 方便保管　在确定包装时，应根据不同的保管条件和方式而采用与之相适合的包装，例如需要堆放的物品，包装应有一定的强度，以防止被压坏。

3. 利于运输　当进行长距离及需要中转运输时，应采用严密厚实的包装，以防止物品在运输过程中损坏；而短距离的运输，可采用轻便、防震的包装。

四、药品说明书

药品说明书是药品质量标准的一部分，是药品经营活动的重要文件。是药品使用的依据，具有科学及法律上的意义。药品的说明书是药品生产厂家报请审批药品生产的必备资料之一；生产厂家不仅应对药品质量负责，同时也应对说明书内容是否真实并符合要求负责。

五、运输包装的标志

运输包装的标志，其主要作用是在储运过程中识别货物，合理操作。按其用途可分成运输标志（shipping mark）、指示性标志（indicative mark）、警告性标志（warning mark）、重量体积标志和产地标志。下面主要介绍运输标志、指示性标志和警告性标志。

（一）运输标志

运输标志又称唛头，是一种识别标志。它通常是由一个简单的几何图形和一些英文字母、数字及简单的文字组成，其作用在于使货物在装卸、运输、保管过程中容易被有关人员识别，以防错发错运。按国际标准化组织（ISO）的建议，其应包括以下四项内容。

1. 收货人名称的英文缩写或简称；
2. 参数号，如订单、发票或运单号码；
3. 目的地；
4. 件号。

（二）指示性标志

根据货物装卸、存放、运输等方面所提出的要求及需要注意的有关事项，指示性标志通常用图形和文字表示出来。例如：

1. 有文字的指示性标志

GUARD AGAINST DAMP	防潮
KEEP FLAT	必须平放
SLIDE HERE	从此处吊起
NO DUMPING	切勿投掷
DO NOT CRUSH	切勿挤压
HANDLE WITH CARE	小心轻放
FRAGILE	易碎物品
KEEP DRY	保持干燥
DO NOT DROP	切勿乱摔
NO TURNING OVER	切勿倒置
OPEN HERE	此处打开
THIS SIDE UP	此端向上
CENTER OF GRAVITY	重心点

2. 有图形的指示性标志 如图3-18所示。

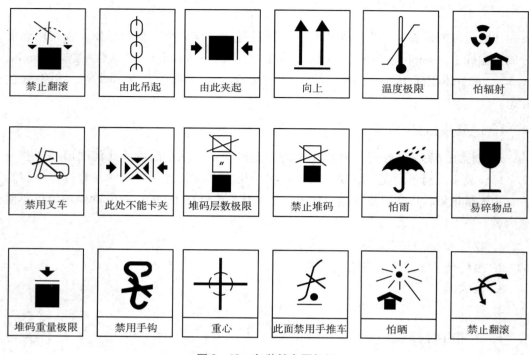

禁止翻滚	由此吊起	由此夹起	向上	温度极限	怕辐射
禁用叉车	此处不能卡夹	堆码层数极限	禁止堆码	怕雨	易碎物品
堆码重量极限	禁用手钩	重心	此面禁用手推车	怕晒	禁止翻滚

图3-18 包装储存图标识

（三）警告性标志

警告性标志是根据某些危险特征如易燃、易爆等，在货物包装上印制的图形和文字。它能帮助有关人员采取防护措施确保货物的完好无损以及人身安全。外包装上常印制的警告性标志有：

FLAMMABLE COMPRESSED GAS	易燃压缩气体
EXPLOSIVES	爆炸品
POISON	有毒品
MATERIAL RADIOACTIVES	放射物品
HAZARDOUS ARTICLE	危险物品

六、流通加工

（一）流通加工的概念

流通加工（distribution processing）是指物品在从生产地到使用地的过程中，根据需要施加包装、分割、计量、分拣、刷标志、拴标签、组装等简单作业的总称。流通加工是流通中的一种特殊形式，它是在物品从生产领域向消费领域流动的过程中，为了促进销售、维护产品质量和提高物流效率，对物品进行的加工，可使物品发生物理、化学或形状的变化。

（二）流通加工和生产加工的区别

流通加工是流通过程中简单的生产活动，具有生产制造活动的一般性质。但是，生产加工改变的是加工对象的基本形态和功能，是一种创造新的使用价值的活动。而流通加工并不改变商品的基本形态和功能，是一种完善商品的使用功能，提高商品附加价值的活动。例如：根据购买者的需要，茶店老板将散装的茶叶装入高档的包装盒。这两种加工的区别如表 3-7 所示。

表 3-7 流通加工和生产加工的区别

项目	流通加工	生产加工
加工对象	进入流通过程的商品	生产过程中原材料、半成品、配件
加工难度	简单	复杂
价值	完善或提高价值	创造价值及使用价值
加工单位	流通单位	生产单位
目的	促进销售、提高物流效率、维护产品质量	消费
所处环节	流通过程	生产过程

相对其他商品，药品的流通加工相对比较简单。药品的流通加工作业包括对药品进行分类、过磅、拆箱重新包装、贴标签及药品的组合包装。

（三）药品打包拼箱的注意事项

药品打包拼箱就是指将不足整箱数量的不同的药品按照药品的性质和目的地进行分类整理。把去同一目的地的货，集中到一定数量拼装入箱。拼箱要求如下。

1. 拼箱包装应完整无损，无异味、无污染，符合拼装要求。

2. 拼箱应根据药品的不同属性分别装箱，药品相互间容易引起化学反应、标识相近、易对其他药品造成污染的药品应分开拼箱。

3. 非药品、外用药、液体药、易串味药与其他药品之间要分开摆放。非药品、外用药、液体药、易串味药数量较多时，可单独装箱；若数量较少时可与其他药品一起混合装在一个箱体内，但需与其他药品之间应用隔板分开。液体药品需要用防护包装缠绕并用胶带进行固定，确保缠绕后药品防撞不受挤压。易串味药品需要用塑料袋装起来并用胶带封口，防止串味，影响其他药品质量。

4. 同一品种的不同批号或规格的药品可分开摆放拼装于同一箱内。

5. 多个品种，应尽量分剂型进行拼箱。

6. 多个剂型，应尽量按剂型的物理状态进行拼箱。

7. 按照"大不压小，重不压轻，整不压零、正反不倒置、最小受力面"的原则打包装箱。

8. 拼装箱内空隙的地方应用符合规定的垫衬物塞紧，防止碰撞。

9. 需冷藏的药品应有冷藏设施并单独拼箱，并将不同种类的药品、同种药品不同批号分开摆放，并用塑料袋装好，并用胶带封闭。防止药品在保温箱内受潮变质。

10. 需要防冻的药品，按规定垫衬防寒物。

11. 拼箱应在包装箱上角贴有收货单位、复核员名称、总拼箱数及本箱编号。

12. 装箱员应根据药品多少、大小及运输方式选择适合的外包装箱，选择的箱体不宜过大或过小，过大的外包装箱会使药品在箱体内晃动，从而造成药品在箱体内相互碰撞；过小的外包装箱会对药品造成挤压。选择箱体时，箱体长度应大于液体药品包装物的长度，箱体高度应高于液体药品包装物的高度。

13. 拼箱使用的代用包装应当标明品名、规格、批号、有效期等内容，并附加盖有企业质量管理部门原印章的药品质量报告书及药品说明书原件或复印件。

14. 拼箱应附随箱清单，标明供货单位、生产厂商、药品的详细信息、收货单位、收货地址、发货日期等内容，并加盖供货单位药品出库专用原印章。

15. 拼箱完毕，应封好箱口，封箱需要用胶带对药品进行十字封箱，封箱的同时，用胶带将装箱清单封在箱体的正上方。需要注意的是，箱清单不能遮挡箱体上的药品相关信息。

任务四　配送

PPT

实例分析

实例　A连锁便利店是全球最大的连锁便利店，全球有54996个零售点，每日为接近3000万的顾客服务。一间店面为100～200m² 的连锁店，却要提供2000～3000种食品，不同的食品可能来自不同的供应商，运送和保存的要求也各不相同，顾客的需求也各有不同，这种种原因给连锁店的物流配送提出了很高的要求。A连锁便利店通过改变传统物流配送方式，采用集中化的物流管理系统成功地削减了相当于商品原价10%的物流费用。措施包括：①由各地区的窗口批发商来统一收集该地区各生产厂家生产的同类产品，并向所辖区内的店铺实行集中配送；②对于每日配送的商品，采用建立区域配送中心，实现共同配送；③集中化的物流体制由连锁店主导，但物流体系的建设由合作的生产商和经销商根据其独特的流程量身设计；④配送流程以分钟计算，使运行费用为供应额的3.2%，处于成本目标管理值3.0%～3.5%。

问题　A连锁便利店在物流配送环节做了哪些更改以降低了成本？

一、配送的概念和特点

配送（delivery or distribution）是指在经济合理区域范围内，根据客户要求，对物品进行拣选、加工、包装、分割、组配等作业，并按时送达指定地点的物流活动。配送是物流中一种特殊的、综合的活动形式，包含了商流活动和物流活动，是物流的重要环节。配送以用户要求为出发点，是"配"和"送"的有机结合，处于供应链的末端，是一种末端物流活动。从物流的角度看，配送几乎包括了所有物流功能的要素，是物流的一个缩影，故有"小物流"之称。但是物流和配送的主体活动不同，一般物流活动主要包括运输与保管，而配送活动主要包括运输与分拣配货，分拣配货是配送的独特要求，也是配送中有特点的活动。以送货为目的的运输则是最后实现配送的主要手段，从这一主要手段出发，常常将配送简化地看成运输中的一种。从商流的角度看，物流是商物分离的产物，而配送则是商物合一的产物，配送本身就是一种商业形式。虽然配送具体实施时，也有以商物分离形式实现的，但从配送的发展趋势看，商流与物流越来越紧密的结合，是配送成功的重要保障。

与运输相比，配送具有以下特点（表3-8）。

（1）从服务功能来看，配送除了"送"，还有"配"，可以根据不同客户的个性需求进行配货服务，这是运输所没有的。

（2）从运输距离来看，配送的距离较短，运输的距离较长。配送主要针对的是支线运输，运输主要针对的是干线运输。

（3）从运输货物来看，配送主要针对的是小批量、多品种的货物，而运输主要针对的是大批量、少品种的货物。

（4）从运输工具来看，配送主要是"门对门"的服务，基本只涉及公路运输，因此一般以汽车为主。运输则涉及公路、水运、航空等多种运输方式，故运输工具多样化。

（5）从价值取向来看，配送主要强调服务优先，以客户满意为最高标准。运输强调的是效率优先，以降低运输费用为主要目标。

表3-8 配送与运输的比较

内容	配送	运输
服务功能	"配"与"送"的结合	只有"送"
运输距离	短距离、支线运输	长距离、干线运输
运输货物	小批量、品种多	批量大、少品种
运输工具	汽车	多种交通工具
价值取向	服务优先	效率优先

在经济快速发展的今天，配送的重要性越来越大。快速发展的配送业务可以减少企业的库存积压，降低企业的营运资本。同时，随着蓬勃发展的互联网经济的到来，配送服务作为人们购买商品的一个主要考虑因素，越来越受到企业的重视。

二、配送的类型

配送的类型有很多，按照不同的标准，有不同的分类。

（一）按配送商品的种类和数量分

1. 少品种大批量配送 这种配送适用于需要数量较大的商品，单独一种或少数品种就可以达到较大运输量，可实行整车运输。这种商品往往不需要再与其他商品进行搭配，可由专业性很强的公司实行这种配送。此种配送形式主要适用于大宗货物，如煤炭等。

2. 多品种少批量配送 按用户要求，将所需的各种各类需要量不大的商品配备齐全，凑成整车后由配送中心送达用户手中。超市的日常用品的配送多采用这种方式，满足了现代消费多样化、需求多样化的要求。

（二）按配送时间及数量分

1. 定时配送　按规定的时间间隔进行配送，配送品种和数量可根据用户的要求有所不同。这种配送的临时性较强，有一定的配送难度。

2. 定量配送　按规定的批量进行配送，但不严格确定时间，只是规定在一个指定的时间范围内配送。要求计划性强，但备货工作简单，配送成本相对较低。

3. 定时定量配送　按规定的准确时间和固定的配送数量进行配送。这种配送兼顾了定时和定量的优点，但是对计划性和稳定性的要求很高。

4. 定时定量定点配送　是按照确定的周期、货物品种和数量，按照计划确定的客户或用户进行配送。这种配送一般事先由物流配送中心与客户签订物流配送协议，物流配送中心严格按协议规定的时间、品种、数量和收货点组织配送，它有利于保证重点需要和降低企业库存，主要适用于重点企业和重点项目。

5. 即时配送　完全按用户要求的时间、数量进行随时配送。一般是临时性或急需货物的配送，如急救药。

（三）按配送的组织形式分

1. 集中配送　就是由专门从事配送业务的配送中心对多个用户开展配送业务。集中配送的品种多、数量大，一次可同时对同一线路中几家用户进行配送，能降低企业的库存和配送成本，其配送的经济效益明显，是配送的主要形式。

2. 共同配送　几个配送中心联合起来，共同制定计划，共同对某一地区用户进行配送，具体执行时共同使用配送车辆，称共同配送。

3. 分散配送　分散配送是由商业零售网点对小量、零星商品或临时需要的商品进行的配送业务。这种配送适合于近距离、多品种、少批量的商品的配送。

4. 加工配送　在配送中心进行必要的加工，这种将流通加工和配送一体化，使加工更有计划性，配送服务更趋完善。

（四）按配送的经营形式分

1. 销售配送　销售配送是指配送企业是销售性企业，或者是指销售企业作为销售战略一环所进行的促销型配送，即所谓的促销配送型，配送的随机性强。

2. 供应配送　供应配送是指用户为了自己的供应需要所采取的配送形式。在这种配送形式下，一般来讲是由用户或用户集团组建配送据点，集中组织大批量进货，然后向本企业配送或向本企业集团若干企业配送。大型企业集团或连锁店中心，常常采用这种配送形式组织对自己的零售店进行配送业务。

3. 销售－供应一体化的配送　销售－供应一体化配送是指对于基本固定的用户和基本确定的配送产品，销售企业可以在自己销售的同时，承担用户有计划供应者的职能，既是销售者同时又成为用户的供应代理人，起到用户供应代理人的作用。

4. 代存代供配送　用户将属于自己的商品委托配送中心代存、代供，或委托代订，然后组织配送。这种配送，在实施前不发生商品所有权的转移，配送中心只是用户的代理人，商品在配送前后都属于用户所有。配送中心仅从代存、代理中获取收益。

三、配送中心的概念和分类

（一）配送中心的概念

配送中心（distribution center）是从事配送业务且具有完善信息网络的场所或组织。配送中心的基本要求：①主要为特定的用户服务；②配送功能健全；③辐射范围小；④多品种、小批量、多批次、短周期；⑤主要为末端客户提供配送服务。

配送中心是物流领域中社会分工、专业分工细化后的产物（图3-19）。随着经济快速发展，用户对货物处理的内容上、在时间上和服务水平上都提出了更高的要求。为了顺利地满足用户的要求，就必须引进先进的分拣设施和配送设备，形成完善信息网络的场所或组织，否则就建立不了正确、迅速、安全、廉价的作业体制。建立配送中心前后的物流配送模式比较如图3-20、3-21所示。

图3-19　配送中心

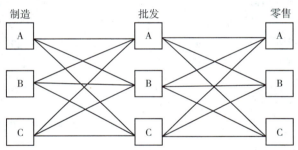

图3-20　未建立配送中心的配送模式

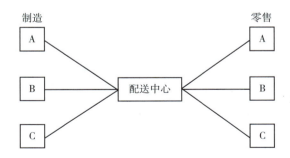

图3-21　建立配送中心后的配送模式

（二）配送中心的类型

1. 按照配送中心的所有权进行分类

（1）自有配送中心　自有型配送中心是指隶属于某一个企业或企业集团，通常只为本企业以及属下的公司提供配送服务。虽然具有保障配送服务的优点，但因为需投入大量的资金用于购买设备和基本建设，一般是大型企业才有能力建设。

（2）共同配送中心　通常是由规模较小的批发企业或专业物流企业共同投资设立、服务于这些企业的生产经营活动的配送中心。但这种共同配送中心一是对参与配送的投资企业的用户的地理位置要求很高，需要用户在地理位置上较为接近，便于共同配送，二是要求参与投资的企业之间的关系要和谐。

（3）社会配送中心　社会配送中心，是指通过社会上的各类企业提供专门的配送服务而实现营利目的的企业。为了提高运营效率，减低运营成本，一些自有配送中心也开始向社会配送中心发展，在满足本企业配送业务需求的同时，为其他企业提供配送服务。

2. 配送中心按功能划分　可以分为流通型、储存型、加工型三种。

（1）流通型配送中心（transfer center，TC）　流通型配送中心基本上没有长期储存能力，仅以暂存或随进随出的方式进行配货、送货。这种配送中心的目的是，大批量的货物分解成小批量的货物送出，满足多品种、小批量的订货要求。货物在配送中心里仅做少许停留。主要功能是分货和传运。

（2）储存型配送中心（distribution center，DC）　储存型配送中心是有很强储存功能的配送中心。是为了适应市场调节的需要而产生。主要的功能是储存和转运。

（3）加工型配送中心（process center，PC）　加工型配送中心具有货物再加工功能。货物进入配送中心经过简单的加工再进行配送。主要的功能是加工、包装和转运。

你知道吗

物流中心的定义

物流中心（logistics center）是指从事物流活动且具有完善信息网络的场所或组织（要面向快递业、运输业的称分拨中心）。应基本符合下列要求：

（1）主要面向社会提供公共物流服务；

（2）物流功能健全；

（3）集聚辐射范围大；

（4）存储、吞吐能力强，能为转运和多式联运提供物流支持；

（5）对下游配送中心客户提供物流服务。

四、配送中心的作业流程和岗位设置

（一）配送中心的作业流程

配送中心的特性或规模不同，其营运涵盖的作业项目和作业流程也不完全相同，但一般来说，主要有以下的作业流程。

1. 备货　备货是配送的准备工作和基础工作。备货是决定配送成败的初期工作，如果备货成本太高，会大大降低配送的效益。备货工作包括筹集货源、订货、采购、集货、收货及有关的质量验收、入库等。配送中心的信息中心汇总收到的用户订单后，会根据现有库存情况作出反应，向供货商采购货物，供货商接到配送中心发出的要货需求之后，会组织供货，配送中心需要组织人手完成货物的收货、验收等不同程序，将合格品入库。药品因为具有特殊性，其收货、验收流程有特殊的规定（详细要求见项目四药品的仓储）。

2. 储存　储存是为了保证货物生产和销售的需要，货物储存的时候要保障质量和数量。药品的保管和养护要遵循国家相关法律法规，详细要求见项目四药品的仓储。

3. 分拣和配货　分拣是指为进行输送、配送，把很多货物按照不同品种、不同地点和单位分配到所设置场所的一种物料搬运过程，也是一种将物品从集中到分散的处理过程。配货是使用各种拣选取设备和传输装置，将存取的物品按客户要求分拣出来，配备齐全，送入指定发货地点。分拣和配货是配送中重要的两个环节，有了分拣及配货，就会大大提高送货服务水平，所以，分拣及配货是决定配送系统水平的关键要素。配货按照分拣方式的不同分为播种式（图3-22）和摘果式（图3-23）。摘果式（digital picking system，DPS）又称单一拣选法，拣货是按每张订单的品种数量，拣货人员在仓库内巡回，依次从物品存放位置取出商品，直至拣出所有货品，完成一张订单的拣货。播种式（digital assorting system，DAS），又叫批量拣选法。这种方式是以汇总了多份订单的一个批次为单位进行分拣作业的，拣货后再按客户的订单要求把物品分配至每一张订单上。业内通常又将这个作业的批次称为"波次"。波次划分不恰当，既会严重影响分拣作业的工作效率，也会影响配送中心的整体服务水平。两种拣选方式的优缺点如表3-9所示。

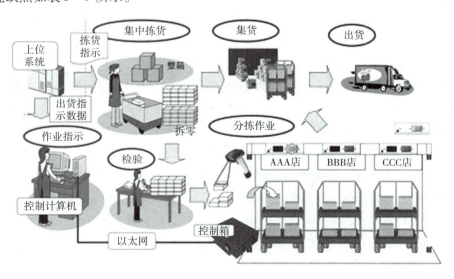

图3-22　播种式

图 3 – 23   摘果式

表 3 – 9   摘果式拣选方式和播种式拣选方式的区别

拣选方式	摘果式	播种式
优点	订单处理简单，拣货作业简单，适用于订单较少，但品项较多的订单的拣选	消除拣货的重复行走，提高拣货效率，适用于订单数量多，品项少的拣货情况
缺点	容易造成大量重复行走，拣货效率较低，差错较多，不适于较重类货物的拣选	订单处理时间较长，作业流程复杂，对信息系统的要求高

波次计划是将不同的订单按照某种标准合并为一个波次，指导一次拣货。简单地讲，波次计划就是根据标准的不同对订单进行分类，主要有以下几种分类方法。

（1）固定订单量分批   订单分批按照先到先处理的原则，当累积的订单量到达预先设定的数量指标时（这个数量指标要依据每份订单的品项数、订单间品项重合度、每个品项的要货数量等综合测算，并且不能超过分拣设备的处理能力），即做一个数据截取，把前面累积的订单汇总成一个波次。这种分批方式适用于订单交货时间比较宽松的场合，可以按照工作效率高、资源消耗少的原则划分波次，充分利用播种式分拣的规模效应。

（2）按照送货路线分批   配送中心的送货通常都是按照一定的送货路线（或地区）进行的。因此，送货路线往往是波次划分要考虑的第一因素。由于每条送货线路都有约定的装车时间，因此这种分批方式也隐含了波次完成时间的要求。目前连锁商业的配送中心，其波次划分通常都是首先满足运输路线的要求，然后再考虑其他因素的要求。

（3）时窗分批   当订单完成时间比较紧迫时，可以按照订单完成时间要求，每隔一段时间（时窗）做一次数据截取，把这段时间累积的订单汇总成一个波次。实际工作中，这种分批方式通常用在确定的送货时间点或下班之前的订单数据截取，以便于按时送货。波次计划的出现是为了提高订单处理效率，平衡作业的负荷和资源的使用。

（4）智能型分批　智能型分批是将订单汇总后，经过比较复杂的（按照某种优化算法）电脑计算，按照目标最优的要求进行波次划分。这种分批方式对计算机管理信息系统软件硬件的要求比较高，对拣货分货作业的管理要求也比较高（因为需要提供全面精确的数据），而且由于这是一个多参数优化问题，难以找到简便实用的算法，实际工作中尚未得到普遍应用。

4. 配装　在单个客户配送数量不能达到车辆的有效运载负荷时，就存在如何集中不同客户的配送货物，进行搭配装载以提高车厢装载量和运输效率的问题，这时就需要配装。和一般送货不同之处在于，通过配装可以大大提高送货水平及降低送货成本，所以配装也是配送系统中有现代特点的功能要素，是现代配送不同于传统送货的重要区别之处。

5. 送货　送货是配送中心作业流程的最终环节。由于配送用户多，一般城市交通路线又较复杂，要考虑如何优化配送计划，让配装和路线有效搭配等，在满足用户的需求的情况下达到配送企业的成本最低化。这是一个难度较大的工作。

（二）配送路线的优化

1. 确定配送路线的原则　合理的配送路线的选择有利于提高配送的速度、节约成本和增加利润。

（1）路程最短原则　如果路程与成本相关程度高，其他因素可以忽略不计，路程长短可作为首选考虑。

（2）成本最低原则　配送费用的高低是配送路线优化的直接目标，但因为有诸多因素的集合，较为复杂。一般计算时，必须在同一范围内考虑，认同其最小值。

（3）吨公里数最小原则　吨公里数是干线运输中收费的基本依据，在将货物运达目的地的前提下，实现吨公里数最小化可以节约运输费用。吨公里数最小化的标准在配送活动中常被作为判断配送是否合理的依据，尤其是在多个发货站和多个收货站的条件下。

（4）准确性最高原则　准确性最高是配送中心中重要的服务指标。包括配送至各个大用户的时间符合要求和配送路线合理的要求。有时，这一标准会在一定程度上增加企业的配送费用，要有一定的全局观念。

（5）利润最高原则　利润是业务成果的综合体现，所以计算时应以利润最大化为目标。

2. 配送路线的优化　根据配送作业的实际情况，配送业务中出现最多的是以下两种情况：①从单个配送中心向单个客户往返配送；②单个配送中心向多个客户循环配送后返回。这两种情况的配送线路最短线设计可以归结为两类问题：两点间最短路径问题和单起点多回路最短路径问题。

（1）两点间最短路径问题　这种情况一般是对优质客户采用。简单的路径可以用枚举法计算，枚举出所有路径的长度，然后选择最短的一条，但是，如果路径比较多，即使不考虑包括回路的路径，依然存在数以百万计的路线，而其中绝大多数是不值得考虑的。所以一般来说，多采用 Dijkstra 算法来解决，其算法的本质思想是：按路径长度递增依次产生最短路径。

（2）单起点多回路最短路径问题　这种情况是面对大部分的客户，一般来说由于送货时间、车辆载重、线路里程的制约，通常不可能用一条线路为所有客户送货，而是设计数条送货线路，每条线路为某几个客户送货。找到这些配送线路的最短路线可保证按客户要求将货物及时送达，且能节约车辆行驶里程，缩短配送的整体时间，节省费用，还能缓减交通紧张压力，减少汽车废气排放，起到环保的作用。解决单起点多回路最短路径问题最常用的方法是"节约里程法"，基本原理是几何学中三角形一边之长必定小于另外两边之和，核心思想是依次将运输问题中的两个回路合并为一个回路，每次使合并后的总运输距离减小的幅度最大，直到达到一辆车的装载限制时，再进行下一辆车的优化。

请你想一想

在工作中，我们应该如何设计配送路线？

（三）药品配送中心的岗位设置和部分岗位职责要求

药品配送中心的岗位根据配送中心的类型会有所不同，但是一般根据管理功能的不同大致可分为四部分：物流基层作业人员、物流基层管理人员（班组长）、物流职能部门管理人员（主管）、物流作业高层管理层人员（经理）。其中物流基层作业员工基本包括一线作业的收货员、验收员、保管员、养护员、配货员、复核员、理货员、送货员以及支持一线作业的客服、票务员、资料信息员、调度员、财务员等。以下根据一般配送中心的作业流程介绍相关基层作业人员的职责要求。

1. 收货员的职责要求

（1）检查车辆状况。

（2）根据随货同行单查看是否有采购合同。

（3）检查单据齐全情况。

（4）初验实际药品（品名、外包装、数量等）。

（5）新品种须报给信息部进行新物料维护。

（6）检查药品质量状态，合格则在《随货同行单》上签字，组织卸货到仓库的待验区；如检查不合格，直接拒收。

（7）收货员签字后的送货单扫描存档，相关单据资料移交给验收员做验收，告知待检药品处。

2. 验收员的职责要求

（1）根据实物信息和随货同行单查找采购合同；

（2）根据需要抽检，并做好验收报告；

（3）将药品有关信息输入系统，打印上架签并贴在药品包装的侧上方，以便扫码；

（4）验收完毕后将药品移动到待上架区，将《随货同行单》和药检报告等资料交付资料信息员，由资料信息员将需扫描的资料扫描入电脑，合并归档；

（5）通知保管员将药品上架。

3. 保管员的职责要求

（1）定时查看待上架区需上架药品的情况，也可以通过系统查询；

（2）根据货量大小、紧急情况安排上架；

（3）找到具体药品，核对药品品名、规格、批号、数量等；

（4）根据上架签，准确将药品送到指定的货位；

（5）用手持终端 RF（射频设备）上架确认。

4. 养护员的职责要求

（1）指导和督促储存人员对药品进行合理储存与作业。

（2）对库房温湿度进行有效监测、调控。

（3）按照养护计划对库存药品的外观、包装等质量状况进行检查，并建立养护记录；对储存条件有特殊要求的或者有效期较短的品种应当进行重点养护。

（4）发现有问题的药品应当及时在计算机系统中锁定和记录，并通知质量管理部门处理。

（5）负责对属于强制检定的计量器具，定时送检，建立档案。

（6）负责近效期药品的催调，不合格品的确认，以及跟进处理。

（7）负责对质量档案的管理。

5. 配货员职责要求

（1）熟练掌握岗位内的各项操作流程与规范。

（2）熟练掌握 RF、PTL（电子标签）等分拣设备的使用，根据周转箱关联的任务或拣选纸单标签，准确、快速的拣选药品。

（3）在出、补货过程中应轻拿轻放，保证商品的正确摆放。

（4）严格遵守托盘存放管理规定，在托盘存放区取用空托盘，使用完毕后及时放回指定地点，并摆放整齐。

（5）有安全作业意识，出现异常情况，要及时向组长或有关部门反映。

6. 复核员职责要求

（1）掌握拆零复核岗位的各项业务操作流程与规范。

（2）做好复核前准备工作。

（3）按照周转箱关联的任务及拣选清单上的药品信息与实物进行核对，保证出库准确。

（4）药品复核过程中应轻拿轻放，药品打包要将复核签贴在外包装上面和侧面；如果有拼箱情况，需贴上"拼箱"标志，非原装箱需贴上"零箱"（不满足包装规范的）标识。

7. 理货员职责要求

（1）根据实物标签，将货码到对应客户对应的集结区；

（2）根据送货员所提货单，和送货员核对客户件数，将货交接给送货员，双方在运输交接单上签名确认。

8. 送货员职责要求

（1）到发货办公室和调度员进行票据交接：运输交接单、发票、随货通行联、药检报告等资料。

（2）根据路单线路，到相应的集结区找理货员交接，核对客户名及总件数。

（3）提取实物装车。

（4）出发前核对出车路线、到货时间和客户要求。运输过程中注意维护药品质量。

（5）送达时，按要求与客户交接实物和单据等，带回客户签收单和物流周转箱，如有退换货一并带回。

实训五　配送中心工作流程

一、实训目的

通过查询资料和模拟练习，加深学生对配送中心工作流程的认识。

二、实训器材

A4 纸若干、黑色笔若干。

三、实训原理

通过设计配送中心所需要的设备及岗位使学生了解培训中心的岗位设置。

四、实训方法

1. 全班同学以组为单位，结合学过的物流设备以及互联网上查询到的相关物流设备，列出配送中心所需物流设备清单并标明设备用途；

2. 以组为单位讨论并列出配送中心的岗位设置和岗位职责要求；

3. 以组为单位由小组长扮演 B 医药公司配送中心经理小 A，督促组内学生按工作流程完成各个物流岗位的角色扮演；

4. 完成后小组长点评和各组互评。

五、实训考核方式

具体考核要求如表 3 – 10 所示。

表 3 – 10　实训考核表

评分项目	评分说明	评分
内容正确（20 分）	表述内容正确，无科学性和知识性的错误（0～10 分，错一处扣 2 分，扣完即止）	
内容齐全（60 分）	要求有配送中心设备、岗位设置、岗位职责、工作流程，内容齐全（缺一处扣 5 分，扣完为止）	
角色扮演效果（20 分）	能清晰表达各岗位的职责，小组成员全部参与实训，分工明确（0～20 分）	

目标检测

一、单项选择题

1. 运输药品时，应根据药品的特点并结合天气、道路等因素，选择合适的（　　）。
   A. 运输方式　　　　B. 运输距离　　　　C. 运输人员　　　　D. 运输环节

2. 下列哪个城市不是我国重要港口（　　）。
   A. 重庆　　　　　　B. 武汉　　　　　　C. 成都　　　　　　D. 上海

3. 物品直接由发运地运送到接收地的运输是（　　）。
   A. 一次运输　　　　B. 二次运输　　　　C. 中转运输　　　　D. 直达运输

4. 下列包装不属于包装技术与目的分类的是（　　）。
   A. 真空包装　　　　B. 储运包装　　　　C. 无菌包装　　　　D. 喷雾包装

5. 根据灵活性原则，当物料处于 3 级时的状态是（　　）。
   A. 杂乱地堆在地上　　　　　　　　B. 物料被捆扎并放在枕木上面
   C. 物料被捆扎　　　　　　　　　　D. 即刻可以移动

6. 配送是以送货为目的，但（　　）。
   A. 配是送的前提　　　　　　　　　B. 送是配的前提
   C. 配送不分先后　　　　　　　　　D. 配送顺序自由决定

二、多项选择题

1. 配送按经营形式可分为（　　）。
   A. 销售配送　　　　　　　　　　　B. 供应配送
   C. 销售 – 供应一体化配送　　　　　D. 代存代供配送

2. 包装按流通领域中的作用分类可分为（　　）。
   A. 销售包装　　　B. 储运包装　　　C. 软包装　　　D. 硬包装

3. 铁路运输的种类可分为（　　）。
   A. 整车运输　　　B. 零担运输　　　C. 集装箱运输　　　D. 包箱运输

4. 运输的基本原则是（　　）。
   A. 及时　　　　　B. 准确　　　　　C. 安全　　　　D. 经济

三、简答题

1. 简述装卸搬运的合理化原则。
2. 简述配送中心的作业流程。

书网融合……

微课

划重点

自测题

项目四 药品的仓储

学习目标

知识要求

1. **掌握** 药品仓储的物流流程和相关注意事项。
2. **熟悉** 仓储的基本概念与相关概念。
3. **了解** 常用的仓储工具与设备。

能力要求

1. 学会运用养护作业的相关知识完成药品养护作业。
2. 熟练运用物流设备完成药品拣选配货不同方式作业的流程。

任务一 仓储的概述

PPT

实例分析

实例 2020 年国家药品监督管理局作出了关于某市 A 药业有限公司等 6 家药品批发企业违法经营问题的通告，其中某市 A 药业有限公司的违法经营项目包括在经核定的仓库外设立库房、逃避监管、在仓库中储存来历不明的药品、储存药品的环境温度超过限定标准、温度记录仪不能显示实际温度；而某市 B 药业有限责任公司的违法经营项目包括篡改销售记录中疫苗名称，将疫苗销售给不具有疫苗经营使用资格的个人和零售药店；篡改仓库温湿度监测数据。

问题 仓储存在问题对药品有什么影响？

药品仓储，狭义上，是指通过特定场所对药品进行储存和保管；广义上，是指药品从发出地到接收地的过程中，在一定地点、一定场所、一定时间的暂时停滞，在这一阶段要对物品进行检验、保管、养护、流通加工、集散、转换运输方式等多种作业。仓，即仓库，为存放物品而设置的建筑物或场地；储，是对物品进行收存、管理、交付使用等行为。药品经营企业的仓储管理，主要是指以药品的出入库流程为主轴、在库药品的《药品经营质量管理规范》（以下简称 GSP）管理为核心的物流管理模式。

一、药品仓储的作用

药品仓储主要有以下几点作用。

1. 保证药品质量 不合格药品不许入库也不得进入流通市场。

2. 保证药品使用价值 药品批发企业储存与养护药品，保证药品数量准确，质量完好。

3. 保证市场供应 国家为了保证药品供应不间断，预防突发疫情和灾情，就需要有一定数量的药品储备。

4. 提供企业的经济效益 仓储过程挑选整理、分类编配、拆整分装等创造了附加价值。

二、仓库的选址和布局设计

（一）仓库的选址

药品企业仓库会影响药品质量和民众的健康安全，所以必须精心选择仓库地址。需要考虑以下因素：①交通方便，降低流通费用，地址坚固；②地势高且干燥平坦；③远离居民区的安全地带，远离严重污染源，四周卫生整洁；④给水充足，用电方便，满足生产消防等需求。

（二）仓库的布局设计

药品仓库的布局设计要求：①方便仓库作业和药品的安全存储，最大限度地利用仓库的面积，防止重复搬运、迂回搬运；②有利于充分利用仓库设施和机械设备；③符合仓库安全和消防要求；④符合仓库目前需要与长远规划，尽可能减少将来仓库扩建对正常业务的影响；⑤各作业场所的布置，必须与仓库的业务顺序相一致，使各作业环节密切衔接，以便加速作业流程；⑥有用于零货拣选、拼箱发货操作及复核的作业区域；⑦有包装物料的存放场所；⑧有验收、发货、退货的专用场所和存放不合格药品的专用存放场所；⑨经营特殊管理的药品有符合国家规定的储存设施。

根据功能的不同可以分为以下几个区域。

1. 储存作业区 是仓库的主体部分与主要业务场所，包括库房、货场以及整理、分类、包装等场地。储存作业区根据药品的存放管理和作业有不同的分类，这里主要介绍三种分类。

（1）按药品温湿度管理要求分类 仓库可分为常温库、阴凉库、冷库。常温库温度 10 ~ 30℃；阴凉库温度不高于20℃；冷库温度 2 ~ 10℃。各库房相对湿度应保持在35% ~ 75%之间。不同仓库的温湿度要求见表 4 - 1 所示。

表 4 - 1 不同仓库的温湿度要求

	常温库	阴凉库	冷库
温度	10 ~ 30℃	不高于20℃	2 ~ 10℃
湿度	35% ~ 75%	35% ~ 75%	35% ~ 75%

（2）按管理的特殊性分类 按照 GSP 管理规定分为药品区、非药品区、外用药区、拆零药品区，对中药材、中药饮片、冷藏药品、危险品、放射性药品、麻醉药品、第

一类精神药品批发企业应设立专库，第二类精神药品、蛋白同化制剂、肽类激素、医用毒性药品要求设立专库或专柜。

（3）按色标管理分类　按色标管理可分为黄色色标的待验药品区、退货药品区；绿色色标的合格药品区、零货称取区、待发药品区；红色色标的不合格药品区。仓库的色标与不同专业区的对应见表4-2所示。

表4-2　仓库的色标管理

绿色	黄色	红色
合格区	待验收区	不合格区
待发区	退货区	
零货称取区		

存储药品分区分类要适度。若分类过细，给分类留出货位却由于存放不满而浪费仓库容量；若分类过粗，易使品种混杂，造成管理上的困难。为应对特殊情况，库房还要预留一定的机动货区，接收计划外入库，也可以作为盘点、整理仓库之用。

2. 辅助作业区　为药品储存保管业务服务的场所，包括验收养护室、中药标本室、中药饮片分装室以及存放片垫用品、包装物料、搬运装卸机具等的场所。辅助作业区的设置应靠近储存作业区，以便及时供应；但辅助作业区应与储存作业区相隔一定距离，以防止辅助作业区发生事故而危及存货区域。

3. 行政生活区　为仓库的行政管理机构和生活服务设施的所在地，包括办公室、警务室、汽车队、食堂、浴室、休息室等。行政生活区一般应与库区的作业场所隔开，设有隔离设施和设置单独的出入口，以减少人员往来对仓储作业的影响和干扰，保证作业安全和药品储存安全，并且便于收发药品、办理手续；警务室应设在库区的出入口，以利于履行检查手续。行政生活区应与存储作业区隔一定的距离，防止污染储存区。

三、仓储设备

（一）集装单元化设备

药品仓库使用的集装单元化设备主要有托盘、周转箱、笼车等，使用它们便于实现装卸和搬运的自动化、标准化，以提高装卸运输效率和整个系统的作用效率。

托盘（图4-1）是用于集装、堆放、搬运和运输的放置，作为单元负荷的水平平台装置，由木材、金属、塑料制作，使用叉车、搬运车辆或吊车等装卸和搬运单元货物或小数量的货物。托盘可回收利用，加速货物的搬运，降低运输成本，节约时间，但是对货物的保护有限。

在托盘上集装一定数量的单件货物，并按要求捆扎加固，形成一个搬运单元，便于使用机械装卸、搬运和堆存。托盘标准化是托盘联运的前提，也是实现物流机械和

设施标准化的基础及产品包装标准化的依据。目前通用托盘平面尺寸为 1200mm ×
1000mm 和 1100mm × 1100mm 两种，优先推荐 1200mm × 1000mm。

笼车（图 4－2）又称物流台车，是一种安装有四只脚轮的运送与储存货物的单元
移动集装设备。笼车装有橡胶轮，可以折叠存放，不占用空间便于运送。

图 4－1　托盘　　　　　　　　　　　　　图 4－2　笼车

（二）装卸搬运设备

本书的项目三介绍了运输装卸搬运常见的手推车、叉车等装卸搬运设备，下面介
绍两种药品批发企业仓储作业中常用的装卸搬运设备。

巷道堆垛机（图 4－3）是自动化仓库内的主要作业机械，由起升机构、运行机构、
货叉、伸缩机构、机架及电动部分组成，分为单立柱和双立柱两种形式。

输送机（图 4－4）是按照规定路线连续或间歇地运送散料或成件物品的搬运机械。
输送机配合改变方向的装置可以进行物品的分拣工作。

图 4－3　巷道堆垛机

a.滚筒输送线　　　　　　　　　　b.螺旋输送机

图4-4　输送机

（三）仓储存储设备

货架是用立柱或横梁等组成的立体储存物品的保管设备。货架可提高库容利用率，减少商品的损耗，提高存取、拣选作业的效率，便于实现机械化、自动化管理。货架包括普通货架、托盘货架、阁楼货架、重力式（流利式）货架、驶入式货架、高架货架等。

1. 托盘货架　托盘货架（图4-5）是最广泛的托盘类物品储存货架之一，有较强的通用性。一般情况下，货架沿仓库宽度方向分成若干排，每两排货架之间有一条巷道，供堆垛机、起重机、叉车或其他搬运机械运行。

2. 阁楼式货架　阁楼式货架（图4-6）适用于库房内部较高、货物比较轻，人工存取的情况。其最大的特点是可以提高仓库的空间利用率。

图4-5　托盘货架　　　　　　　　　图4-6　阁楼式货架

3. 流利式货架　流利式货架（图4-7）又称重力式货架，采用辊轮铝合金、钣金等流利条，利用货物台架的自重，从一边通道存货，另一边通道取货，实现先进先出，存储方便，可以做到一次补货多次取货。流利架存储效率高，可配电子标签，实现货物的轻松管理。常用滑动容器有周转箱、零件盒及纸箱，适合大量货物和短期存放和拣选。广泛应用于配送中心、装配车间以及出货频率较高的仓库。

4. 驶入式货架 驶入式货架（图4-8）又称为通廊式货架，是为存储大量同类的托盘货物而设计的。托盘一个接一个按深度方向存放在支撑导轨上，可供叉车（或带货叉的无人搬运车）驶入、存取单元托盘货物的货架。特点是因为叉车作业通道与货物保管场所合一，仓库面积利用率大大提高，可实现先进先出或先进后出，适合储存大批量、少品种货物及批量作业。常用于储存空间昂贵的场所，如冷库等。

图4-7 流利式货架　　　　　　图4-8 驶入式货架

5. 高层货架 高层货架（图4-9）是自动化仓库（AS/RS）和高层货架仓库的主要组成部分，是保管货物的场所。随着单元货物重量、仓库高度和仓库自动化程度的提高，要求货架立柱、横梁的刚度、货架制造和安装精度也相应提高，高层货架的高精度是自动化仓库的主要保证之一。高层货架仓库一般均在10m以上，有的高达30m，货架高矮可以调整。具有承重大，高度适应范围广，机械存取、选取效率高等特点。自动化立体仓库一般由高层货架、巷道堆垛起重机、入出库输送机系统、自动控制系统、周边设备和计算机仓库管理系统组成。

图4-9 高层货架

（四）分拣设备

分拣是物流配送中心依据顾客的订单要求或配送计划，迅速、准确地将商品从货位或其他区位拣取出来，按一定的方式进行分类集中的作业过程。分拣耗费大量劳动力，针对分拣出现了各种自动化设备。

电子标签拣货系统（图4－10）是一组安装在货架储位上的电子设备，通过计算机与软件的控制，灯号与数字显示作为辅助工具，向拣货人员及时、准确下达补货和出库指示，引导拣货人员正确、快速、轻松地完成拣货工作。

图4－10　电子标签拣货系统

自动分拣系统是由控制装置、分类装置、输送装置及分拣道口组成。控制装置按分拣信号、货物品种、商品送达地点或货主等类别对货物进行自动分类。

（五）包装设备

包装不仅保护产品，还使产品实现自动化、机械化仓储，药品的包装材料应该符合药品包装的要求。仓库常用的包装设备有打包机和缓冲气垫机（图4－11）。打包机是使用捆扎带缠绕产品或包装件，然后收紧并将两端通过热效应熔融或使用包扣等材料连接的机器，作用是使塑料带能紧贴于被捆扎包件表面，保证包装件在运输、贮存

图4－11　打包机与缓冲气垫机

中不因捆扎不牢而散落，同时还应捆扎整齐美观。缓冲气垫机是用于将卷材制造成缓冲气垫的设备。缓冲气垫常用于放置在箱内起填充、支撑和保护的作用，与传统的填充物比较，能有效防止货物在运输过程中破损、刮伤和变形。缓冲气垫机可以根据需求即时制造气垫，降低了包装材料的运输成本和提高了仓储空间利用率。

（六）其他仓储设备

药品仓库除以上几种设备外还包括药品基础和保管养护设备（温湿度的监测调控设备、避光、防潮、防虫、防鼠、防火等设备）、冷藏冷冻药品保管养护设备、特殊管理药品保管养护设备等。

四、药品批发企业的仓储作业流程

药品批发企业的主要仓储作业流程见图4－12。

图4－12　药品批发企业的主要仓储作业流程

药品批发企业的仓储作业管理就是通过信息化处理对仓储作业的接货、保管和养护、出货作业进行集成式管理，达到保证药品质量安全，提高客户满意度，减低物流成本的目的。其中接货作业包括根据订单或采购计划收货和验收作业，药品保管和养护包括药品的存放、管理和养护，出货作业包括根据用户的不同需求对药品进行拣选配货、流通加工、送货作业。

任务二　收货和验收作业

PPT

实例分析

实例　某医药公司采购部采购的一批药品，验收员检查该品种检验报告单时发现这份检单有明显的涂改痕迹，于是产生了疑问。检查药品包装情况发现，该药品的包装盒比较粗糙，里面的药片泛黄，于是报告质量管理员进行处理。经过与采购员沟通并和厂家联系后发现，这个品种批号厂家没有生产，说明药品是假货。市食品药品监督管理局封存了该药品。

这个案例说明，在验收环节做好来货凭证的检查是非常重要的。往往供应商无法提供真实的报告时，就会在凭证上做手脚，验收员通过资料的审查就可以查到药品渠道是否规范，从而避免购进假药。药品到货时，收货人员必须逐一检查药品的随货清单，包括税票、出库清单、药品检验报告书。检查这些凭证是验收环节的关键步骤。

问题　什么是药品的收货验收，它的重要性体现在哪些方面？

药品入库是医药物流中心的重要工作环节，入库的流程包括收货、验收和上架入库。企业必须遵守《药品管理法》和《药品经营质量管理规范》的相关规定，按照规定的程序和要求对到货药品逐批次进行收货、验收，防止不合格的药品入库。📱微课1

药品收货和验收的流程如图4-13所示。

执行主体	供应商	采购员	收货员	搬运员	验收员
开始		开始			
1		采购计划			
2	商品到达				
3			收货		
4				搬运	
5					验收
结束					结束

图4-13 药品收货和验收的流程

一、收货作业

收货作业是医药物流中心运作周期的开始，是药品入库前的信息质量检查，是保证药品质量的重要环节。

（一）收货的概念

收货是指药品经营企业对到货药品，通过票据的查验、对货源和实物进行检查和核对，并将符合要求的药品按照其特性放入相应的待验区的过程。

（二）收货的流程

药品收货应在符合药品相关规定的收货区收货。收货流程包括运输工具及运输状况检查、随货单据与采购记录核对、外包装检查与实物核对和收货记录填写四个环节。

1. 检查运输工具及运输状况

（1）检查车厢状况　药品到货时，运输工具应当是封闭式货车，车内干净整洁。如果车厢内发现有雨淋、腐蚀、污染等可能影响药品质量的现象，收货员应及时通知供货方并报质量管理部门处理。冷藏、冷冻药品到货时，收货员应当按GSP的要求检查是否使用了符合规定的冷藏车或者冷藏箱、保温箱运输药品，如果未使用相应冷链运输工具运输的药品不得收货。

（2）检查运输时限　收货员提取订单后，应仔细核对运输单据上载明的启运时间，检查是否符合采购订单约定的在途时限，不符的应当通知采购部门并报质量管理部门处理。

（3）检查运输温度　冷藏、冷冻药品到货时，收货员应当按 GSP 的要求对其运输全程温度记录进行重点核查并记录，不符合温度要求的药品应当予以记录，将其放置于符合温度要求的场所，并明显标识，报质量管理部门进一步核查处理，不得擅自退回供货方或由承运方自行处理。

（4）检查委托运输信息　到货药品为供货方委托运输的，得提供"委托运输证明"，供货方应提前告知收货方承运单位、承运方式、启运时间等相关信息，收货员提取订单后，应仔细核对采购订单上约定的承运单位、承运方式、在途时限等信息，如内容不一致，应当通知采购部门并报质量管理部门处理。

（5）检查麻醉药品和第一类精神药品运输证明　到货药品为特殊管理药品的，运输应当有相应的安全保障措施，如车厢应为封闭式完好、专人押运等。接收麻醉药品和第一类精神药品，收货单位需要向承运单位索取"麻醉药品和第一类精神药品运输证明"副本且在收到货物 1 个月内将运输证明副本归还。运输状况不符合规定，影响药品质量的，收货员应通知采购部门并报质量管理部门处理。

2. 核对随货单据与采购记录

（1）收货员完成运输工具及运输状况检查后，应当查验随货同行资料及相关的药品采购记录。根据供货单位的随货同行单（票）（表4-3），核对药品采购通知中的药品采购记录（表4-4），审核药品来源、核实采购渠道、完成票与账的核对。随货同行单（票）包括供货单位、生产厂家、药品的通用名称、剂型、规格、数量、批号、有效期、收货单位、收货地址、发货日期等内容，并加盖供货单位药品出库专用章原印章（即原始印记，不能是印刷、影印、复印、扫描打印等复制后的印记）。无随货同行单（票）或随货同行单（票）与采购记录以及本企业实际情况不符的，收货员应当拒收，并通知采购部门处理。随货同行单（票）与采购记录以及本企业实际情况不符的情况包括以下几种：①随货同行单样式与备案样式不符的；②随货同行单内容不全、无原印章、手写、品名、数量、批号不符合；③无采购记录的。

（2）采购中药材、中药饮片的还应在采购记录里标明产地（或来源）及重量，并加盖供货单位合同专用章或公章原印章。

（3）冷藏、冷冻药品收货时，需导出、保存并查验冷藏、冷冻药品运输过程和到货时的温度记录，完成冷链药品运输交接单（表4-5）的填写。符合规定的，将药品放置在符合温度要求的区域内待收货；不符合规定的，将药品隔离存放于符合温度要求的环境中，并报质量管理部门进一步检查处理。

（4）如果是销后退回的药品，收货员要依据销售部门确认的退货凭证或通知对销后退回药品的销售记录进行核对，确认为本企业销售的药品后，方可收货并放置于符合药品储存条件的专用待验场所。对销后退回的冷藏、冷冻药品，根据退货方提供的温度控制说明文件和售出期间温度控制的相关数据，确认符合规定条件的，方可收货；

对于不能提供文件、数据，或温度控制不符合规定的，给予拒收，做好记录并报质量管理部门处理。

表 4-3 ××××医药股份有限公司随货同行单

收货单位：××××医药股份有限公司　　编号：××××××××

收货地址：××××××××××××　　发货日期：××××.××.××

药品名称	生产厂商	剂型	规格	数量	单位	单价	金额	产品批号	生产日期	有效期至	批准文号

制单：×××　　发货：×××　　签收：

表 4-4 采购通知单

采购员：×××　　采购日期：××××.××.××

供货单位：××××医药股份有限公司

序号	药品名称	生产厂商	剂型	规格	数量	单位	单价	金额	批准文号

表 4-5 冷链药品运输交接单

日期：××××.××.××

供货单位					
购货单位					
药品简要信息（应与随货同行单相对应）	药品名称	生产企业	规格	数量	产品批号
温度控制要求		温度控制设备			
运输方式		运输工具			
启运时间		启运温度			
保温期限		随货同行单编号			
发货人签名		运货员签名			
备注		送货人签名			
以上信息发运时填写					
以下信息收货时填写					
到达时间		在途温度			
到达时温度		接收人签字			
备注					

3. 检查外包装与核对实物

（1）检查外包装　到货药品有运输防护包装的，收货员拆除药品的运输防护包装，检查药品外包装是否完好，检查外包装上是否清晰注明药品名称、规格、产品批号、生产厂商、批准文号、生产日期、有效期、储藏条件、包装规格及储运图示标识等信息，对外包装出现破损、污染、标识不清、挤压、受潮、封条损坏等异常情况的药品，应当拒收并通知采购部门进行处理。

（2）核对实物　随货单据与采购记录核对无误后，再将随货同行单（票）与实物进行对照，核对药品外包装上信息与随货同行单（票）中记载的药品的通用名称、剂型、规格、数量、生产厂商、产品批号等内容是否一致，确认相关信息，做到票（随货同行单/退货申请表）、账（采购记录/销售记录）、货（采购到货、销后退回到货）相符后方可收货。对于随货同行单（票）或到货药品与采购记录的有关内容不相符的，由采购部门负责与供货单位核实和处理。处理情况有以下几种：①对于随货同行单（票）内容中，除数量以外的其他内容与采购记录、药品实物不符的，经供货单位确认并提供正确的随货同行单（票）后，方可收货；②对于随货同行单（票）与采购记录、药品实物数量不符的，经供货单位确认后，应当由采购部门确定并调整采购数量后，方可收货；③供货单位对随货同行单（票）与采购记录、药品实物不相符的内容，不予确认的，应当拒收，存在异常情况的，报质量管理部门处理。

4. 填写收货记录

（1）收货员收货完毕，在随货同行单（票）上签字，一式三份，一份交于供货方送货员带回，一份交于验收员，一份留底。对符合收货要求的药品，通知搬运工按品种特性要求放于相应待验区域（特殊管理药品在专库内待验，冷藏、冷冻药品在冷库内待验），并设置状态标志，随后通知验收人员验收并将相关票据移交验收人员。

（2）药品待验区及验收药品的设施设备，应当符合以下要求：①待验区域有明显标识，并与其他区域有效隔离；②待验区域符合待验药品的储存温度要求；③设置特殊管理的药品专用待验区域，并符合安全控制要求；④保持验收设施设备清洁，不得污染药品；⑤按规定配备药品追溯码的扫码与数据上传设备。

（3）药品收货完成，须做好收货记录，填写收货验收记录表（表4-6），内容包括供货单位、收货地址、生产厂商、药品名称、规格、数量、收货人等。当到货药品出现信息与实物不符时、包装异常、药品追溯码信息不符合规定等情况时，应第一时间上报领导并联系采购部门，等待处理。如果处理结果为拒收，应及时填写药品拒收通知单（表4-7）。

表 4 – 6　药品收货验收记录表

××医药物流有限公司收货验收记录										
编号：										
到货类型：					入库通知单编号：					
供货单位：					货主：					
到货日期：					收货地址：					
商品上架区域	货品编号	品名/规格	单位	箱装	计划数量	整件	零数	批号		生产企业

验收人员与实物核对无误后打钩确认：□

批准文号		□		检验报告		□		剂型		□
批号	有效期至	收货数量		抽验数量	验收结论					备注
		整件	零件		验收合格数量	验收隔离数量	验收不合格数量			

第　页，共　页

收货人		收货日期			第　页，共　页
验收人		验收日期			
保管人					

表 4 – 7　药品拒收通知单

单据编号：　　　　　　　打印时间：

通用名称		药品名称		检查验收人	
剂型		单位		数量	
规格		批号		有效期至	
生产企业		供货企业		验收时间	
质量问题					验收员： 年　月　日
业务部意见					负责人： 年　月　日
质管组意见					负责人： 年　月　日

二、验收作业

药品收货完成之后要进行验收，药品验收关注的是到货药品的质量状况，是保证入库药品的质量符合规定，防止不合格药品进入仓库的重要环节。

（一）验收的概念

验收是指验收人员依据国家药典标准、相关法律法规和有关规定以及质量条款对药品的质量状况进行检查的过程。

（二）验收的流程

药品验收应在符合 GSP 规定的相关待验区验收。并且应当根据不同类别和特性的药品，明确待验药品的验收时限，待验药品要在规定时限内验收完毕并入库。验收流程包括对药品外观检查及数量清点、查验检验报告、抽样、查验药品质量情况、记录等。

1. 查验药品检验报告书 验收药品应当按照批号逐批查验药品合格证明文件，对于相关证明文件不全或内容与到货药品不符的，不得入库，并交质量管理人员处理。对检验报告书的要求如下。

（1）供货单位为生产企业的，应当提供药品检验报告书原件；供货单位为批发企业的，检验报告书应当加盖其质量管理专用章原印章，检验报告书的传递和保存可以采用电子数据形式，但应当保证其合法性和有效性。

（2）验收实施批签发管理的生物制品时，有加盖供货单位药品检验专用章或质量管理专用章原印章的《生物制品批签发合格证》复印件。

（3）验收进口药品时，有加盖供货单位质量管理专用章原印章的相关证明文件：①《进口药品注册证》或《医药产品注册证》；②进口麻醉药品、精神药品以及蛋白同化制剂、肽类激素需有《进口准许证》；③进口药材需有《进口药材批件》；④《进口药品检验报告书》或注明"已抽样"字样的《进口药品通关单》；⑤进口国家规定的实行批签发管理的生物制品，有批签发证明文件和《进口药品检验报告书》。

2. 抽样 药品抽样是按照抽样原则和要求从同一批次到货药品中抽取部分样品所指定的操作过程。药品抽样原则和要求如下。

（1）验收员对到货药品进行逐批抽样验收，抽取的样品应具有代表性。

（2）抽样程序要合法合规，抽样设备要适宜，不得影响药品外观质量。

（3）对到货的同一批号的整件药品按照堆码情况随机抽样检查。同一批号药品整件数量在 2 件及以下的，应当全部抽样；整件数量在 2 件以上 50 件以下的，至少抽样 3 件；整件数量在 50 件以上，每增加 50 件至少增加抽样 1 件，不足 50 件的按 50 件计。

抽取的整件药品需开箱检查，从每整件的上、中、下不同位置随机抽取 3 个最小包装进行检查，对存在封口不牢、标签污损、有明显重量差异或外观异常等情况的，至少再增加 1 倍抽样数量，进行再检查。对整件药品存在破损、污染、渗液、封条损坏等包装异常的，要开箱检查至最小包装。

（4）对零货、拼箱非整件的药品应当逐箱检查至最小包装。

（5）同一批号的药品应当至少检查1个最小包装，但生产企业有特殊质量控制要求或打开最小包装可能影响药品质量的，可不打开最小包装；外包装及封签完整的原料药、实施批签发管理的生物制品，可不开箱检查。

3. 查验药品质量情况　整件药品开箱检查时，应核对药品合格证与药品实物是否一致；零货拼箱药品开箱检查时，应核对装箱单与药品实物是否一致。验收员应对抽取的样品外观、包装、标签、说明书等逐一进行检查核对，如发现问题，报质量管理部门处理。验收员对抽样药品要仔细检查运输储存包装的封条有无损坏，包装上是否清晰注明药品通用名称、规格、生产厂商、生产批号、生产日期、有效期、批准文号、贮藏、包装规格及储运图示标志，到货药品如为特殊药品管理要求的药品、外用药品、非处方药等，验收员还应检查其特有标识。验收员应检查抽样的最小包装的封口是否严密、牢固，有无破损、污染或渗液，包装及标签印字是否清晰，标签粘贴是否牢固。

（1）验收员核查药品最小包装的标签、说明书，应符合以下规定。

①药品标签上应有药品通用名称、成分、性状、适应证或者功能主治、规格、用法用量、不良反应、禁忌、注意事项、贮藏、生产日期、产品批号、有效期、批准文号、生产企业等内容；对注射剂瓶、滴眼剂瓶等因标签尺寸限制无法全部注明上述内容的，至少标明药品通用名称、规格、产品批号、有效期；对中药蜜丸蜡壳因标签尺寸限制无法全部注明上述内容的，至少注明药品通用名称。

②化学药品与生物制品说明书列有以下内容：药品名称（通用名称、商品名称、英文名称、汉语拼音）、成分〔活性成分的化学名称、分子式、分子量、化学结构式（复方制剂可列出其组分名称）〕、性状、适应证、规格、用法用量、不良反应、禁忌、注意事项、孕妇及哺乳期妇女用药、儿童用药、老年用药、药物相互作用、药物过量、临床试验、药理毒理、药代动力学、贮藏、包装、有效期、执行标准、批准文号、生产企业（企业名称、生产地址、邮政编码、电话和传真）。

③中药说明书列有以下内容：药品名称（通用名称、汉语拼音）、成分、性状、功能主治、规格、用法用量、不良反应、禁忌、注意事项、药物相互作用、贮藏、包装、有效期、执行标准、批准文号、说明书修订日期、生产企业（企业名称、生产地址、邮政编码、电话和传真）。

④特殊管理的药品、外用药品的包装、标签及说明书上均有规定的标识和警示说明；处方药和非处方药的标签和说明书上有相应的警示语或忠告语，非处方药的包装有国家规定的专有标识；蛋白同化制剂和肽类激素及含兴奋剂类成分的药品有"运动员慎用"警示标识。

⑤进口药品的包装、标签以中文注明药品通用名称、主要成分以及注册证号，并有中文说明书。

⑥中药饮片的包装或容器与药品性质相适应及符合药品质量要求。中药饮片的标签需注明品名、包装规格、产地、生产企业、产品批号、生产日期；整件包装上有品名、产地、生产日期、生产企业等，并附有质量合格的标志。实施批准文号管理的中药饮片，还需注明批准文号。

⑦中药材有包装，并标明品名、规格、产地、供货单位、收购日期、发货日期等；实施批准文号管理的中药材，还需注明批准文号。

（2）专门负责特殊管理药品的验收员应在专库内对特殊管理药品实行双人验收，对麻醉药品、精神药品、医疗用毒性药品，两位验收员须当场按批号逐件逐盒逐支检查，查验到最小包装，与送货人员现场交接药品及资料；对蛋白同化制剂、肽类激素，抽样要求与普通药品一致。

（3）验收人员对销后退回的药品进行逐批检查验收，并抽样开箱检查。整件包装完好的，根据抽样原则加倍抽样检查；无完好外包装的，每件须抽样检查至最小包装，必要时送药品检验机构检验。销后退回药品经验收合格后，方可入库销售；不合格药品按 GSP 有关规定处理。

（4）检查验收结束后，验收员应当将检查后的完好样品放回原包装，并在抽样的整件包装上标明"已抽样"标志，对已经检查验收的药品，应当及时调整药品质量状态标识或移入相应区域。

4. 填写入库验收记录　药品验收结束应当做好验收记录（表 4 – 6），验收结论应填写"合格"或"不合格"字样，验收员不确定是否合格的，应报质量管理部确定。

（1）验收记录应当包括药品的通用名称、剂型、规格、批准文号、批号、生产日期、有效期、生产厂商、供货单位、到货数量、到货日期、验收合格数量、验收结果等内容。

（2）中药材验收记录应当包括品名、产地、供货单位、到货数量、验收合格数量等内容；中药饮片验收记录应当包括品名、规格、批号、产地、生产日期、生产厂商、供货单位、到货数量、到货日期、验收合格数量、验收结果等内容，实施批准文号管理的中药饮片还应当记录批准文号。

（3）销后退回药品验收记录应当包括退货单位、退货日期、通用名称、规格、批准文号、批号、生产厂商（或产地）、有效期、数量、验收日期、退货原因、验收结果和验收人员等内容。

（4）验收不合格的药品，需注明不合格事项及处置措施，做好拒收记录（表 4 – 8）。

（5）验收人员应当在验收记录上签署姓名和验收日期。

（6）验收记录不得涂改，保存至超过药品有效期一年，但不得少于五年。

（7）对验收合格的药品，应当由验收人员与仓储部门办理入库手续，由仓储部门建立库存记录。

表 4 – 8 　药品质量拒收记录表

拒收日期	通用名称	商品名称	生产厂家	供货单位	批准文号	产品批号	剂型	规格	数量	生产日期	有效期至	验收员	备注

（8）进行药品直调的，可委托购货单位进行药品验收。购货单位应当严格按照GSP的要求验收药品，建立专门的直调药品验收记录。验收当日应当将验收记录等相关信息传递给直调企业。

任务三　保管和养护作业

PPT

实例分析

实例　某药店投诉，从某医药批发公司进货的一批吲哚美辛栓，其中一箱有走油及酸败现象，但同一批号进货其他栓剂药品则无此问题。为此该批发企业质量管理人员立即调查，检查发现此箱药品堆放在库房散热器和供暖管道之间。质量管理员确定该问题是由于药物储存不当造成的。最后该批发企业同意药店将该药品退货，并承担了一切损失。

问题　通过本案例，你对药品保管有何认识？

药品的保管和养护是保证药品在储存期间质量完好、减少损耗、提高经济效益的重要手段。做好药品保管养护要坚持"以防为主"的原则，掌握药品质量变化的规律，防止药品变质、失效。

药品的养护是根据药品储存特性要求，采取科学、合理、经济、有效的手段和方法，通过控制调节药品的储存条件，对储存过程中的药品进行定期检查，达到有效防止药品质量变异、确保储存药品质量的目的。

一、设施设备配置要求与原则

（一）基础的药品保管设备和设施

1. 有地垫、货架、门帘、风帘等防止地面及墙壁的潮气或外界水汽影响的防潮设施。

2. 有窗帘、遮光膜等避免阳光直射的避光设备。

3. 有空调、换气扇等促进空气流通的通风设备。

4. 有风帘、电子猫、挡鼠板、灭蝇灯、捕鼠笼、粘鼠胶等防虫、防鼠设备，建筑有防虫防鼠设计。

5. 有空调系统，可自动调节库房温度。

6. 有加湿器、除湿机、换气扇等设备，相对湿度控制在 35% ~ 75%。

7. 库房安装温湿度自动检测系统，自动检测、记录库房温湿度，且能在温湿度超标时自动报警。

8. 根据库房高度、面积选用合适的照明设备，照度应能满足储存作业要求。

9. 库房应划分专用的零货库、拼箱发货操作区域、复核区域。有便于零货拼箱、发货、复核的操作台、零货箱、周转箱、运输箱、封口胶带、标签、条码采集器等设备。

你知道吗

温湿度自动检测系统的功能

（1）实时监测温度、湿度数据。

（2）自动进行阈值判断，一旦超出设定的正常范围，自动发送报警短信。

（3）报警信息发给管理员手机和监控软件。

（4）根据需要，监控数据可以与管理部门的系统对接。

（5）远程查询采集的温湿度信息。

（6）用户可以通过配套的数据分析管理软件，对厂房、库房温湿度数据进行分析、导出报表、显示数据曲线，并可将图表或报表存档、打印。

（7）对需要进行漏水监控区域增加无线测漏传感器。

（二）冷藏、冷冻药品保管设备和设施

1. 用于冷库温度的自动监测系统（两个以上温度探头），能自动生成温湿度监测记录，内容包括温度值、湿度值、日期、时间、测点位置、库区或运输工具类别等。

2. 冷库制冷设备的备用发电机组或者双回路供电系统。设置一个独立冷库的，应设两套独立的制冷系统，一用一备，自行切换，每套设备均可满足库房的控温要求。

3. 冷藏车及车载冷藏箱或者保温箱等设备。

（三）特殊管理药品保管设备和设施

1. 麻醉药品、第一类精神药品设专库。专用仓库必须位于库区建筑群内，不靠外墙。仓库采用无窗建筑设计，整体为钢筋混凝土结构，具有抗撞击能力，入口采用钢制保险门，实行双人双锁管理。库内应安装相应的防火设施，需要安装监控设施和报警装置。报警装置应当与公安机关报警系统联网。

2. 放射性药品专库存放，应采取有效的防辐射措施。

3. 危险品专库存放，应采取相应的防护消防措施。

4. 医疗用毒性药品、第二类精神药品、易制毒化学品、蛋白同化药物设专库或专柜存放，应安装防火安全措施。

5. 含麻黄制剂的复方制剂应分区管理，应采取有效的安全防护措施。

请你想一想

第一类精神药品与第二类精神药品能储存在同一仓库内吗？

二、分配货位

药品经验收员验收后，由保管员根据药品的性质、药品仓库的存放要求和情况分配货位，并将药品分配的货位编码录入电脑系统，确认药品的入库。

（一）货位编码

常用四号定位法，这是一种用 4 组数字来确定存取位置的固定货位方法，分别代表库房的编号、货架的编号、货架层数的编号和货位的编号。例如 A－03－01－05 就是指 A 区，第 3 排货架，第 1 层，第 5 个货位。

（二）存货方式

1. 定位存储是每一项商品都有固定的储位，商品储存时不可互换。采用这一储存方法时，注意每一项货物的储位容量必须大于其可能的最大在库量。定位储存通常适用于以下情况：不同物理、化学性质的货物需要控制不同的储存条件；防止不同性质的货物相互影响；贵重物品重点保存；多品种、少批量的存储。

2. 随机存储是根据库存货物及储位的使用情况，随机安排和使用储位，各种商品的储位是随机产生的。随机储存可比定位储存节约 35％ 的移动库存时间及增加 30％ 的存储空间。随机储存会增加货物出入库管理及盘点的工作难度。

3. 分类存储是按照一定的货物特性分类，每一类货物固定储存位置，同类货物的不同品种按一定法则安排货位。常用的分类方法是按商品的周转率分为 ABC 3 类。分类储存的优点是按周转率高低来安排存取，具有定位储存的各项优点。分类后每个储存区域再根据货物的特性选择储存方式，有助于对货物进行储位管理。分类储存储位必须按各类货物的最大在库量设计，因此储区空间平均的使用率仍然低于随机存储。

你知道吗

ABC 分类存储

ABC 分类存储是指将周转率大出入库频繁的 A 类商品储存在接近出入口或专用线的位置，以加快作业速度和缩短搬运距离；周转率小的 C 类商品存放在远离入口或作业相对不便的位置；B 类商品居中。该分类管理方法的指导思想是 80/20 法则，简单地说，就是 20％ 的因素带来了 80％ 结果。如 20％ 的客户提供了 80％ 的订单，20％ 的产品取得了 80％ 的利润，20％ 的员工创造了 80％ 的财富。它告诉我们不同因素在同一活动中取得不同的作用，在资源有限的情况下，注意力显然应该放在起关键性作用的因素。

有的货物有很强的相关性，相关性大的货物，通常被同时采购或同时出仓，对于这类货物应尽可能规划在同一储区，以缩短搬运路径和拣货时间。

除以上原则外，为了提高储存空间利用率，还必须利用合适的积层架、托盘等工具，使商品储放向空间维度发展。储放时货物标志面向通道，货物位置必须明确标示，便于识别、联想和记忆。另外规划储位时应注意保留一点的机动储位，以免大量入库时打乱正常储位安排。

三、药品堆码

药品堆码是指药品整齐、规则地摆放成货垛的作业。堆码操作人员根据药品的性质、形状、轻重等因素，结合仓库的储存条件，将药品堆码成一定形状的货垛。堆码完成后需在货垛正面明显位置或摆放货垛的货架立柱上张挂有关该垛药品的资料标签。该标签被称为货垛垛牌，或称为物品标签、料卡等。货垛牌的主要内容有：库位号、物品名称、规格、批号、来源、进货日期、保管人、货垛数量等。

（一）药品货垛的堆码要求和原则

药品货垛与仓间地面、墙壁、顶棚、散热器之间应有相应的间距或隔离措施，设置足够宽度的货物通道，防止库内设施对药品质量产生影响，保证仓储和养护管理工作的有效开展。药品垛堆的距离要求：垛间距不小于5cm，与库房内墙、顶、温度调控设备及灯具、管道等设施间距不小于30cm，与地面间距不小于10cm。

药品堆码应严格遵守药品外包装图式标志的要求，规范操作。怕压药品应控制堆放高度，防止造成包装箱挤压变形。药品应按品种、批号相对集中堆放。拆除外包装的零货药品应集中存放，并分开堆码，不同品种或同品种不同批号药品不得混垛，防止发生错发混发事故。

堆码的原则可以归纳为：重不压轻、大不压小、标签朝外、箭头向上、留有通道。

（二）药品堆码设计

为了达到堆码的基本要求，必须根据保管场所的实际情况、药品本身的特点、装卸搬运条件和技术作业过程的要求，对药品堆垛进行总体设计。设计的内容包括垛基、垛形、货垛参数、堆码方式、货垛加固等。

1. 垛基 垛基是货垛的基础，其主要作用是：承受整个货垛的重量，将物品的垂直压力传递给地基；将物品与地面隔开，起防水、防潮和通风的作用；垛基空间为搬运作业提供方便条件。因此，对垛基的基本要求是：将整垛货物的重量均匀地传递给地坪；保证良好的防潮和通风（使药品与地面的距离不小于10cm）；保证垛基上存放的物品不发生变形。

2. 垛形 垛形是指货垛的外部轮廓形状。按货垛立面的形状可以分为矩形、正方形、三角形、梯形、半圆形，另外还可组成矩形-三角形、矩形-梯形、矩形-半圆形等复合形状。

不同立面的货垛都有各自的特点。矩形、正方形垛易于堆码，便于盘点计数，库容整齐，但随着堆码高度的增加货垛稳定性就会下降。梯形、三角形和半圆形垛的稳定性好，但是不便于盘点计数，也不利于仓库空间的利用。

3. 货垛参数　货垛参数是指货垛的长、宽、高，即货垛的外形尺寸。通常情况下，对药品堆垛设计需要首先确定货垛的长度。例如，长形材料的尺寸长度就是其货垛的长度，包装成件物品的垛长应为包装长度或宽度的整数倍。

货垛的宽度应根据库存物品的性质、要求的保管条件、搬运方式、数量多少以及收发制度等确定，一般多以 2 个或 5 个单位包装为货垛宽度。货垛高度主要根据库房高度、地坪承载能力、物品本身和包装物的耐压能力、装卸搬运设备的类型和技术性能以及物品的理化性质等确定。在条件允许的情况下应尽量提高货垛的高度，以提高仓库的空间利用率。

4. 堆码方式　普通物品堆码方式主要有散堆方式、货架方式、成组堆码方式和垛堆方式。

（1）**散堆方式**　散堆方式是一种将无包装的散货直接堆成货垛的货物存放方式。适用于露天存放的没有包装的大宗货物，如煤炭、散粮等或库内少量存放的谷物、碎料等散装货物。特点是容易堆码，便于采用现代化的大型机械设备，节约包装成本。

（2）**货架方式**　货架方式即直接使用通用或专用的货架进行货物堆码。这种方法适用于存放，但不宜堆高。比较适合堆放需要特殊保管的小件、高值、包装脆弱或易损的货物，如医药商品、小五金等。

（3）**成组堆码方式**　成组堆码法即采取货板、塑料托盘、网格等成组工具使货物的堆存单元扩大，一般以密集、稳固、多装为原则，同类货物组合单元应高低一致。这种方法可以提高仓容利用率，实现货物的安全搬运和堆存，适合半机械化和机械化作业。提高劳动效率，减少货损货差。

（4）**垛堆方式**　对于有包装的货物和裸装的计件货物一般采取垛堆方式。具体方式有重叠式、压缝式、纵横交错式、通风式、栽柱式、俯仰相间式等。货物堆垛方式的选择主要取决于货物本身的性质、形状、体积、包装等。一般情况下多平放（卧放），使重心降低，最大接触面向下，这样易于堆码，货垛稳定牢固。具体介绍下面几种常用的堆垛方式。

①**重叠式**　重叠式是货物逐件、逐层向上整齐地码放。这种方式稳定性较差，易倒垛，一般适合袋装、箱装、平板式的货物。

②**压缝式**　压缝式即上一层货物跨压在下一层两件货物之间。如果每层货物都不改变方式，则形成梯形形状。如果每层都改变方向，则类似于纵横交错式。

③**纵横交错式**　纵横交错式即每层货物都改变方向向上堆放，即一层横向放置，相邻层纵向放置。采用这种方式码货定性较好，但操作不便，一般适合管材、狭长的箱装货物等。

④**通风式**　采用通风式堆垛时，每件相邻的货物之间都留有空隙，以便通风防潮、散湿散热。这种方式一般适合箱装、桶装以及裸装货物的码放。

⑤**栽柱式**　码放货物前在货垛两侧栽上木桩或钢棒，形成 U 形货架，然后将货物

平放在桩柱之间，码了几层后用铁丝将相对两边的桩柱拴连，再往上摆放货物。这种方式一般适合棒材、管材等长条形货物。

⑥仰伏相间式　对上下两面有大小差别或凹凸的货物，如槽钢、钢轨等，将货物仰放一层，再反一面伏放一层，仰伏相间相扣。采用这种方式码货，货垛较为稳定，但操作不便。

四、药品养护

（一）养护员的职责

养护员的职责如图 4 – 14 所示。

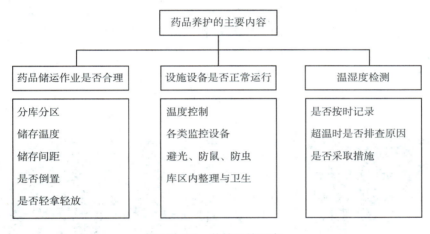

图 4 – 14　养护员的职责

1. 按照药品理化性质和储存条件的规定，结合库房实际情况，指导和督促仓库保管员做好药品分类，合理存放。

2. 对库存药品定期进行循环检查，一般药品每季度一次，储存条件有特殊要求的（如冷藏、冷冻药品）、易变质的药材和饮片、近效期的品种等应当每月检查一次并做好养护记录，发现有问题的药品应当及时在计算机系统中锁定。

3. 负责温湿度管理工作，根据气候变化，采取相应措施，做好记录。

4. 正确使用养护设备，定期检查、维护和保养并记录；检查并改善储存条件、防护措施和卫生条件；做好仓库防鼠工作，并进行登记。

（二）药品的效期管理

药品在规定时间内和一定存储条件下才能够保持质量和有效性，超过一定时限后，其效价会逐渐下降，不良反应会增加。因此药品必须严格遵守其特定的储存条件，并在规定的期限内使用，以确保药品的有效性和安全性。有效期若标注到日，使用时限为对应年月日的前一天，若标注到月，应当为起算月份对应年月的前一个月。企业应结合自身的经营规模、经营模式、品种特性，明确药品近效期的具体时限。

大中型批发企业的药品近效期时限一般不少于1年，小型批发企业的药品近效期时限不少于6个月。现在大型批发企业一般使用计算机系统管理，使用自动报警功能生成近效期药品催销表进行催销。

（三）温湿度控制

药品在保管中为了质量安全，都要求与空气温湿度相适应。20℃以下，相对湿度35%～75%是多数药物的储存条件。相对湿度过小、过于干燥都会使部分药物失去水分发生化学变化。当库内温湿度不适宜货物储存时就必要采取有效措施调节库内的温湿度。密封、通风与除湿是控制和调节库内温湿度的有效办法。

1. 密封 采用密封储存前要检查货物质量、温度和含水量是否正常，如果不正常就不宜密封。要根据气候情况来决定密封的时间。怕潮、怕融化、怕霉变的药品应选择绝对湿度较低的时节密封。常用的密封材料有塑料薄膜、防潮纸、油毡等，这些密封材料必须干燥清洁。

（1）整库密封 将门窗关闭，留做出入的门应加装隔潮门，门上要挂门帘，自动门帘与冷库自动门如图4-15所示。若发现库内有霉变虫蛀，可定期对库内进行消毒杀菌。

a.自动门帘　　　　　　　　　　　　b.冷库自动门

图4-15　自动门帘与冷库自动门

（2）按垛密封 对于一些怕潮或易干裂的货物，可以用防潮材料，将货垛上下和四周围起，以减少气候对货物的影响。

2. 通风 通风是指根据空气流动规律，有计划、有目的地交换库内外的空气，以调节库内空气温湿度，使之适应储存货物的需要。可以打开库房门窗和风洞，使空气自然流动；也可以在库房上部装排气扇、在库房下设送风扇加速空气交换。通风的关键是选择通风时机，一般库外温湿度都低于库内温度、湿度时可以通风。

3. 除湿 除湿是指在阴雨天或雨季，库内外湿度都比较大、不易通风时，在库房密封条件下需利用机械或吸潮剂来除湿。库房内湿度过大使用除湿机排出水分，对于部分怕湿的贵重药品也可以放入盛有硅胶和和氯化钙的密封器具内。

4. 防治霉变 防治霉变首先是做好入库检查，杜绝霉变来源；其次是做好库内的环境卫生，注意墙角、走道、垛底的清洁卫生工作，必要时进行消毒；再次是控制好库内的温湿度等条件。

5. 做好温度记录 做好温度记录是根据 GSP 规定在储存药品的仓库中和运输冷藏、冷冻药品的设备中配备温湿度自动检测系统。在每个独立的药品库房至少安装 2 个测点终端，并均匀分布，系统需自动对药品储存运输过程中的温湿度进行不间断检测和记录。温湿度出现异常应当向至少 3 名指定人员发出报警信息。系统各测点终端采集的监测数据应当真实、完整、准确、有效。

（四）其他相关药品养护措施

1. 避光与遮光 有些药品对光敏感，如肾上腺素遇光变玫瑰红色，维生素 C 遇光变黄棕色。药品包装要求避光则采用避光容器或其他遮光材料包装。普通药品应尽量置于阴暗处，对门、窗、灯具等采取相应措施进行遮光，特别是一些大包装药品，在分发后剩余部分药品应及时遮光密封，防止漏光，造成药品氧化分解、变质失效。

2. 虫鼠控制 常用的防虫设施有灭虫灯、粘虫胶等。防鼠设施有灭鼠板、电子猫、捕鼠笼、外门密封条，在药品仓库不应采用药物控制虫鼠。对仓库内部要加强检查，对仓库周边环境要进行控制，以降低风险。

（五）库存药品质量的循环检查和盘点

1. 循环检查 药品在库期间，由于受到外界环境因素的影响，随时都有可能出现各种质量变化。因此，除采取适当的保管、养护措施外，还必须经常和定期进行在库检查，及时了解药品的质量变化，以便采取相应的防护措施。

（1）循环养护 企业通常采用"三三四"药品质量循环检查法，即在库药品每季度（3 个月）为一个循环周期，在一个周期内，在库药品要全部检查养护一次，第一个月检查 30%，第二个月检查 30%，第三个月检查 40%。重点养护的品种，要求每个月都要养护一次。重点养护品种包括首营品种、质量不稳定的药品、近有效期药品、贵重药品、特殊管理药品、冷藏药品、易变质的药品如中药材和中药饮片等。

（2）定期检查 一般每个季度对库存药品进行一次全面检查。

（3）随机检查 当气候条件出现异常变化，如高温、严寒、梅雨或发现药品有质量变化迹象时，由质量管理部门逐个进行全面检查。

如果药品可以打开包装进行检查，对常用剂型应当分别检查的项目如表 4 - 9 所示。

表 4 - 9 常见剂型的检查项目

剂型	检查项目	剂型	检查项目
注射剂	色泽、澄明度	颗粒剂	结块、潮解
片剂	色泽、开裂、粘连	软膏剂	破漏、分层
硬胶囊	粘连、霉变	糖浆剂	霉变、破漏

对于不能打开包装的药品，一般只能根据药品的最小销售包装来判断药品的质量情况。

2. 库存盘点 仓库中的库存始终处于不断进、存、出的动态中，在作业中产生的误差经常经过一段时间的积累会使库存资料反映的数据与实际数量不相符。有些货物则因存放时间太长或保管不当，会发生质量的变化。为了对库存货物的数量进行有效控制，并查清其在库中的质量状况，必须定期或不定期地对各储存场所进行清点、查核，这一过程称为盘点作业。

盘点作业一般分为账面盘点及现货盘点。目前，国内大多数配送中心都已使用计算机来处理库存账务，当账面数与实际数发生差异时，有时很难断定是账面有误还是实盘有误。盘点又可以分为期末盘点和循环盘点。

（1）期末盘点 期末盘点是指在周期末统一清点所有货物的方法，工作量大、要求严格，但是通常采用分区或分组的方法，防止重复盘点和遗漏。

（2）循环盘点 指在每天、每周清点一部分货物，一个循环周期将每种货物至少清点一遍的方法。对于价值高的货物，检查的次数多，监督严密些；对于价值低的货物，盘点次数可以少些。循环盘点一次只盘点少量货物，通常只需保管人员自行对照库存进行检查。

（六）养护常见问题及解决

养护常见问题有设施设备问题、药品质量问题、中药材与中药饮片问题、养护问题等，这些问题的解决方案如表4-10所示。

表4-10 养护常见问题及解决方案

常见问题	解决方案
设施设备问题	出现损坏、故障，及时更换和保修，有保修记录
药品质量问题	立即以醒目的方式进行标记，同时报质量管理部门核实、处理
中药材、饮片养护	按照其特性，采用晾晒、通风、干燥、吸湿、熏蒸等合适有效的方法
养护记录分析和报告	库房内储存品种的结构、数量、批号等项目，养护过程中发现的质量问题及原因、比率，改进措施及目标等

五、仓库7S管理和安全管理

（一）7S管理

7S管理是有效的现场管理工具，包括整理（seiri）、整顿（seiton）、清扫（seiso）、清洁（seiketsu）、素养（shitsuke）、安全（safety）及节约（save）七方面内容。

1. 整理 是对物品进行区分和归类，将经常使用的物品放在使用场所附近，而将不经常使用或很少使用的物品清理掉或摆放至合适的地方。其目的是腾出更大的空间，防止物品混用、误用，创造一个干净的工作场所。比如对拆零的废弃纸箱、包装材料等的整理。整理前，首先要考虑的问题有以下几点：①为什么要清理以及如何清理；

②规定整理的日期和规则，整理前要预先明确现场需放置的物品；③按照保留物品的选择原则，区分要保留的物品和不需要的物品，规定保留物品安置的地方；④如何分类，分类的方法有许多，如按种类、性能、数量、使用的频率等进行分类，最常用的是按使用频率分类。

2. 整顿　是指把有用的物品按规定分类摆放好，并适当地标示，杜绝乱堆、乱放、物品混淆不清以及要找的东西找不到等无序现象发生，以便使工作场所内摆好的物品一目了然。主要考虑便捷性、安全性。比如，为了方便使用将仓储中装卸搬运的设备、工具，应将其按固定位置摆放；为了避免混淆，将两种外包装相似的药品分开摆放。

3. 清扫　是指将工作场所内所有的地方及工作时使用的设备、货架、材料等打扫干净，使工作场所保持干净、宽敞、明亮。其目的是维护生产安全，减少工业灾害，保证产品品质。清扫不是指突击性的大扫除，而是要制度化、经常化，从身边做起，然后再拓展到现场的每个角落。

4. 清洁　是指经常性地做整理、整顿清扫工作，并对以上三项活动进行定期与不定期的监督检查。要做到这一点，首先要制定标准的清洁作业制度或手册，让所有人都要清楚该干什么，怎么做；其次除了日常工作的自检，还要组织定期检查。包括检查现场的清洁状态、现场的图表和指示牌设置是否有利于高效作业以及现场物品数量是否适宜。

5. 素养　是让每个员工都养成良好的习惯，遵守规章制度。如遵守作息时间、工作精神饱满、仪表整齐，保持环境的清洁。抓 7S 管理，要始终着眼于提高人的素质，需做好以下几个方面的工作：①养成员工遵守作业指导书、手册和规则的习惯；②认真贯彻整理、整顿、清扫、清洁状态的标准；③组织员工经常积极参与整理、整顿、清扫活动。

6. 安全　是指日常工作中要保障员工的人身安全，保证生产能连续安全正常地进行，同时减少安全事故带来的经济损失。所有员工要遵守操作规程，预防安全事故，消除安全隐患，重视安全教育，树立安全第一的观念。要建立安全管理制度，落实好责任人。

7. 节约　是对时间、空间、能源等方面合理利用，以发挥它们的最大效能，从而创造一个高效率的、物尽其用的工作场所。要有浪费为零的理念，减少库存量，避免不合格药品在库过多，降低仓储成本；避免库房、货架过剩；避免推车、搬运车、叉车等搬运工具过剩；避免购置不必要的机器、设备；避免"寻找""等待""避让"等动作引起的浪费；消除"拿起""放下""清点""搬运"等无附加价值动作；避免出现多余的文具、桌、椅等办公设备。

7S 的全面落实，首先需要做到将其纳入岗位责任制，使每一部门、每一人员都有明确的岗位责任和工作标准；其次，要严格、认真地搞好检查、评比和考核工作，将考核结果同各部门和每位员工的经济利益挂钩；最后，要坚持 PDCA 循环（plan—计划、do—执行、check—检查、action—处理），不断提高现场的 7S 水平，即要通过检查，不断发现问题，不断解决问题。7S 管理重点是要坚持，每天做好 7S 管理，才能提高仓储作业效率，使药品的质量得到保障。

（二）仓储安全管理

仓库安全管理主要包括治安保卫管理、消防安全管理、防台风及防雨管理、作业安全管理四个方面的内容。

1. 治安保卫管理　仓库的治安保卫工作是仓库为了防范、制止恶性侵权行为，以及避免事故对仓库及仓库的财产的侵害和破坏，维护仓库环境的稳定，保证仓库生产经营的顺利开展所进行的管理工作。治安保卫工作的具体内容就是执行国家治安保卫规章制度，防盗、防骗、防抢、防破坏、防火、防止财产侵害、维持仓库内交通秩序、防止交通意外事故等仓库治安灾难事故，协调与外部的治安保卫关系，维持仓库内的安定局面和员工人身安全。

治安保卫管理是仓库管理的重要组成部分，不仅涉及到财产安全还涉及到人身安全，治安保卫工作开展良好，才能确保企业的生产顺利进行，它是仓库实现经营效益的保证，在生产效率和提高经营效益与安全保卫发生冲突时，要以治安保卫优先。仓库治安保卫管理的原则包括坚持预防为主、确保重点、严格管理、保障安全和谁主管谁负责。具体工作包括以下几个方面。

（1）守卫大门和要害部门　守卫大门是维持仓库治安的第一道防线。大门保安员负责开关大门，限制无关人员、接待入库办事人员，审核其身份并及时登记，禁止入库人员携带火源、易燃易爆物品，检查入库车辆的防火条件，指挥车辆安全行使、停放，登记入库车辆信息，检查出库车辆，核对出库货物与放行条内容是否相符，收留放行条，查问和登记出库人员随身携带的物品，特殊情况下有权查扣物品、封闭大门。对于危险品仓、特殊品仓等要害部位，需要安排专职守卫看守，限制无关人员接近，防止危害、破坏和失窃。

（2）治安检查　保安部门应按规章准则安排专职保安员和组织相关人员检查治安保卫工作，采用定期和不定期检查的方式，及时发现治安保卫漏洞、不安全隐患，通过有效手段将其消除。

（3）治安应急　治安应急是指仓库发生治安事件时，采取紧急措施，防止和减少事件造成损失的制度。治安应急需要通过制订应急方案，确定应急人员，明确其职责，规定发生事件时的信息发布和传递方法。

（4）防盗设施、设备的使用　仓库的防盗设施大至围墙、大门、防盗门，小到门锁、窗，仓库应该根据法规规定和治安保管的需要设置和安装。仓库使用的防盗设备除了专职保安员的警械外，主要有视频监控设备、自动警报设备，仓库应按照规定合理利用配置的设备，专人负责操作和管理，确保其有效运作。

2. 消防安全管理　仓库消防管理的方针是"以防为主、以消为辅、防消结合"。

重视火灾的预防工作，以消除火灾隐患为管理的最终目标。仓库消防管理工作包括仓库建设时的消防规划、消防管理组织、岗位消防责任、消防工作计划、消防设备配置和管理、消防监督和检查、消防日常管理、消防应急与演习等。

　　仓库的消防管理是仓库安全管理的重要组成部分，实行专职和兼职管理相结合的制度，使消防管理覆盖仓库每一个角落。消防工作需制定严格和科学的消防规章制度，制定火源、电源、易燃易爆物品的安全管理和值班巡逻制度，采取"谁主管谁负责，谁在岗谁负责"的制度，明确规定每个岗位每个员工的消防责任，并采取有效的措施督促执行。

　　（1）仓库火灾的种类　对火灾进行分类是为了有效地防止火灾和灭火。防火工作对火源的分类非常重视，将火源分为直接火源和间接火源两种。直接火源有明火、电火花和雷电火3种，间接火源有加热自燃起火和本身自燃两种。也可按灭火方法的不同对火灾进行分类，主要包括4种：①普通火灾，即普通可燃固体所发生的火灾，如木料、化纤、棉花、煤炭等。普通火灾应使用水进行灭火。②电气火灾，即电器、供电系统漏电所引起的火灾，以及具有供电的仓库发生火灾。其特征是在火场中还有供电存在，有可能使员工触电。另外，由于供电系统的传导，还会在电路的其他地方产生电火源；因此在发生电气火灾时，要迅速地切断供电，采用其他安全方式照明。③油类火灾，即各种油类、油脂发生燃烧引起的火灾。油类属于易燃品，且具有流动性，因此会迅速扩大着火范围。油类轻于水，会漂浮在水面，随水流动，因此不能用水灭火，只能采用干粉灭火器、泡沫灭火器等灭火手段。④爆炸性火灾，即容易引发爆炸的货物燃烧引起的火灾，或者火场内有爆炸性物品，如易爆炸的化学危险品等。爆炸不仅会加剧火势，扩大燃烧范围，更危险的是直接造成人身伤亡。发生这类火灾首要的工作是保证人身安全，迅速撤离现场人员。

　　（2）仓库防火方法　以防为主，做好库内外防火措施。①库内防火方法包括严禁将火种带入仓库，库区内严禁吸烟、严禁明火作业，做好作业设备、电气设备的防火措施和根据货物的性质做好货物的保存与摆放。库房内禁止使用和设置移动照明设备，不能使用高温灯具替代低温照明，防爆灯具不得改用普通灯具；作业设备产生火花的部位要设置防护罩，比如进入库区的内燃机械必须安装防火罩，电动车要装设防火星溅出装置，不能在库内修理车辆；进行装卸搬运作业时，作业人员不得违章采用滚动、滑动、翻滚、撬动的方式作业，尽量避免使用能够产生火花的器具；对容易产生静电的作业，要采取消除静电措施。库区内的供电系统和电器应经常检查，发现损害、老化、不能完全绝缘时，需要及时更换。应该在库房外设置独立的供电系统开关箱，以便有必要时，可以在仓库外拉开电闸断电。对于会发生化学反应的货物应彼此远离，消防方法不同的货物不得同仓储存。在危险品仓库内要使用防爆作业设备、防爆电气设备。根据货物的消防特性选择合适的货位，如通用位置、低温位置、光照位置、干燥位置、方便检查位置、少作业位置等，堆垛应当分类、分组、分堆和分垛，按照

《防火规范》中防火距离的要求保留间距。货物及设备不得占用消防通道、疏散楼梯，不可将消防器材围挡；及时处理易燃杂物。对于仓库作业中使用过的油污手套、油污棉纱、油污垫料等沾油纤维、残料、可燃包装等，应当存放在仓库以外的安全地点（如封闭铁桶、铁箱内），并定期处理。仓库作业完毕，应当对通道、货垛边、作业线路进行彻底的清理清扫，对库区、库房进行检查，确认安全后，方可离开。经常检查易自燃货物的温度，保证库内良好的通风，对存放在库内已经较长时间的货物应掀开部分遮盖物进行通风与除湿。环境温度高时对易燃液体、易燃气体洒水降温。②库外防火方法包括严格管理好库区明火，库房外使用明火作业时必须在专人监督下按章进行，明火作业后彻底消除明火残迹。

3. 防台风和防雨湿管理

（1）防台风管理　华南、华东以及沿海地区都会受到台风的危害。处在这些地区的仓库要高度重视防台风工作，将台风造成的损失降到最低。仓库应设置专门的防台风指挥部，负责研究仓库的防台风工作，制定防范工作计划，组织防台风检查，做好台汛期间的组织管理工作。台汛期到来之前，防台风指挥部要组织检查全库的防台风准备工作，及时消除各种可能扩大损害的隐患，督促各部门准备各种防台风工具、制定抗台风措施，组织购买抗台风物料并落实保管责任。在台汛期间，建立物资供应、通信联络、紧急抢救、排水、机修、堵漏、消防等临时专业小组，明确小组成员所承担的责任。

（2）防雨管理　防雨危害是仓库的一项长年的安全工作。仓储防雨工作主要有以下几个方面的内容。①建设好具有防雨、排水功能的仓库，根据仓库经营的定位、预计储存货物的防雨需要，建设足够的货棚、室内仓库等防雨建筑；要有良好的、足够排水能力的沟渠网络，其能保证正常排水需要；做好排水沟渠日常维护，保证排水沟渠不淤积、不堵塞；暗渠入水口的周围不能码放货物和杂物。②配备防水货垛衬垫，对于室内地势较低的仓库，雨季时仓库入口的货位都必须垫防水衬垫。防雨垫垛要有足够的高度，一般情况药品仓库垫垛 10～30cm。③密切注意仓库的湿度，根据实际情况做好去湿措施，保证仓库的湿度控制在 35%～75%。

4. 作业安全管理　仓库的作业包括运输工具装卸货物、出入库搬运、堆垛上架、拆垛取货等操作过程。仓库作业是仓库生产的重要内容之一，随着其功能的不断延伸，仓库作业的项目会更多、作业量会更大。作业安全涉及货物的安全、作业人员人身安全、作业设备和仓库设施的安全。仓库对安全管理应予以特别的重视，尤其是重视前期的预防管理，尽量避免发生作业事故。将生产效率的提高建立在安全作业的基础上。做好安全管理制度的制定，重视作业人员资质管理和业务培训，加强劳动安全保护。

（1）安全操作管理制度化　安全作业管理应成为仓库日常管理的重要项目，通过制度化的管理保证管理的效果，制定科学合理的各种作业安全制度、操作规程和安全责任制度，并通过严格的监督，确定员工能够有效并充分地执行安全操作管理制度。

（2）重视作业人员资质管理和业务培训　应对新参加仓库工作和转岗的员工，进行仓库安全作业教育和操作培训，保证上岗员工都掌握作业技术与规范。从事特种作业的员工必须经过专门培训并取得特种作业资格，才能上岗作业，且只能按证书规定的项目进行操作，不能混岗作业。安全作业宣传和教育是仓库的长期性工作，作业安全检查是仓库安全作业管理的日常性工作，通过严格的检查、不断的宣传，严厉地对违章和忽视安全行为的惩罚，强化作业人员的安全责任意识。

（3）加强劳动安全保护　劳动安全保护包括直接和间接对员工实行的人身保护措施。仓库要遵守《中华人民共和国劳动法》的规定，给员工以足够的休息时间，包括合适的工间休息。提供合适和足够的劳动防护用品，如高强度工作鞋、手套、安全帽、工作服等，并督促作业人员使用和穿戴。严格按照安全规范进行作业。作业时人员应避开不稳定货垛的正面，不在易散落、塌陷的位置，运行设备的下方等不安全位置作业；在作业设备调位时暂停作业；如果发生安全隐患应及时停止作业，消除安全隐患后方可恢复作业。采用安全的作业方法，不能采用自然滚动和滑动、挖角、推倒垛、超高等有危险的作业；使用合适的设备与机械进行工作。应在设备的负荷范围内进行作业，不能持续性地超负荷作业；叉车不得直接叉运压力容器和未包装货物；移动设备在载货时需控制行驶速度，不得高速行驶。货物不能超出车辆两侧0.2m，不可以两车同载一个物品；除了连续运转设备（如自动输送线）外，其他设备需停止稳定后方可作业，不能一边运行一边作业；汽车装卸时，需注意车距，汽车与堆物距离不小于2m，与滚动物品距离不得小于3m。多辆汽车同时进行装卸时，直线停放的前后车距不得小于2m，并排停放的两车侧板距离不得小于1.5m。汽车装载时应固定妥当、绑扎牢固。

实训六　制作药品养护过程中的各项记录

一、实训目的

通过实训了解普通药品、重点药品和近效期药品的不同养护要求，通过填写药品养护过程中的各项记录，熟悉药品养护的作业流程。

二、实训器材

电脑、普通养护药品若干、重点养护药品若干、近效期药品若干、药品养护档案表（表4-11）若干、重点养护药品确认表（表4-12）若干、药品养护检查记录表（表4-13）若干、药品储存环境温湿度记录表（表4-14）若干、近效期药品催销表（表4-15）若干、药品盘点表（表4-16）若干、药品盘点盈亏报告表（表4-17）若干。

三、实训原理

通过药品养护过程中各项记录的制作使学生了解普通药品、重点药品和近效期药品的不同养护要求及作业流程。

四、实训方法

1. 学生进行分组，4~5人为一组；

2. 每组分别分配2种相同的普通养护药品、2种相同的重点养护药品、2种相同的近效期药品，药品养护档案表、重点养护药品确认表、药品养护检查记录表、药品储存环境温湿度记录表、近效期药品催销表、药品盘点表、药品盘点盈亏报告表各6份；

3. 各组通过药品包装、标签、说明书等信息及互联网查阅资料讨论将教师所分配的药品按普通药品、重点药品和近效期药品进行分类；

4. 各组将各自分类好的药品在各项养护记录表上制作记录；

5. 小组之间点评；

6. 教师点评。

表 4-11 药品养护档案表

编号：   建档日期：

通用名称		商品名称		外文名称		有效期	
规格		批准文号		剂型		注册商标	
生产企业		地址				邮编	
用途							
质量标准				内包装			
性状				中包装			
储存条件				外包装		体积	

药品质量问题摘要

时间	批号	质量问题	处理办法	时间	批号	质量问题	处理办法

填表人：

表 4-12 重点养护药品确认表

序号	通用名	规格	剂型	有效期	生产企业	确定时间	确定理由	养护重点	备注

填表人：   填表日期：   年   月   日

表 4 – 13 药品养护检查记录表

序号	货位	通用名	规格	生产日期	批号	有效期	数量	生产厂家	质量状况	养护措施	处理结果

填表人： 　　　　　　　　　　　　　　　　　　填表日期： 　年　　月　　日

表 4 – 14 药品储存环境温湿度记录表

适宜温度范围＿＿＿ ~ ＿＿＿℃					适宜相对湿度范围＿＿ ~ ＿＿。					＿＿年＿＿月＿＿日
日期	上午					下午				记录员
	库内温度/℃	库内湿度/%	调控措施	采取措施后		库内温度/℃	库内湿度/%	调控措施	采取措施后	
				温度/℃	湿度/%				温度/℃	湿度/%	

表 4 – 15 近效期药品催销表

序号	品名	规格	生产厂商	批号	单位	数量	进价	金额小计	供货企业	有效期至	货位

填表人： 　　　　　　　　　　　　　　　　　　填表日期： 　年　　月　　日

表 4 – 16 药品盘点表

序号	药品编号	名称	位置	盘点数量	复核数量	确认数量	备注

初盘人： 　　　　　复盘人：

表 4 – 17 药品盘点盈亏报告表

品名	编号	规格	单位	账面数	盘点数	盘盈数量	盘盈金额	盘亏数量	盘亏金额	差异原因	处理意见

填表人： 　　　　　　　仓库部门审核： 　　　　　　　财务部门审核：

五、实训考核方式

评分细则如表 4-18 所示。

表4-18　实训考核评分表

评分项目	评分说明	评分
药品分类准确 （30分）	普通养护药品分类准确（10分，错一个扣5分，扣完为止）	
	重点养护药品分类准确（10分，错一个扣5分，扣完为止）	
	近效期药品分类准确（10分，错一个扣5分，扣完为止）	
各养护记录填 写准确 （70分）	药品养护档案表填写准确（10分，错一个扣5分，扣完为止）	
	重点养护药品确认表填写准确（10分，错一个扣5分，扣完为止）	
	药品养护检查记录表填写准确（10分，错一个扣5分，扣完为止）	
	药品储存环境温湿度记录表填写准确（10分，错一个扣5分，扣完为止）	
	近效期药品催销表填写准确（10分，错一个扣5分，扣完为止）	
	药品盘点表填写准确（10分，错一个扣5分，扣完为止）	
	药品盘点盈亏报告表填写准确（10分，错一个扣5分，扣完为止）	
总得分		

任务四　出货作业

PPT

实例分析

实例　据调查，拣货作业占整个仓库时间的 50%，占物流成本的 40%。优化拣选可以提高仓库的经营效率。

问题　在面积高达 10000m² 的仓库怎么找到合适的商品？

货物出库作业是仓库管理最后一个环节，是指按照客户发来的订单，进行信息处理、拣货、分货、复核、包装直到把货物送到客户手中的过程，如图 4-16 所示。

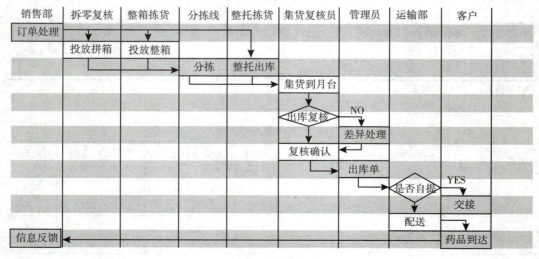

图4-16　出库出货流程

　　具体流程为收到客户的订单，将订单与库存信息进行对比，确定是否接受订单与接受的程度；然后根据订单开始拣货，拣货分为拆零拣货、整件拣货、整托盘出库；若仓库是按储存区和拣货作业区设置的，一旦发现拣货区剩余的存货量过低，则必须有储存区向拣货区进行补货作业；拣选出来的货物经过包装、复核、交接后安排发运。

一、订单处理

　　根据客户需求，打印订单明细单据即该客户的销售开票汇总单（图4-17）。单据内容包括：销售开票单号、单位编号、单位名称、配送地址、税票类型、开票日期、开票时间、送货时间、出货方式、订单类型、销售汇总金额、汇总品规数、合计件数、开票员姓名、应收件数、实收件数、应收金额、实收金额、计生件数、中药件数、客户签收、备注信息。

销售开票汇总单

客户备注
结算方式：现金　　　　　提货方式：市内配送

单位编号：　　　　　　　　　开票时间：　　　　　　　　单据编号：　CKD00000013
单位名称：　　　　　　　　　　　　　　　　　　　　　　电话：
单位地址：　　　　　　　　　　　　　　　　　　　　　　客户联系人：
品种数：　　1　　　　　　　　金额总计大写：壹万元整　　应收余额：
件数合计：　5.00　　　　　　　金额合计小写：10000.00　　打印时间：

西药整件数	西药零货件数	中药件数	计生器械件数	特殊药品件数	总件数		税票张数	税票号	销售退回单张数

销售开票员：　　　　　　开票员联系方式：　　　　　　欠款催收责任人：
负责业务员：　　　　　　业务员联系方式：　　　　　　还款日：
外复核员：　　　　　　　配送员签名：　　　　　　　　客户签名：

图4-17　销售开票汇总单

二、分拣配货作业

　　分拣配货作业是指按客户的要求将商品从储存区分拣出来，配好后送入指定发货区的物流活动。分拣配货作业通常是同时进行的。根据出库数量的不同分拣配货可以分为拆零拣货、整件拣货、整托盘拣货。

（一）拆零拣货 📱微课2

　　拆零拣货过程复杂，大型医药物流中心常使用电子标签辅助拣选系统（图4-18）实行自动化拣选。电子标签辅助拣选系统是采用先进电子技术和通讯技术开发而成的物流辅助作业系统，通常使用在现代物流中心货物分拣环节，具有效率高、差错率低

图4-18 电子标签辅助拣选系统

的作业特点。电子标签辅助拣货系统根据作业方式不同，可分为摘果式拣货系统和播种式拣货系统，具体内容在项目三中已经介绍，下面主要介绍这两种作业方式的作业流程。

1. 单一拣选 单一拣选也称为摘果拣选，作业流程如下。

（1）扫描拣货信息 拣货员用扫描枪扫描周转箱条码，获取拣货任务，有拣选任务的巷道及对应的货架电子标签亮起。

（2）拣货 拣货人员到亮灯的巷道，根据亮起的电子标签指示的货位及数量进行拣货。

（3）拍灭指示灯 在进行拣货作业时，每拣选一个商品后，拍灭对应货位电子标签指示灯。

（4）拍总指示灯 当拣货作业全部完成后，系统会发出提示音且总指示灯亮起，拍灭总指示灯。

2. 批量拣选 批量拣选也称为播种拣选，与摘果式拣选不同，货架上放置的不是商品而是代表客户订单的周转箱。

（1）分析订单 根据波次管理将多张订单集合成一批，按照商品品种类别汇总后再进行拣货，然后依据不同客户或不同订单分类集中拣货。

（2）扫描商品条码 拣货员扫描集中拣货完成的商品条码，订单中包含该商品的客户周转箱所在的巷道上对应的货架电子标签会亮起。

（3）分播 拣货人员到亮灯的巷道，根据亮起的电子标签指示的货物及数量将商品拣入各个周转箱。

（4）依次扫描其他商品条码并分播。

（二）整件拣货

整件拣货常使用无线手持终端（图4-19）辅助拣货，输入工号密码后手持终端将提示货物位置、数量等信息。完成拣货后，可以及时确认并将数据上传至物流管理系统。

（三）整托盘拣货

整托盘的货物通常存放在自动化立体仓库（图4-20）中，使用物流管理系统控制堆垛机取货。

图4-19 无线手持终端

图4-20 自动化立体仓库

现代物流常使用自动分拣系统（图4-21），按预先设定的计算机指令对药品进行分拣，并将分拣出的药品送达指定位置。随着激光扫描、条码及计算机控制技术的发展，自动分拣系统在医药物流中的使用日益普遍。 📱微课3

特殊管理药品在特殊管理药品专库内进行双人拣选，冷藏、冷冻药品在冷库内专人拣选。

图4-21 自动分拣系统

你知道吗

自动分拣系统的作业过程

自动分拣系统的作业过程可以简单描述如下：物流中心每天接收成百上千家供应商或货主通过各种运输工具送来的成千上万种商品，在最短的时间内将这些商品卸下并按商品品种、货主、储位或发送地点进行快速准确地分类，将这些商品运送到指定地点（如指定的货架、加工区域、出货站台等），同时，当供应商或货主通知物流中心按配送指示发货时，自动分拣系统在最短的时间内从庞大的高层货架存储系统中准确找到要出库的商品所在位置，并按所需数量出库，将从不同储位上取出的不同数量的商品按配送地点的不同运送到不同的理货区域或配送站台集中，以便装车配送。

三、复核拼箱

复核是指复核人员扫描物流箱号提取复核任务，仔细核对药品数量、批号、有效期等信息和检查药品质量状况。拼箱是由于单笔订单订货品种较多，而单品种数量较少，为便于出库运输而选用适宜的包装将不同品种、规格的零货药品集中拼装至同一包装箱内的过程。药品出库前的复核检查和合理拼箱，是保障药品按照客户要求正确出库的重要环节。

（一）复核 🄴 微课 4

1. 打印复核单　复核人员扫描物流箱号提取复核任务，打印复核单，复核单上包括整货和零货的品规明细。

2. 对实物进行复核　复核员根据复核单上的信息，找到对应货位的零货拼箱周转箱和整件货物，检查药品包装、标签，按箱标签或装箱单所列项目清点核对包括药品的品名、剂型、规格、数量、产品批号、有效期、生产厂商、质量状况等，对药品追溯码进行扫码上传，在复核时发现药品与票据内容不一致时，应立即向拣货员提出，确认原因后调整更换。

3. 确认复核　药品复核完毕由复核员在系统中点击"复核"按钮，确认复核结果。凡当天发出的药品，当天复核完毕。

4. 出库复核记录　药品复核完毕，在系统中进行出库复核确认，生成出库复核记录单（表 4 - 19）。复核记录应包括：购货单位、药品名称、剂型、规格、产品批号、批准文号、有效期、生产企业、数量、复核日期、质量状况和复核人员等项目。复核记录保存应不少于 5 年。

表 4 - 19　×××× 医药股份有限公司药品出库复核记录单

收货单位：×××× 医药股份有限公司　编号：×××××××××
收货地址：××××××××××××

序号	购货单位	药品名称	剂型	规格	批号	批准文号	生产企业	有效期至	数量	质量情况	备注

单位盖章：　　　　　　　　　复核人签字：　　　　　　　　复核日期：

5. 特殊管理药品的复核要求　双人复核、双人签字。麻醉药品、精神药品、医疗用毒性药品、放射性药品、蛋白同化制剂、肽类激素等特殊管理药品，要求双人同时在场、面对面复核，且须复核到每个最小包装，检查特殊管理药品专有标识和运输标志。填写特殊药品复核记录单（表4－20）并双人签字。

表4－20　×××医药股份有限公司特殊管理药品出库复核记录单

收货单位：×××医药股份有限公司　　　编号：×××××××
收货地址：××××××××××

序号	购货单位	药品名称	剂型	规格	批号	批准文号	生产企业	有效期至	数量	质量情况	备注

单位盖章：　　　　　第一复核人：　　　　　第二复核人：　　　　　复核日期：

6. 冷藏冷冻药品的复核要求　冷藏、冷冻药品复核员应经过相关培训并考核合格后方可进行冷藏、冷冻药品复核操作，复核在冷库内完成。

（二）拼箱

1. 拼箱要求　非药品、外用药、液体药、易串味药与其他药品要分开摆放。详情见项目三相关内容。

2. 安全包装

（1）液体药品的安全包装　非药品、外用药、液体药、易串味药与其他药品需要混合装在同一箱体内时，将液体药品用防护包装缠绕并用胶带进行固定。对药品上下或左右缠绕均可，确保缠绕后药品防撞不受挤压。

（2）易串味药品的安全包装　非药品、外用药、液体药、易串味药与其他药品需要混合装在同一箱体内时，将易串味药品用塑料袋装起来并用胶带封口，防止串味，影响其他药品质量。

（3）特殊管理药品的安全包装　要求选择合适的包装材料进行正确包装、装箱并包扎牢固，箱外要有特殊管理药品专有标识和运输标志。

（4）冷藏、冷冻药品的安全包装　将不同种类的药品、同种药品不同批号分别用塑料袋装好，并用胶带封闭。防止药品在保温箱内受潮变质。

3. 外包装箱的选择　装箱员应根据药品多少、大小及运输方式选择适合的外包装箱，选择的箱体不宜过大或过小，过大的外包装箱会使药品在箱体内晃动，从而造成药品在箱体内相互碰撞；过小的外包装箱会对药品造成挤压。选择箱体时，箱体长度应大于液体药品包装物的长度，箱体高度应高于液体药品包装物的高度。

冷藏、冷冻药品应选取保温箱或冷藏箱，保温箱或冷藏箱在使用前应经过验证，选择在冷库已经预冷，箱体温度已经达到运输药品包装标示温度范围的保温箱或冷藏箱；检查保温箱的密闭性及温控监测设备是否完好，电池电量是否充足。蓄冷剂（冰排）应在 5~7 档冷冻区（-16~-26℃）的冰柜中充分冻结，冷冻时间为 24 小时以上。其他物品如隔离纸板、无污染泡沫等均应事先放置于冷库内，使表面温度降到规定的范围内。

4. 装箱 装箱时遵循"大不压小""重不压轻""整不压零""正反不倒置""最小受力面"的原则，以免在运输过程中造成商品破损。药品进行装箱时，可根据药品数量的多少、配送区域气候状况，选择以下一种或多种方式进行装箱作业。

（1）分开装箱 非药品、外用药、液体药、易串味药数量较多时，可分开装箱。装箱时，箱内空隙的地方应用符合规定的衬垫物塞紧，防止碰撞；纸箱未装满的情况下，用其他的碎纸箱在上面覆盖一层，起保护作用。受拼装箱大小的限制，摆放时可将药品上下叠层摆放，但需要注意的是，液体不能倒置、重不压轻。

（2）拼箱 非药品、外用药、液体药、易串味药数量较少时，可与其他药品混合装在同一箱体内。装箱时，应将非药品、外用药、液体药、易串味药与其他药品之间用隔板分离。一般情况下，装箱时，首先放置长度较长或体积较大的药品，液体药品不能倒置，重不压轻。空隙的地方应用符合规定的衬垫物塞紧，防止碰撞；纸箱未装满的情况下，可在上面覆盖一层填充物，如硬纸壳、空气袋等，避免药品运输过程中碰撞、挤压。

（3）防寒打包 对需要发运至严寒地区且必须防寒、防冻的，应按规定垫衬防寒物，严格做好防寒打包。

冷藏、冷冻药品装箱时，复核员应将蓄冷剂合理摆放于保温箱或冷藏箱内，避免冷量释放不均匀而影响药品质量，需采用隔层装置，将使用安全包装的药品与冰袋、冰排等蓄冷利进行隔离，并将保温箱中的温度记录仪探头直接放在药品的安全包装上。

5. 封箱贴签

（1）十字封箱并贴装箱清单 药品拼装完毕后进行封箱，封箱需要用胶带对药品进行十字封箱，封箱的同时，用胶带将装箱清单（表 4-21）封在箱体的正上方。需要注意的是，装箱清单不能遮挡箱体上的药品相关信息。

表 4-21　×××医药股份有限公司装箱清单

收货单位：××××医药股份有限公司　编号：×××××××××
收货地址：×××××××××××××

购货单位	药品名称	剂型	规格	生产厂商	批号	有效期至	数量

装箱人：　　　　　　　　　　　　　　　　　　　　　　　　日期：

（2）贴拼箱、易碎标签　复核员将拼箱标签贴在箱体顶面显眼位置，如果箱内拼装有易碎药品，还需贴易碎标签，标签不能遮挡装箱清单和其他药品关键信息。

6. 将药品放置待发区　药品封箱、贴签完成后，将药品放置于相应仓库指定的待发货区域。

（三）复核拼箱注意事项

药品复核时如发现以下问题不得出库，并报告质量管理部门处理。

1. 药品包装内有异常响动和液体渗漏。

2. 外包装出现破损、封口不牢、衬垫不实、封条严重损坏等。

请你想一想
药品复核时发现近效期药品能出库吗？

3. 包装标识模糊不清或脱落。

4. 药品已超出有效期。

5. 其他异常情况。

四、出库票据

出库的药品应附带的票据为发票、随货同行单（票）、《药品检验报告单》等，有些企业会同时附上《药品质量信息反馈表》（表4-22）。发票分为增值税专用发票（图4-22）和增值税普通发票（图4-23），增值税专用发票一般用于一般纳税人，增值税普通发票可用于一般纳税人和小规模纳税人。

表4-22　药品质量信息反馈表

商品名称	规格	单位	数量	批号	供货单位	生产企业
质量情况	反馈人：　　　　　　　　　　　日期：					
质量管理部门意见	负责人：　　　　　　　　　　　日期：					
主管领导意见	签　字：　　　　　　　　　　　日期：					
处理结果追踪	质量部：　　　　　　　　　　　日期：					

图4-22 药品增值税专用发票

图4-23 药品增值税普通发票

五、送货

药品的送货应遵照国家商品运输的各项规定,规范药品运输行为,合理组织运输工具和力量,实现物流的畅通,确保药品运输质量,把药品安全、及时地运送到目的地。

（一）普通药品运输管理

1. 根据商品流向、运输线路条件和运输工具状况、时间长短及运输费用高低进行综合研究，在药品能安全到达的前提下，选择最快、最好、最省的运输方法。

2. 在发货前检查药品的名称、剂型、规格、单位、数量是否与随货同行单及发票相符；检查是否有拼箱不符规定的情况，如液体药品和固体药品拼箱；检查包装是否牢固，是否存在破漏，衬垫是否妥实，包装大小是否符合运输部门的规定；检查发运标志和药品标志有无错漏，件数有无差错，运输标志选用是否正确。

3. 填制运输单据时，应做到字迹清楚，项目齐全，严禁在单据上乱涂乱画；发运药品应按每个到站和每个收货单位分别填写单据，在药品包装上应有明显标志区分。

4. 装卸药品应当轻拿轻放，严格按照外包装图示标志进行药品堆放和采取保护措施，防止重摔，液体药品不得倒置；药品在运输途中和堆放站台时，还必须采取防止日晒雨淋措施，以免药品受湿度（潮）、光照、温度的影响而变质。

5. 运输药品应当使用封闭式货物运输工具。储存、运输设施设备应当专人负责定期检查、清洁和维护，并建立记录和档案。

6. 运输药品时，应当根据药品的包装、质量特性、车况、道路、天气等因素，选用适当的运输工具；根据运输距离及路况，选择相应的运输时间、运输方式及防护措施；发运药品时，应当检查运输工具，发现运输条件不符合规定的，不得发货。

（二）冷藏药品运输管理

1. 运输工具可以使用冷藏车、车载冷藏箱、保温箱等，应当符合药品运输过程中对温度控制的要求。冷藏车具有自动控制温度、储存和显示温度数据的功能。冷藏箱及保温箱具有外部显示和采集箱体内温度数据的功能。

2. 应当定期对冷库、储存温湿度检查系统及冷藏运输设施等设备进行使用前验证，定期进行再验证，停用时间超过规定时限的进行再验证。

（三）特殊管理药品运输管理

发运特殊管理药品应当按照相关规定，尽可能直接送达，减少中转环节。运输途中应对药品覆盖严密，捆扎牢固。运输途中如有丢失，必须认真查找，并立即报当地公安机关和药品监督管理部门。

实训七　不同配货方式的拣选操作演练

一、实训目的

通过实训了解 RF 手持终端和电子标签拣货辅助系统等物流设备的操作，通过不同配货方式的拣选操作演练，使学生熟悉不同拣选配货方式的作业流程。

二、实训器材

RF 手持终端若干、WMS 系统一套、电子标签拣货辅助系统一套、拆零货架若干、拆零药品若干、采购订单若干。

三、实训原理

利用 WMS 系统、电子标签拣货辅助系统和 RF 手持终端对不同配货方式的拣选操作进行演练，使学生熟悉不同拣选配货方式的作业流程。

四、实训方法

1. 学生进行分组，4~5 人为一组。

2. 分解实训任务，老师演示操作流程，并录制全程演示操作视频。

3. 各组内学生在学校医药物流实训室的拣货作业区域进行演练操作，相互协作完成任务 1 和任务 2 的操作，并录制全程演练操作视频。

任务 1：单一拣选操作，根据订单（表 4 - 23）进行拣货操作。

任务 2：批量拣选操作，根据订单（表 4 - 24、4 - 25、4 - 26）及库存信息（表 4 - 27），确定拣货和分货方案并完成拣货操作。

4. 各组内学生对比教师演示操作视频和组内演练操作视频，讨论组内操作出现的问题。

5. 各小组对各组演练操作视频互相点评。

6. 教师点评。

表 4 - 23　美达公司采购订单

订单编号：D2020031501　　　　　　　　　　　　　　　　　　发货时间：2020. 3. 15

序号	名称	单位	单价	数量	金额	备注
1	托拉塞米胶囊	盒	10	15	150	
2	银黄颗粒	盒	10	13	130	
3	甲硝唑片	盒	10	12	120	
	合计	—	—	40	400	

表 4 - 24　天天公司采购订单

订单编号：D2020031502　　　　　　　　　　　　　　　　　　发货时间：2020. 3. 15

序号	名称	单位	单价	数量	金额	备注
1	托拉塞米胶囊	盒	10	5	50	
2	银黄颗粒	盒	10	3	30	
3	甲硝唑片	盒	10	2	20	
	合计	—	—	10	100	

表 4 – 25　飞达公司采购订单

订单编号：D2020031503　　　　　　　　　　　　　　　　　　　　发货时间：2020. 3. 15

序号	名称	单位	单价	数量	金额	备注
1	托拉塞米胶囊	盒	10	2	20	
2	银黄颗粒	盒	10	3	30	
3	甲硝唑片	盒	10	2	20	
	合计	—	—	7	700	

表 4 – 26　大发公司采购订单

订单编号：D2020031504　　　　　　　　　　　　　　　　　　　　发货时间：2020. 3. 15

序号	名称	单位	单价	数量	金额	备注
1	托拉塞米胶囊	盒	10	7	70	
2	银黄颗粒	盒	10	3	30	
3	甲硝唑片	盒	10	1	10	
	合计	—	—	11	110	

表 4 – 27　库存信息

序号	名称	储位	数量
1	托拉塞米胶囊	H1010401	30
2	银黄颗粒	H1010402	30
3	甲硝唑片	H1020101	30
4	托拉塞米胶囊	H1010103	30
5	银黄颗粒	H1020103	30

五、实训考核方式

评分细则如表 4 – 28 所示。

表 4 – 28　实训考核评分表

评分项目	评分说明	评分
药品分拣设备操作准确（30分）	WMS 系统操作准确（10 分，错一个扣 5 分，扣完为止）	
	电子标签拣货辅助系统操作准确（10 分，错一个扣 5 分，扣完为止）	
	RF 手持终端操作准确（10 分，错一个扣 5 分，扣完为止）	
任务完成准确（70分）	任务 1 完成准确（30 分，操作步骤错一处扣 5 分，扣完为止）	
	任务 2 完成准确（40 分，操作步骤错一处扣 5 分，扣完为止）	
	总得分	

目标检测

一、单项选择题

1. 重点养护是每（　　）月一次养护检查。

　　A. 三个　　　　　　B. 两个　　　　　　C. 一个　　　　　　D. 半个

2. 要催销的药品是（　　）。

　　A. 易变品种　　　　B. 近效期品种　　　C. 生物制品　　　　D. 首营品种

3. 冷藏药品由库区转移至符合配送要求的运输设备的时间应在（　　）内完成。

　　A. 15 分钟　　　　B. 30 分钟　　　　C. 60 分钟　　　　D. 120 分钟

4. 以下票据可作为随货同行单的是（　　）。

　　A. 销售票据　　　　　　　　　　　B. 合格证

　　C. 发票　　　　　　　　　　　　　D. 加盖质量管理专用章的检验报告单

5. 胶囊剂的储存保管应特别注意（　　）。

　　A. 防潮　　　　　　B. 避光　　　　　　C. 防久储　　　　　D. 防火

6. 现有同批号的整件药品 165 件，验收抽样数量应不少于（　　）件。

　　A. 3　　　　　　　B. 4　　　　　　　C. 5　　　　　　　D. 6

二、多项选择题

1. 抽样验收，抽取的样品应当具有代表性（　　）。

　　A. 整件数量在 2 件及以下的应当全部抽样检查

　　B. 整件数量在 2 件以上至 50 件以下的至少抽样检查 3 件

　　C. 整件数量在 50 件以上的每增加 50 件，至少增加抽样检查 1 件，不足 50 件的按 50 件计

　　D. 每整件的上、中、下不同位置随机抽样检查至最小包装；每整件药品中至少抽取 3 个最小包装

2. 下列药品的标签上，必须印有规定标志的是（　　）。

　　A. 麻醉药品　　　　　　　　　　　B. 医疗用毒性药品

　　C. 外用药　　　　　　　　　　　　D. 处方药

3. 危险品除按规定储存外，还应做哪些处理？（　　）

　　A. 远离一般库房　　　　　　　　　B. 冷库保存

　　C. 存水保存　　　　　　　　　　　D. 置于凉暗处防火储存

4. 药品出库原则是（　　）。

　　A. 先产先出　　　　B. 近期先出　　　　C. 易变先出　　　　D. 就近先出

三、简单题

1. 简述药品收货和验收作业流程。
2. 简述药品出库的流程。

书网融合……

微课 1　　微课 2　　微课 3

微课 4　　划重点　　自测题

项目五 药品冷链物流

学习目标

知识要求

1. **掌握** 冷链药品的概念和范围；冷链药品储运的温湿度要求。

2. **熟悉** 冷链药品收货、验收、储存、出库、运输等环节要求。

3. **了解** 冷链物流的概念、作用、构成及特点；各类冷链设备及验证；冷链管理中的应急预案。

能力要求

初步具备对冷链药品收货、验收、储存、养护、出库、运输等环节的操作能力。

任务一 走近冷链物流

PPT

实例分析

实例 冰激凌，这种拿在手上 5 分钟就会化了的商品，居然可以网购，听起来多么不可思议。2014 年 6 月 26 日 X 网购平台推出"跨国售卖冰激凌"活动，全美十大冰激凌品牌 3 折起销售，还推出"化了包赔"的服务承诺。

这是全球互联网史上首次在线跨国售卖冰激凌，给消费者带来了全新的网购体验。菜鸟物流平台提供了个性化冷链解决方案，冰激凌长途运输不化的秘密来自两方面的创新：一方面是通过特殊定制抗压 300 千克的保温箱，内置 2 层保温措施后，加以气化临界值零下 78℃的蓄冷干冰做冷媒，经测试在 28℃下 60～70 小时挥发不尽，以此来保障运抵消费者手中时冰激凌 50 小时之内不融化。

问题 X 网购平台是如何保证网购冰激凌不融化的？

一、冷链物流概述

（一）冷链物流的起源和概念

1. 冷链物流的起源 冷链起源于 19 世纪上半叶冷冻机的发明，到了电冰箱的出现，各种保鲜和冷冻食品开始进入市场和消费者家庭。至 20 世纪 30 年代，欧洲和美国的食品冷链体系已经初步建立。到 20 世纪 40 年代，欧洲的冷链在二战中被摧毁，但战后又很快重建。现在欧美发达国家已形成了完整的食品冷链体系。我国冷链行业起步于20世纪50年代，与发达国家相比差距很大，属于起步阶段。近年来，随着生活水平的提高和生活节奏的加快，人们对食品品质的要求越来越高，越来越多的人开始关注食品冷链物流。

你知道吗

欧盟对冷链的定义：从原材料的供应，经过生产、加工或屠宰，直到最终消费为止的一系列有温度控制的过程。

美国食品药物管理局对于冷链的定义：贯穿从农田到餐桌的连续过程中维持正确的温度，以阻止细菌的生长。

2. 冷链物流的定义　冷链物流又称为低温物流或冷链，国际上没有一个统一的定义。2001年中国制定出《物流术语》国家标准，首次给出了我国的"冷链"定义：为保持新鲜食品及冷冻食品等的品质，使其在从生产到消费的过程中，始终处于低温状态的配有专门设备设施的物流网络。可见在我国，冷链物流是指易腐食品从生产、包装、加工、储藏、运输、分销和零售，一直到消费者手中的各个环节始终处于产品所必需的低温环境下，以保证产品的质量安全，减少损耗，防止污染的特殊供应链系统。它是随着科学技术的进步、制冷技术的发展而建立起来的，是以冷冻工艺学为基础、以制冷技术为手段的低温物流过程。

（二）冷链物流的适用范围

初级农产品：蔬菜、水果；肉、禽、蛋；水产品；花卉产品。

加工食品：速冻食品；禽、肉、水产等包装熟食；冰激凌和奶制品；快餐原料。

特殊商品：生物制药、血液、疫苗、用于人体移植的器官等。

不同产品的贮存要求是不同的，许多药品、食品都需要特殊的低温储运。大部分蔬菜的适宜储藏温度一般在0~12℃；水果的最适宜储藏温度在-1~15℃；花卉等园艺产品的温度为-2~10℃。疫苗等生物制品随种类不同贮存温度也不尽相同，大体在2~8℃。

你知道吗

表5-1　食品冷链物流中各类商品贮存温度要求

商品名称	贮存温度	备注
蔬菜、水果、巴氏杀菌奶、冷藏鸡蛋、蛋液、调制熟肉、冷藏盒饭、含奶蛋糕、蛋糕胚、豆制品	冻结点以上~7℃（部分蔬菜、水果10℃以下）	蔬菜、水果中不同品种有不同的贮藏适应温度，如：大白菜、土豆为0~15℃；番茄分前、中、后期适宜温度；苹果为-1~2℃；发酵豆制品除外
冷却畜禽肉、冰鲜水产品、植脂奶油蛋糕、配餐、果汁、酸奶	冻结点以上~4℃	

续表

商品名称	贮存温度	备注
冷冻畜禽肉水产品、冷冻果汁、冷冻饮品、冰蛋、速冻蔬菜、冷冻调制食品	≤−18℃	
冰激凌	≤−23～−25℃	
金枪鱼	≤−50℃	运输箱体温度≤−45℃

（三）冷链的作用

易腐食品要求生产、加工、运输、交接和储存全程始终在冷链环境下，这样才能保证食品的安全、新鲜度以及营养度，这是保障食品安全一个非常重要的环节。研究发现，控制易腐食品安全的关键是控制微生物的生长速度，而控制微生物的关键就是控制温度，温度每升高6℃，食品中细菌生长速度就会翻一倍，货架期缩短一半。

冷链的每一个环节，从产品被采摘开始一直到被销售出去，都需要参与控制。链中的每个环节如运输或终端销售，都有可能出错而使冷链断裂，"断链"问题会影响到商品的品质，最终影响到消费者的需求。

（四）冷链物流的构成

食品冷链由低温加工、低温贮藏、冷藏运输及配送、低温销售四个方面构成，如图5−1所示。

图5−1　食品冷链构成图

1. 低温加工　包括肉禽类、鱼类和蛋类的冷却和冻结，以及在低温状态下的加工作业过程；也包括果蔬的预冷；各种冷冻食品和奶制品的低温加工等。在这个环节上主要涉及的冷链装备有冷却、冻结和速冻装置。

2. 低温贮藏　包括食品的冷却贮藏和冻结贮藏，以及水果蔬菜等食品的气调贮藏，它是保证食品在储存和加工过程中的低温保鲜环境。在此环节主要涉及各类冷藏库加工间、冷藏柜、冻结柜和家用冰箱等。

3. 冷藏运输及配送　包括食品的中、长途运输及短途配送等物流环节的低温状态。它主要涉及铁路冷藏车、冷藏汽车、冷藏船、冷藏集装箱等低温运输工具。在冷藏运输过程中，温度波动是引起食品品质下降的主要原因之一，所以运输工具要具有良好性能，在保持规定温度的同时，也要保持稳定的温度，尤其是长途运输。

4. 低温销售　包括各种冷链食品进入批发零售环节的冷冻储藏和销售，它由生产厂家、批发商和零售商共同完成。最近随着全国大中小城市各类连锁超市的快速发展，各类连锁超市正在成为冷链食品的主要销售渠道，在这些零售终端中，大量使用了冷藏陈列柜和储藏库，由此逐渐成为完整的食品冷链中不可或缺的重要环节。

请你想一想

如果消费者在商超卖场买到变形的冰激凌；速冻饺子一煮就烂；买回来包装完好的冷冻肉，经过解冻后却闻到丝丝臭味。请分析出现这些问题的原因。

二、冷链物流的特点

易腐食品的含水量高，保鲜期短，极易腐烂变质，大大限制了运输半径和交易时间，因此对运输效率和流通保鲜条件提出了很高要求。由于冷链物流是以保证易腐食品品质为目的，以保持低温环境为核心要求的供应链系统，所以它比一般常温物流系统的要求更高，也更加复杂。与常温物流相比，冷链物流具有以下特征。

1. 高成本性 为了确保易腐生鲜产品在流通各环节中始终处于规定的低温条件下，必须安装温控设备，使用冷藏车或低温仓库。为了提高物流运作效率又必须采用先进的信息系统等。这些都决定了冷链物流比常温物流的建设投资成本要大很多。

2. 时效性 易腐品生命周期短，运送时间决定品质。销售商为了达到较高的服务水准，在货物到达销售端时，往往会有时间窗的限制，限制运送者必须在事先约定的时段内送达。

3. 高协调性 冷链物流是一项复杂的系统工程，它把冷冻、物流、信息技术融为一体，需要冷链各环节之间的高度配合、高度协调。

4. 复杂性 冷藏物品在流通过程中质量随着温度和时间的变化而变化，不同的产品都必须要有对应的温度和储藏时间。同时，整个冷链物流过程中，需要复杂的制冷技术、保温技术、温度控制和监控等技术的支持，这就大大提高了冷链物流的复杂性，所以说冷链物流是一个庞大的系统工程。

你知道吗

冷链物流质量管理原则

1. 加工过程应遵循 3C、3P 原则

"3C 原则"是指：冷却（chilling）、清洁（clean）、小心（care）。

"3P 原则"是指：原料（products）、加工工艺（processing）、包装（package）。

2. 贮运过程应遵循 3T 原则

"3T 原则"是指：产品最终质量取决于冷链的储藏与流通的时间（time）、温度（temperature）、产品耐藏性（容许变质量）（tolerance）。

3. 整个冷链过程的 3Q、3M 条件

"3Q"条件：即冷链中设备的数量（quantity）协调，设备的质量（quality）标准的一致，以及快速的（quick）作业组织。

"3M"条件：即保鲜工具与手段（means）、保鲜方法（methods）和管理措施（management）。

任务二　药品冷链物流概述

实例分析

实例　胰岛素注射液是目前治疗糖尿病最有效的方法之一，也受到很多患者的青睐。糖尿病患者张先生每天都打胰岛素，血糖控制得一直不错，但是最近这一段血糖老控制不住，剂量不得不一再加大。他去医院就诊后，细心的王医生发现他用的胰岛素已经结晶了，经询问张先生如何保存胰岛素，张先生说夏天天气太热，他怕胰岛素变质就放到冰箱冷冻保存了。

胰岛素注射液，是一种蛋白质生物制品，需在冰箱冷藏室（2~8℃）保存，但如果温度过低使其冷冻后，胰岛素就容易结晶，蛋白质结构就会发生改变，从而药品也就失去了原来疗效，是不能再使用的。如果使用不仅不能起到任何疗效，反而还可能引发药品不良事件。此外，胰岛素也很怕热，即使在冬天，胰岛素也不能暴露在阳光下直射。

问题　像胰岛素这类需要冷藏保存的药品，医药公司在仓库储存和运输过程中需要保证其温度是多少？需要怎样保证？

一、冷链药品概述

（一）冷链药品的特殊性

药品是一种预防、治疗、诊断人的疾病的特殊商品。部分对温度敏感的药品对生产、贮藏、运输等有冷藏或冷冻等温度要求，需要使用冷链进行管理。冷链指采用专用设施设备，使药品始终处于所必需的低温环境下，以保证质量安全，减少损耗，防止污染的特殊供应链系统。

我们把这部分对储存、运输有冷藏或冷冻等特殊温度要求的药品叫作冷链药品，主要包括疫苗、血液制品、生物药、诊断试剂等，其中疫苗占比最大，为41%，其次是血液制品占比达29%。

冷链药品按照其作用可分为三类：

1. 预防用冷链药品　如疫苗类药品，保存温度为2~8℃。

2. 治疗用冷链药品　如一些抗肿瘤药品和胰岛素类药品，其保存温度是2~8℃。

3. 诊断用冷链药品　如诊断试剂等。一般来讲酶类的诊断试剂，保存温度为2~8℃，而核酸类的诊断试剂则需要 -20℃保存。

你知道吗

诊断试剂

诊断试剂是用于诊断疾病、检测机体免疫状态以及鉴别病原微生物的生物制剂。

包括血型试剂、X光检查造影剂、用于患者的诊断试剂。

根据一般用途，诊断试剂可分为体内诊断试剂和体外诊断试剂两大类。除用于体内诊断的如旧结核菌素、布氏菌素、锡克毒素等皮内用的诊断试剂等外，大部分为体外诊断试剂。体外诊断试剂（in vitro diagnostics）是指由特定抗原、抗体或有关生物物质制成的，用于体外诊断的试剂，即指通过检测取自机体的某一部分（如血清）来判断疾病或机体功能的试剂。

国家药品监督管理局对诊断试剂实行分类管理，将体外生物诊断试剂按药品进行管理，体外化学及生化诊断试剂等其他类别的诊断试剂均按医疗器械进行管理，体内诊断试剂一律按药品管理。因此药品类体外诊断试剂按照《药品经营质量管理规范》管理，医疗器械类的体外诊断试剂按照《医疗器械经营质量管理规范》管理。大部分体外诊断试剂都需要冷藏保存。如果一个药品批发企业取得了医疗器械的经营资格，同时经营冷链药品和需冷藏保存的医疗器械，那么就要至少设置两个冷库，一个药品冷库和一个医疗器械冷库。

冷链药品大都是蛋白质生物制品，高温和冻结是影响蛋白质稳定性的主要因素，过热会导致蛋白质的降解，导致其生物活性降低；冻结会导致蛋白质机械破碎，使其效价降低甚至失效，而且从某种意义上来讲，冻结风险会更高。如胰岛素注射液因冻结而失效，如疫苗本身就是弱毒性的物质，会逐渐失去药效，即丧失预防疾病的能力，当疫苗暴露于超出建议的存储温度范围时，会加速失去药效，甚至可能产生有害毒素。据2005年WHO监测数据表明：全球25%以上疫苗在到达目的地前已损坏。而这种温度偏差对冷链药品质量的影响是永久而不可逆转的。比如生鸡蛋通过高温加热可以成为熟鸡蛋，你不可能把已经煮熟的鸡蛋变回生鸡蛋。

因此冷链药品与普通药品不同，是一种更特殊的药品，温度的控制对于保证其质量而言至关重要，其生产、贮存、运输和使用全过程都必须保持规定的低温条件，这样才能保证质量和疗效。如果储存或运输过程中一旦出现温度偏差都可能引起药品的质量变化而危害人体健康甚至生命安全。

（二）冷链药品温度要求

冷链药品是具有非常严格的温度控制的产品，其储运温度要求控制在一定范围内，才能保证其质量和疗效。

1. 冷藏药品是指对药品贮藏、运输有冷处等温度要求的药品，温度要求是 2 ~ 10℃；除另有规定外，生物制品应在 2 ~ 8℃ 避光贮藏、运输。主要包括疫苗（如重组乙型肝炎疫苗，如图 5 - 2）、血液制品、活菌制剂（如双歧杆菌四联活菌片，如图 5 - 3）、单克隆抗体（如利妥昔单抗注射液，如图 5 - 4）、胰岛素、干扰素（如重组人干扰素 α1b 注射液，如图 5 - 5）、其他蛋白类制剂等。

2. 冷冻药品是指对药品贮藏、运输有冷冻等温度要求的药品，温度要求是 - 10 ~ -25℃。这类药品比较少见，主要有注射用牛肺表面活性剂、地诺前列酮栓（图 5 - 6）等。

3. 有些药品的贮存温度比较特殊，比常用 2 ~ 8℃ 的范围更小，如卡前列甲酯栓（0.5mg×5 枚/盒），低于 −5℃ 保存，如图 5 − 7 所示；巴曲酶注射液，在 5℃ 下保存（避免冰冻）；辉瑞新冠疫苗要求储存在 −70℃ 环境中。

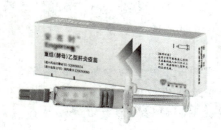

图 5 − 2　重组乙型肝炎疫苗

图 5 − 3　双歧杆菌四联活菌片

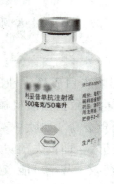

图 5 − 4　利妥昔单抗注射液

图 5 − 5　重组人干扰素 α1b 注射液

图 5 − 6　地诺前列酮栓

图 5 − 7　卡前列甲酯栓

常用的冷藏药品可如表 5 − 2 所示。

表 5 − 2　冷藏药品参考目录表

药品名称	药品名称
胰岛素类制剂	注射用醋酸卡泊芬净
人血白蛋白	注射用达卡巴嗪
人胎盘血白蛋白	双歧杆菌活菌胶囊

续表

药品名称	药品名称
静注人免疫球蛋白（pH 4）	双歧杆菌乳杆菌三联活菌片
肌注人免疫球蛋白	双歧杆菌四联活菌片
组织胺人免疫球蛋白	双歧三联活菌胶囊
乙型肝炎人免疫球蛋白	酪酸梭菌二联活菌散
破伤风人免疫球蛋白	注射用顺苯磺酸阿曲库铵
狂犬病人免疫球蛋白	罗库溴铵注射液
人凝血因子Ⅷ	卡贝缩宫素注射液
注射用重组人凝血因子Ⅷ	垂体后叶注射液
人凝血酶原复合物	前列地尔注射液
人纤维蛋白原	注射用替考拉宁
抗人淋巴细胞免疫球蛋白	左西孟旦注射液
注射用纤溶酶	注射用两性霉素 B 脂质体
蛇毒血凝酶注射液	注射用两性霉素 B
注射用尿激酶	鲑降钙素注射液
降纤酶注射液	胸腺五肽注射液
注射用瑞替普酶	注射用胸腺法新
弹性酶肠溶片	脂溶性维生素注射液（Ⅱ）
重组人粒细胞刺激因子注射液	注射用鼠神经生长因子
注射用门冬酰胺酶	人胎盘组织液注射液
注射用异环磷酰胺	注射用生长抑素
注射用盐酸阿糖胞苷	注射用重组人生长激素
注射用重组人白介素 -2	重组人血小板生成素注射液
注射用重组人白介素 -11	注射用促肝细胞生长素
注射用重酒石酸长春瑞滨	重组人促红素注射液
注射用硫酸长春新碱	醋酸去氨加压素注射液
注射用硫酸长春地辛	醋酸奥曲肽注射液
紫杉醇脂质体	多烯磷脂酰胆碱注射液
多西他赛注射液	聚乙二醇干扰素 a -2a 注射液
利妥昔单抗注射液	注射用重组人干扰素 a -2b
西妥昔单抗注射液	注射用重组人干扰素 γ
注射用巴利昔单抗	重组人干扰素 α1b 滴眼液
注射用曲妥珠单抗	拉坦前列素滴眼液
鸦胆子油乳注射液	重组牛碱性成纤维细胞生长因子滴眼液
塞替派注射液	盐酸丙美卡因滴眼液

　　说明：1. 本表仅供参考，冷藏药品不仅限于本表所列品种；2. 部分同品种药品，会存在冷藏和阴凉等不同贮藏要求，请以说明书规定为准；3. 部分同品种药品，会存在贮藏的温度要求不同的情况，请以说明书规定为准。

（三）冷链药品的特点

冷链药品主要有以下几个特点。

1. 多数为生物制剂，性质不稳定，其生物活性非常容易受外界环境影响。

2. 冷链药品对制造、包装过程的要求非常严格。

3. 冷链药品检测周期相对较长，大都是 3~6 个月的检测周期，而这个检测周期涵盖在有效期之内。

4. 对日常仓储以及运输过程的温度要求更高。经销商必须要按照 GSP 要求配备相应的冷链设施和设备，以及有一套完整的冷链供应系统等才能承担冷链药品的运输。

你知道吗

药品的运输和储存的温度要求

药品都是有有效期的，药品有效期是指该药品被批准的使用期限，表示该药品在规定的贮藏条件下能够保证质量的期限。而贮藏温度是药品贮藏的一项基本条件。药品的贮藏温度要求是通过稳定性试验确定的，只有在标示条件下可以确保有效期内质量。因此药品的运输或储存必须按照药品包装和说明书标示的温度要求（"贮藏"项），包装上没用标示具体温度的按照《中国药典》规定的贮藏要求进行。

二、药品冷链物流定义

药品冷链物流是指采用专用设施设备，使冷藏药品或冷冻药品在流通过程中温度始终控制在规定范围内的物流过程。

三、药品冷链物流服务对象

我国药品流通环节涉及到冷链物流服务的有两大领域：

1. 药品从制药企业到批发企业到零售药店或医院的冷链管理。

2. 药品在第三方物流过程中的冷链管理。

因此，药品冷链物流存在于冷藏药品的低温生产、低温运输与配送、低温储存、低温销售四个环节，药品在生产出来后就已经开始进入到冷链流程，经仓储节点、流通渠道运到销售终端，最后进入到零售或使用环节。

四、我国药品冷链物流存在的主要问题

冷链药品由生产企业按照 GMP 要求生产出来后，就进入了流通环节，通过批发企业再到零售企业或医疗机构，药品的存储和分销是药品供应链中的一部分，而我国药品批发环节层次多，往往要经过批发公司多级分销，才最终到消费者手中，在多次分销过程中，药品的存储和运输环境可能控制不当而影响药品的质量。为避免这种情况的发生，我国药品行业管理引进了"药品冷链物流"。

药品冷链物流是指药品生产企业、经营企业、物流企业和使用单位采用专用设施，使冷藏药品或冷冻药品从生产企业成品库到使用单位药品库的温度始终控制在规定范围内的物流过程。

目前我国药品冷链物流还属于起步阶段，属于药品流通质量控制最薄弱的部分，存在冷链物流设施技术落后，信息化水平低；法律法规不完善，冷链标准缺失，监督执法能力弱；缺乏专业的第三方药品冷链物流企业，物流成本居高不下；药品冷链物流专业人才缺乏等问题，导致药品储存和运输等环节"断链"现象频发。

五、我国药品冷链物流规范化建设

为规范和指导药品冷链管理，促进企业管理水平的提高，保障药品质量安全，国家和地方政府出台了一系列的规章制度和操作规范。2009年11月，我国成立冷链物流技术委员会，标志着中国冷链物流相关标准的管理机构正式成立；2009年11月，浙江食品药品监督管理局率先颁布《药品冷链物流技术与管理规范》；2010年5月，江苏省食品药品监督管理局出台《药品冷链物流技术与管理规范》；2011年10月，安徽省食品药品监督管理局颁布《安徽省药品批发企业冷链管理操作指南》；2011年12月，北京市食品药品监督管理局颁布《北京市药品批发企业冷链物流技术指南》；2012年11月，国家质检总局、国家标准委发布《药品冷链物流运作规范》，现正在进行修订中；2017年10月14日，国家标准委发布《医药产品冷链物流温控设施设备验证性能确认技术规范》国家标准，该标准规定了医药产品冷链物流涉及的温控仓库、温控车辆、冷藏箱、保温箱及温度监控系统性能确认的内容、要求和操作要点。本标准适用于医药产品储存运输过程中涉及的温控仓库、温控车辆、冷藏箱、保温箱及温度监测系统的性能确认等活动。

冷藏、冷冻药品属于温度敏感性药品，在药品质量控制中具有高风险、专业化程度高、操作标准严格、设施设备专业等特点。这类药品在收货、验收、储存、养护、运输等环节以及各环节的衔接上，稍有疏漏都会导致产生严重的质量问题，必须采用最细致的制度、最先进的技术和最严格的标准进行管理，因此历经两次修订，2016年7月20日国家食品药品监督管理总局颁布新版《药品经营质量管理规范》（GSP），12月29日，国家食品药品监督管理总局发布2016年第197号公告，对《药品经营质量管理规范》冷藏、冷冻药品的储存与运输管理等5个附录做出了修改，不断强化药品冷链管理。GSP要求药品储运环节全面实现温湿度自动监测、记录、跟踪、报警管理，实现药品储运环节质量控制的真实性和有效性。GSP对冷链药品的储运管理提出了全面、科学、严谨、有效的管理规定和要求，在制度管理、人员资质、操作流程、过程交接、硬件设施、监控手段等方面进行了全面、具体的要求，彻底解决了我国冷链药品质量控制的薄弱环节和突出问题，实现了全过程、全链条的冷链质量管理目标，消灭了可能存在的冷链断链现象，极大地提高了我国冷链药品管理的水平，为彻底解决疫苗、生物制品等冷链药品质量问题频发的现象奠定了规范基础。

请你想一想

请思考 GSP 是药品经营企业开展冷链药品经营的最低标准还是最高标准？

因此 GSP 是药品经营企业开展冷链药品储存、运输管理的基本准则和操作标准，药品经营企业应当严格执行本规范。药品生产企业销售药品、药品流通过程中其他涉及储存与运输药品的，也应当符合本规范相关要求。

PPT

任务三　冷链设施和设备及要求

实例分析

实例　兴致勃勃从网上订购蔬果、海鲜等生鲜食品，却发现冰袋已化，水果、海鲜坏了一大半。类似的情景很多消费者都遭遇过。

国内生鲜电商平台正逐步加大扩张步伐。而网购生鲜逐渐成为一种消费趋势，背后的冷链配送却成为最大的掣肘因素。

记者近日在北京、上海两地走访调查生鲜电商配送，发现外包第三方物流配送的专业度和质量良莠不齐，各大生鲜电商喊出的"全程冷链"，到最后一公里的配送却成为了"冰块冷链"，存在着"断链"、超出保鲜温度等问题。部分配送站点甚至舍弃了冰块保温，直接高温下配送冷鲜食品。

专家指出，大多数食品电商推行的冷链配送，只能称为"伪冷链"。简易的冰块配送，很难将温度维持在稳定状态下，尤其高温中，冰块很容易升温融化，导致产品不新鲜甚至腐败。而背后凸显的，是冷链配送资源和标准缺乏的多重问题。

问题　冷链药品是更特殊的商品，大部分冷链药品温度要求是 2~8℃，肯定不能像生鲜食品那样直接加冰运输配送，那么冷链药品储运过程中需要哪些冷藏设备来保证冷藏温度？怎么监控其温度一直保持在 2~8℃ 的正常范围内呢？

冷链设施和设备是实现冷链药品的低温控制的基础，按照 GSP 要求，经营冷藏、冷冻药品的，应当配备以下设施设备。

1. 与其经营规模和品种相适应的冷库，经营疫苗的应当配备两个以上独立冷库；
2. 用于冷库温度自动监测、显示、记录、调控、报警的设备；
3. 冷库制冷设备的备用发电机组或者双回路供电系统；
4. 对有特殊低温要求的药品，应当配备符合其储存要求的设施设备；
5. 冷藏车及车载冷藏箱或者保温箱等设备。

冷链设施和设备的使用原则为冷藏、冷冻药品温度保障设施设备均须经过验证确认的可使用。

一、冷链设施和设备的验证和维护

冷链设施和设备的验证和维护能保证冷链设备和系统始终处于完好、适用状态，也是确保冷链药品能始终符合温度控制要求的基本前提。

1. 应定期对冷库、冷藏车以及冷藏箱、保温箱进行检查、维护并记录。

2. 验证的范围：对冷库、冷藏车、冷藏箱、保温箱以及温湿度自动监测系统（以下简称监测系统）等进行使用前验证、定期验证及停用时间超过规定时限的验证，未经验证的设施、设备及监测系统，不得用于药品冷藏、冷冻储运管理。

3. 验证的作用：通过验证确认相关设施、设备及监测系统能够符合规定的设计标准和要求，并能安全、有效地正常运行和使用；依据验证确定的参数和条件，制定设施设备的操作、使用规程，正确、合理使用相关设施设备及监测系统，验证的结果，应当作为企业制定或修订质量管理体系文件相关内容的依据。

二、建立管理制度和操作规程

建立和完善《冷藏设施设备管理制度》（SMP）和切实可行的操作规程（SOP）是企业加强冷藏设施设备质量控制的首要任务。通过管理制度的建立，将可能影响冷藏设施设备以及冷藏运输工具正常运转的所有因素纳入质量控制的范围，明确工作内容和岗位责任。比如，冷藏库制冷机组定期检查、维修的管理规定、冷藏库温度探头检测管理规定、冷柜使用管理规定、冷藏箱蓄冷管理规定、冷藏设施设备故障应急预案等等。同时，还要建立各种冷藏设施设备使用记录、检查记录和维修保养记录等。

企业建立冷藏设施设备管理制度和使用操作规程，其目的是为保证企业在作业过程中冷藏药品设施设备的正常运转和正确操作，从而保证冷藏药品在储运过程中的质量安全。

三、冷链储存设施设备

（一）冷库及 GSP 要求

1. 冷库含义及组成　冷库是用人工制冷的方法，让固定的空间达到规定温湿度便于储藏物品的建筑物。是加工储存产品的场所。冷库能摆脱气候的影响，延长各种产品的储存期限，以调节市场供应。冷库主要用于食品、乳制品、水产、禽类、果蔬、冷饮、花卉、绿植、茶叶、药品、化工原料、电子仪表仪器等的恒温储藏。

冷库主要由库体、制冷系统、冷却系统、控制系统和辅助系统几个部分组成。如图 5 - 8 所示。

（1）库体　库体主要保证储藏物与外界隔热、隔潮，并分隔成各个工作区域，对于大型冷库有冷加工间、预冷间、冷冻间、冷藏间、制冰间等。

（2）制冷系统　主要用于提供冷库冷量，保证库内温度和湿度。根据冷库温度的不同，制冷系统也不同，通常冷库温度高于

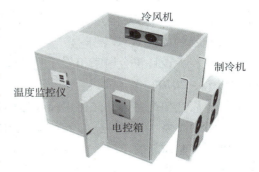

图 5 - 8　药品冷库结构图

－30℃，则使用单级压缩制冷系统；冷库温度低于－30℃，高于－60℃，使用两级压缩制冷系统或复叠制冷系统；冷库温度低于－80℃，一般要用复叠制冷系统。

（3）冷却系统　冷却系统主要通过冷凝器冷却制冷系统的散热，是冷库中主要的热交换设备之一。其作用是将压缩机产生的高温高压的过热制冷剂蒸气中的热量，排放到冷却介质（水或空气）中，把过热蒸气冷却及冷凝成液体。根据冷却介质和冷却方式的不同，可分为空气冷却系统、水冷却系统和蒸发冷却系统。

①空气冷却系统　制冷系统直接采用空气冷却，它具有系统简单、操作方便的优点，适用于缺水的地区和小型冷库。

②水冷却系统　水冷却系统主要由冷却塔、水泵、冷却水管道组成。它具有冷却效果好的优点，但是系统复杂，操作麻烦，要求对冷却水系统要经常定期进行清洗，以保证冷却水系统的传热效果。冷却水系统大部分用于大型冷库。

③蒸发冷却系统　蒸发冷却系统是将制冷系统的冷凝器直接与冷却塔结合，冷却水直接喷淋到冷凝器上进行蒸发冷却，它具有冷却效果好的优点，但是系统复杂，要求冷凝器直接安装在室外，所以系统的运行、维护保养工作要求高。

（4）控制系统　主要用于对冷库温度、湿度的控制和制冷系统、冷却系统等的控制，以保证冷库安全、正常的运行。随着技术的发展，目前计算机和网络技术已逐步应用到冷库的控制中。

（5）辅助系统　主要包括冷库操作间、机房等，对于大型冷库还要有动力车间、配电房、锅炉房、化验室、水泵房、仓库、水处理等场所。

2. 药品冷库　现在药品冷库建筑技术多为预制装配化，装配式冷库是由预制的库板（夹芯隔热板）拼装而成的冷库，又称为组合式冷库。可以根据用户需要，方便而迅速地组合成不同尺寸、不同库内间壁、不同库门位置、不同类别的冷库。

装配式冷库的基本结构如图5-9所示。冷库库体主要由各种隔热板即隔热壁板、顶板、底板、门、支承板及底座等组成，隔热板采用硬质聚氨酯隔热夹芯板，是用高压发泡工艺一次灌注成型，隔热板的面板多为标准彩钢板，采用先进的偏心钩和槽钩实现库板与库板之间的紧密连接，其优异的密封性可最大程度地减少冷气泄漏，增强隔热效果。T型板、墙板、角板组合冷库在任意空间都可以拼装。具备施工速度快、建设周期短、密封性好、隔热性价比高等优点。

3. 药品冷库的 GSP 要求

（1）冷库设计符合国家相关标准要求（《中华人民共和国国家标准：冷库设计规范（GB50072-2010）》）。

（2）企业要配备与其经营规模和品种相适应的冷库，经营疫苗的应当配备两个以上独立冷库；按照规定，经营生物制品和体外诊断试剂的冷库容量不小于$20m^3$。

（3）按照药品储存温湿度要求不同可分为冷藏库及冷冻库。冷藏库温度为2~8℃，冷冻库温度要求为－10～－25℃，相对湿度均应保持在35%～75%之间，对有特殊温度要求的药品，企业应当配备装量、温度适宜的冷库、冷柜、冰箱等设施设备，按药品要求设置温度。

图 5 - 9　药品冷库装配图

你知道吗

药品批发企业冷库的选择

药品批发企业冷库的大小应满足日常经营的需求，与其经营规模和品种相适应，部分地区对经营企业冷库大小有明确要求，因此当地企业必须符合其许可标准。如北京市、上海市和江苏省要求冷库容积不小于 $50m^3$，天津市、广东省和河北省要求不小于 $20m^3$。

大型药品批发企业有三个冷库是合适的选择，即普通冷库（2~8℃）、低温冷库或冷冻库（-10 ~ -25℃），还有一个是特殊药品专用冷库，比如蛋白同化制剂、肽类激素属于特殊药品，该类储存温度大都是 2~8℃，因此需要设置一个蛋白同化制剂、肽类激素专用冷库，如图 5 - 10 所示。如果经营该类药品数量很少，像很多中小型企业和连锁零售企业只经营胰岛素类，可以在普通冷库内设置加锁的专柜储存，其管理应严格遵守特殊药品的相关规定，如图 5 - 11 所示。

为了更好地储存冷藏药品，有些企业会将普通冷库的温度区间设置在 4~6℃或 3~7℃，该温度区间在规定的 2~8℃范围内，虽然冷库用电等成本上升，但是由于温度波动幅度更小，能更好地保证冷藏药品的质量。

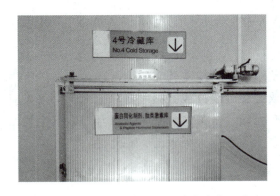

图 5 - 10　蛋白同化制剂、肽类激素专用冷库

图 5 - 11　储存在普通冷库的胰岛素专柜

（4）药品冷库温度调控和监测　冷库配有温度自动监测、显示、记录、调控、报警的设备，包括温度监测探头（两个以上）、温度显示设备、温度自动记录系统、调控系统、报警系统（高低温报警、断电报警、故障报警）。温度自动记录系统至少每30分钟记录一次，数据应能保存、查询，且不可更改。

①自动调控温度功能　冷库具有自动调控温度的功能，制冷降温，保温防冻，确保药品一直处于控制系统设定的温度区间。如药品冷库控制系统设置温度为3~7℃，当库内达到7℃时自动启动制冷，3℃时自动停机。

②温度自动监测功能　库内必须配备温度自动监测系统，可实时采集、显示、记录温湿度数据，可通过计算机读取和存储所记录的监测数据，数据按日保存备份，不可更改，并具有远程及就地实时报警功能。通过预先设置的温湿度上下限（常规设置温度为2~8℃，湿度为35%~75%），若环境温湿度超限，系统可自动报警，通知管理人员及时采取措施。报警方式可以为声音报警、灯光报警（图5-12）、短信报警（图5-13）等。

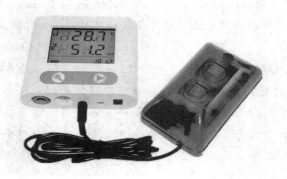

图5-12　带报警功能的温湿度监测仪

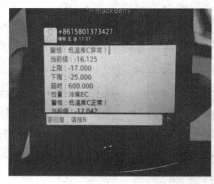

图5-13　短信报警图

（5）药品冷库使用区域划分　冷库按照实际经营需要，合理划分出收货验收、储存、包装物料预冷、装箱发货、待处理药品存放等区域，并有明显标示，如图5-14所示。验收、储存、拆零、冷藏包装、发货等作业活动，必须在冷库内完成。　📱微课

（二）冰箱的管理

当前，医院和零售药店采用冰箱存储整箱拆零的冷藏药品的情况比较普遍。所用冰箱应带有可调节温度的功能，冰箱内要放置温湿度计或温湿度自动记录仪，每天应定时做好温湿度监测和记录，发现异常及时处理。冰箱内药品间距要合理以利冷气流通，如图5-15、5-16所示。冰箱所用电源要有保障，要防止拉闸断电。

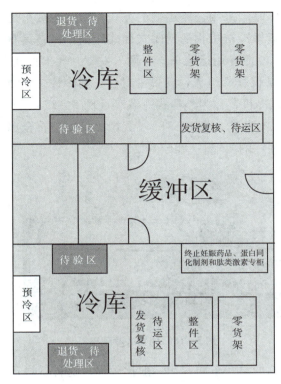

图 5-14　冷库使用区域平面图

图 5-15　冰箱内不正确的药品摆放

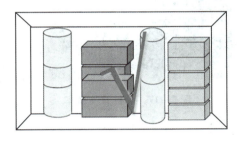

图 5-16　冰箱内正确的药品摆放

（三）冷柜的管理

目前，需要在冷冻条件下储存的药品很少，企业购置的冷柜大部分是用于冷冻冷藏用冰袋的。不同蓄冷剂的冰袋（冰排）其冷冻温度和冷冻时间不同，冰袋（冰排）的冷冻效果直接影响冷藏温度持续的时间。所以，对冷柜的温度要进行监控，确定冰袋（冰排）冻结完整时所需冷柜的温度（如：-18℃）。同时还应对冷柜进行编号，一是可区别不同温度的冷柜以便监控；二是可区别放入冷柜内的冰袋（冰排）冷冻的时间长短以便确定是否可用。

此外，冷柜使用的常规检查是十分重要的。企业在冷柜使用规定中应明确不同容量冷柜放入物品数量标准，以确保冷柜的冷冻质量。如果冷柜内放置的冰袋（冰排）过多，会导致冷柜盖密闭不严、冷冻效果不佳，冷冻效果不佳必然导致冰袋（冰排）冷冻时间的延长并影响其正常使用。其结果间接地影响了冷藏药品低温运输的质量。因此，对使用中的冷柜应建立日查记录，以保证其正常使用。冷柜所用电源要有保障，也要防止拉闸断电影响正常使用。

四、冷链运输设备

（一）冷藏车

公路冷藏运输是城市内部运输冷链药品的唯一方式，也可用于城市间的运输。冷链药品批发企业大都是区域性的中小企业，基本采用公路运输的方式，因此冷藏车是运输冷链药品的主要运输设备。冷藏车是运输冷链货物的封闭式厢式运输车，是具有包含制冷机组的制冷装置和聚氨酯隔热厢的冷藏专用运输车。冷藏车主要由汽车底盘、隔热保温箱体、制冷机组、车厢内温度记录仪等部组成，具备密封性、制冷性、轻便性、隔热性的特点。一般车型都采用外置式冷机，称为外挂式冷藏车（图5-17），少数微型冷藏车采用内置式冷机，称为内置式冷藏车（图5-18）。我国冷藏车应符合国家标准《QC/T450 保温车、冷藏车技术条件》的要求。

图5-17　外挂式冷藏车　　　　　　　　　图5-18　内置式冷藏车

冷藏车制冷的优点是能保持较长时间的低温，车厢容积一般比较大，这种低温运输制冷方式主要适用于大批量低温冷藏药品的长途运输配送，对于药品经营企业多次少量的冷藏药品配送来说，存在很大的制约性。

GSP 对冷藏车要求：运输冷藏、冷冻药品的冷藏车应当符合药品运输过程中对温度控制的要求。冷藏车具有自动调控温度、显示温度、存储和读取温度监测数据的功能。

（1）自动调控温度的功能　冷藏车具有自动调控温度的功能，其配置符合国家相关标准要求；冷藏车厢具有防水、密闭、耐腐蚀等性能，车厢内部留有保证气流充分循环的空间。

（2）温湿度自动监测功能　冷藏车配置温湿度自动监测系统（图5-19），驾驶室内无线温湿度记录仪通过温度探头（安装的温度测点终端数量不得少于2个，最大允许误差为 ±0.5℃）采集车厢内的温度，可实时显示、记录运输过程中的温度数据，并通过移动互联技术（GPRS）和卫星定位技术（GPS）将数据实时上传监控中心平台，如图5-20所示。中心平台可实时监测车辆车厢内温湿度变化情况和实时监管车辆的运行情况，如果温度超标可实时报警，当出现报警时，能通过 GPS 快速准确定位报警地点，以便及时做出有效处理。图5-21为监测车厢内温湿度数据的温湿度记录仪和可打印运输途中温湿度数据的蓝牙打印机。

（3）温度控制系统及冷藏厢内温度均匀性经验证合格。

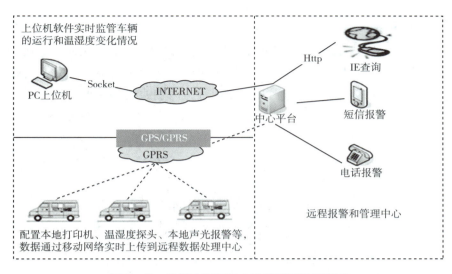

图 5 – 19　冷藏车温湿度自动监测系统示意图

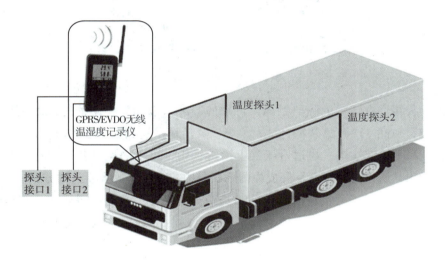

图 5 – 20　冷藏车温湿度记录仪安装示意图

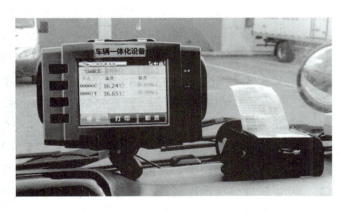

图 5 – 21　冷藏车内温湿度记录仪和蓝牙打印机

（二）冷藏集装箱

冷藏集装箱（图5-22）是具有良好隔热，且能维持一定低温要求，适用于各类冷链商品的运送、贮存的特殊集装箱。是专为运输要求保持一定温度的冷冻货或低温货而设计的集装箱。冷藏集装箱分外置和内置两种，内置式集装箱带有制冷装置能在运输过程中使集装箱保持指定温度；而外置式则必须依靠集装箱专用车、船和专用堆场、车站上配备的冷冻机来制冷。

图5-22　冷藏集装箱

冷藏集装箱具有特殊的隔热结构，可靠的制冷保温功能，完善的自动控制，良好的适用性和灵敏性。冷藏集装箱容量大，可以灵活地吊运到火车、汽车、船舶上使用，既能适合于海上冷链运输，也适合于陆上冷链运输，可以向世界各地进行大量、快速和廉价的运输，所以近年来已发展成为国际贸易中一项新型的重要运输方式。

冷藏集装箱适用于大批量的冷链药品长距离运输，如空运、海运或火车运输，一般多用于大批量冷链药品进出口贸易，集装箱到达目的地后可以吊运到集装箱运输车上进行转运。

（三）冷链运输保温设备

保温设备主要有保温箱、冷藏箱、包装用瓦楞纸箱、蓄冷剂（冰排）、温度记录仪等。

1. 保温箱　保温箱是指在冷链药品运输中，用于装载冷链药品并通过蓄冷剂的热交换控制温度的专用箱，又称被动温控箱。主要由冷热媒（蓄冷剂）、保温箱本体和温度监测设备三部分组成。在普通封闭式货车运输、配送冷链药品过程中，保温箱使药品在搬运、配送过程中始终处于低温环境，能有效防止因温度或环境变化而影响冷链药品质量。冷藏箱（图5-23）是指采用主动制冷或制热设备控制温度的专用箱，又称主动温控箱，由于造价较贵，企业使用较少。目前大批量的冷链药品一般采用冷藏车运输，但是对于小批量，发货区域分散的冷链药品一般采用保温箱加蓄冷剂的方式，再使用物流实现冷链运输与配送。

　　保温箱不具备主动制冷系统，必须放入蓄冷剂（冰袋或冰排）作为冷源，利用蓄冷材料在相变过程中释放冷量来维持货物在运输过程中的低温。保温箱低温配送，造价较低，无需额外的能源，使用非常方便。非常适用于小批量、少量、多次的冷藏药品的低温配送。

　　现在市场上有各种类型的药品冷链保温箱，这些保温箱大都具有高保温性、高效蓄冷剂、稳定可控等优点，根据箱体材料的不同大致可分为泡沫保温箱（图 5 – 24）、金属材质保温箱（图 5 – 25）、塑料保温箱（图 5 – 26）等。泡沫保温箱大都只能一次性使用，不能回收重复使用，而塑料保温箱具有抗冲击、耐压、防尘防水、轻便密封、可循环使用等优点。这两种保温箱使用操作的方便程度不同，成本也有差异。企业可根据需要综合考虑使用、成本等因素择优选择。

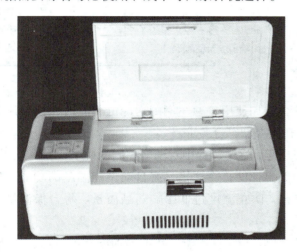

图 5 – 23　冷藏箱

图 5 – 24　泡沫保温箱

图 5 – 25　金属材质保温箱

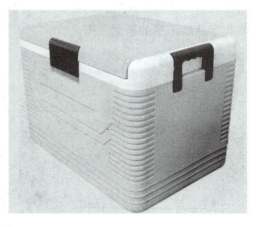

图 5 – 26　塑料保温箱

你知道吗

泡沫保温箱和塑料保温箱是目前经营企业使用最广泛的两种保温箱，那么经营企业选择哪一种保温包装呢？一般可采取如下方法进行保温包装的选择。

1. 企业可以参考现有库存冷藏药品的包装（最好是合资企业的），选择类似的包装材料，针对不同冷藏品种的发运情况，定制保温包装箱。

2. 通过冷藏药品的生产企业，了解其保温包装箱的验证情况并获取其保温包装箱的验证结果。以此为参考标准，结合本企业的具体情况选择定制保温包装箱。

3. 企业自己组织进行冷藏药品保温包装箱的测试验证，这项工作对于提升企业冷链物流管理非常有意义。根据企业自身的验证结果制定相关标准，有关部门可依据企业标准选择定制保温包装箱。

4. 企业在选择保温包装时，质量和成本的权衡是不可避免的。

按照规定保温箱使用前必须要经过验证确认后方能使用。

GSP 对保温箱的要求有以下几点。

（1）规定经营冷藏及冷冻药品的企业如使用普通车辆配送冷链药品时，须采用车载冷藏箱或保温箱等设备，保证药品在途温度符合要求。

（2）车载冷藏箱、保温箱应当符合药品运输过程中对温度控制的要求。

（3）冷藏箱、保温箱具有良好的保温性能；冷藏箱具有自动调控温度的功能，保温箱配备蓄冷剂以及与药品隔离的装置，防止温度过低影响药品质量。每台保温箱应当至少配置一个测点终端。

（4）冷藏箱及保温箱具有外部显示和采集箱体内温度数据的功能，可显示、存储、读取温度数据（图 5－27 为具有外部显示功能的药品温度实时监测保温箱，图 5－28 为保温箱内采集温度数据的探头）。并具有远程及就地实时报警功能，可通过计算机读取和存储所记录的监测数据。

图 5－27 药品温度实时检测保温箱

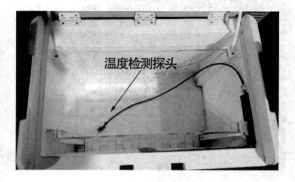

图 5－28 保温箱内温度检测探头

（5）药品装箱前，保温箱需要放置在冷库内预冷，使其温度下降，确保温度在 2 ~ 8℃范围。

（6）保温箱无线温度监控系统（图5－29）　保温箱通过内置开通 GPRS 功能的 SIM 卡，将数据自动按照设置间隔上传至远端服务器，不需要人员干预即可实现温度远程监测，当保温箱温度超过设定的上下限自动发送短信报警。

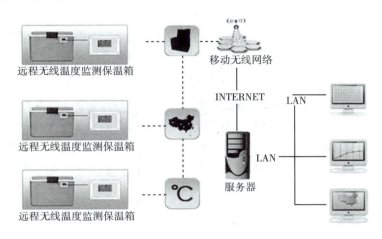

图5－29　保温箱无线温度监控系统示意图

2. 蓄冷冰排（冰袋）　保温箱本身没有制冷功能，它的温度控制依据配置不同温度的蓄冷冰排、冰袋（图5－30）来实现，冰排内装有高效蓄冷剂，无需制冷就能实现长时间保冷。蓄冷剂是储存冷量的物质，可在冷冻时吸收并储存大量冷量，而在温度较高时又能缓慢地释放冷量，较长时间保持自身及周围小范围内的低温环境。蓄冷剂主要有水、无机盐水溶液、有机溶液等。

（1）冰排（冰袋）特点　利用其中的蓄冷材料在相变过程中释放冷量来维持货物的低温。其优点是节能环保、冷量高、用量少，可反复使用、使用方便、无损耗无浪费、不受航空的限制、多个温度区域可供选择（比如：－27℃、－18℃、－12℃、－6℃、0℃、2～8℃）。因此，企业在采购、使用冰袋（盒）时要注意蓄冷材料的有关说明。

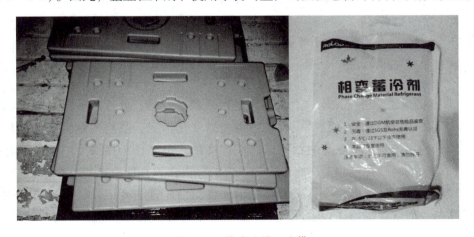

图5－30　蓄冷冰排、冰袋

（2）冰排（冰袋）冷冻时间等的控制　在用保温箱配送药品过程中，保温箱的温度控制是依据配置不同温度、不同数量的蓄冷冰排或冰袋来实现，冰排（冰袋）使用前需存放在冰柜中进行一段时间的冷冻（充能），冰排充能完毕后，此时的冰排由于温度太低（一般达到 –20℃左右），不能立即放入保温箱中，需要在 2~8℃的环境中进行使用前释冷，使其温度回升到一定的温度，使用红外测温枪等温度测量装置测量确定后才能放入保温箱中。

不同蓄冷剂的冰排（冰袋）其冷冻温度和冷冻时间都不同，另一方面每个企业所选用的保温箱大小、型号、所用材料也可能不一样，如有的企业用泡沫保温箱，有的用塑料保温箱，因此企业必须对所用保温箱等按照 GSP 附录 5 的验证要求做好验证，确定冰排的数量、冷冻时间和温度、释冷回升到的温度和释冷时间等数据，保证其在药品运输过程中能达到规定的低温要求。另外还需根据验证的结果制定本企业冰排冷冻、释冷等标准化操作规程。

你知道吗

蓄冷冰排冷冻操作示例

某大型批发企业经过验证后形成的本企业蓄冷冰排冷冻操作规定如下。

冰排使用前需存放在 –20℃的冰柜中进行充能，并且充能时间不少于 48 小时。为了提高冰排循环使用效率，蓄冷冰排充能的冰柜划分四个功能区间：

（1）回收区　运输任务结束后，回收的保温箱内的使用过的冰排需要重新充能蓄冷才可投入下一次使用，因此需要统一回收，放置于该区。冰排放置在回收区时已经开始重新充能。

（2）充能 24 区　即充能 24 小时以内的区域。在一段时间内回收的冰排，会被统一移送到该区，表示该区的冰排已经开始充能蓄冷，但时间未达到 24 小时。

（3）充能 48 区　充能满 24 小时的冰排从"充能 24 区"移放到该区间，表示处于 24 到 48 小时的状态。

（4）待用区　充能满 48 小时的冰排从"充能 48 区"转存到该区。只有充能 48 小时的冰排才能重新投入使用。

3. **温度记录仪**　温度记录仪是指用于连续采集、存储、处理所处环境温度的电子装置，主要用于记录运输过程中保温箱内温度的变化情况。便携式温度记录仪是在药品冷链频繁使用的基本设备。它由可以感应温度的热电偶作为探头，用无线或有线的方式连接记录器。药品装箱后，将温度记录仪的探头放置在保温箱药品中再进行封箱。按照规定，冷藏箱和保温箱应具有外部显示或者箱内放置温度记录仪采集箱体内温度数据的功能，因此保温箱在运输过程中需要配备保温箱专用温度记录仪或者无线 GPRS 温度记录仪，这样在规定的运输过程中，可以实时显示、记录、监测保温箱内的温度数据，并实时上传温度数据，提供报警和打印等功能。

温度记录仪可实时读取和记录箱内温度，可连接计算机或便携式打印机保存或打印出运输过程中保温箱的温度数据。图5–31为便携式温度记录仪。

温度记录仪使用注意事项：

（1）温度记录仪应摆放在所记录的温度数据具有代表性的位置，不能随意放入。图5–32为温度记录仪装箱位置示意图。

（2）必须使用胶带或专用托架牢固固定温度记录仪，防止其在包装内移动。

（3）禁止温度记录仪接触冷冻冰排（冰袋）。

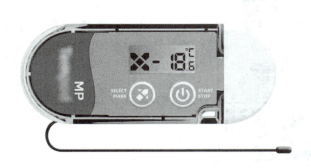

图5–31　便携式温度记录仪　　　　图5–32　温度记录仪装箱位置示意图

冷藏、冷冻药品能否同时采用冷藏箱和冷藏车运输？为什么？

五、冷链温湿度监测系统

温湿度控制是保证冷链药品质量的基本条件，而温湿度自动监测以及数据的实时采集和记录，是做好温湿度控制的前提和保障，GSP要求对药品储存运输环境温湿度实施自动监测，确保温湿度控制的全程化、全天候及真实性，以确保药品质量。

1. 企业需在储存药品的冷库和运输冷藏、冷冻药品的设备（冷藏车、保温箱）中配备温湿度自动监测系统（以下简称系统）。系统应当对药品储存过程的温湿度状况和冷藏、冷冻药品运输过程的温度状况进行实时自动监测和记录，有效防范储存运输过程中可能发生的影响药品质量安全的风险，确保药品质量安全。图5–33为监控系统总览图。

2. 系统由测点终端、管理主机、不间断电源以及相关软件等组成。各测点终端能够对周边环境温湿度进行数据的实时采集、传送和报警；管理主机能够对各测点终端监测的数据进行收集、处理和记录，并具备发生异常情况时的报警管理功能。图5–34为温湿度监控系统管理主机。

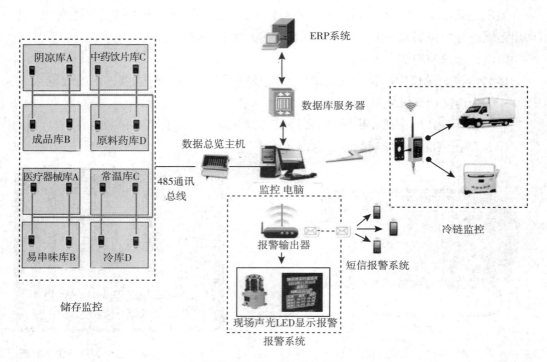

图 5 – 33　监控系统总览图

图 5 – 34　温湿度监控系统管理主机

3. 系统能自动生成温湿度监测记录，内容包括温度值、湿度值、日期、时间、测点位置、库区或运输工具类别等。

4. 系统温湿度测量设备的最大允许误差应当符合以下要求。

（1）测量范围在 0 ~ 40℃之间，温度的最大允许误差为 ± 0.5℃；

（2）测量范围在 −25 ~ 0℃ 之间，温度的最大允许误差为 ±1.0℃；

（3）相对湿度的最大允许误差为 ±5% RH。

5. 系统能自动对药品储存运输过程中的温湿度环境进行不间断监测和记录。图 5−35 为冷库库区温湿度实时监控界面。

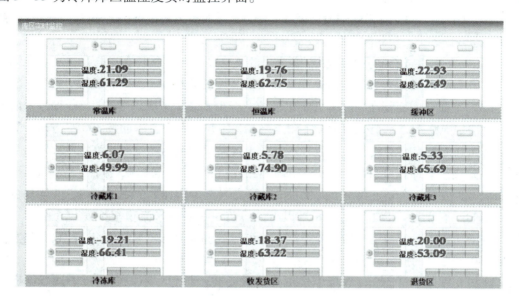

图 5−35 冷库库区温湿度实时监控界面

系统应当至少每隔 1 分钟更新一次测点温湿度数据，在药品储存过程中至少每隔 30 分钟自动记录一次实时温湿度数据，在运输过程中至少每隔 5 分钟自动记录一次实时温度数据。当监测的温湿度值超出规定范围时，系统应当至少每隔 2 分钟记录一次实时温湿度数据。

6. 当监测的温湿度值达到设定的临界值或者超出规定范围，或遇到供电中断等情况时，系统应当能够实现就地和在指定地点进行声光报警，同时采用短信通讯的方式，向至少 3 名指定人员发出报警信息，由专人及时处置。

7. 系统各测点终端采集的监测数据应当真实、完整、准确、有效。

（1）测点终端采集的数据通过网络自动传送到管理主机，进行处理和记录，并采用可靠的方式进行数据保存，确保不丢失和不被改动。

（2）系统具有对记录数据不可更改、删除的功能，不得有反向导入数据的功能。

（3）系统不得对用户开放温湿度传感器监测值修正、调整功能，防止用户随意调整，造成监测数据失真。

8. 企业应当对监测数据采用安全、可靠的方式按日备份，备份数据应当存放在安全场所，数据至少保存 5 年。

9. 系统应当与企业计算机终端进行数据对接，自动在计算机终端中存储数据，可以通过计算机终端进行实时数据查询和历史数据查询。

10. 系统应当独立地不间断运行，防止因供电中断、计算机关闭或故障等因素，影响系统正常运行或造成数据丢失。

11. 系统保持独立、安全运行，不得与温湿度调控设施设备联动，防止温湿度调控设施设备异常导致系统故障的风险。

12. 企业应当对储存及运输设施设备的测点终端布点方案进行测试和确认，保证药品仓库、运输设备中安装的测点终端数量及位置，能够准确反映环境温湿度的实际状况。

13. 药品库房或仓间安装的测点终端数量及位置应当符合以下要求。

（1）每一独立的药品库房或仓间至少安装 2 个测点终端，并均匀分布。

（2）平面仓库面积在 300 平方米以下的，至少安装 2 个测点终端；300 平方米以上的，每增加 300 平方米至少增加 1 个测点终端，不足 300 平方米的按 300 平方米计算。

平面仓库测点终端安装的位置，不得低于药品货架或药品堆码垛高度的 2/3 位置。

（3）高架仓库或全自动立体仓库的货架层高在 4.5 米至 8 米之间的，每 300 平方米面积至少安装 4 个测点终端，每增加 300 平方米至少增加 2 个测点终端，并均匀分布在货架上、下位置；货架层高在 8 米以上的，每 300 平方米面积至少安装 6 个测点终端，每增加 300 平方米至少增加 3 个测点终端，并均匀分布在货架的上、中、下位置；不足 300 平方米的按 300 平方米计算。

高架仓库或全自动立体仓库上层测点终端安装的位置，不得低于最上层货架存放药品的最高位置。

（4）储存冷藏、冷冻药品仓库测点终端的安装数量，须符合本条上述的各项要求，其安装数量按每 100 平方米面积计算。

14. 每台独立的冷藏、冷冻药品运输车辆或车厢，安装的测点终端数量不得少于 2 个。车厢容积超过 20 立方米的，每增加 20 立方米至少增加 1 个测点终端，不足 20 立方米的按 20 立方米计算。每台冷藏箱或保温箱应当至少配置一个测点终端。

15. 测点终端应当牢固安装在经过确认的合理位置，避免储运作业及人员活动对监测设备造成影响或损坏，其安装位置不得随意变动。

16. 企业应当对测点终端每年至少进行一次校准，对系统设备应当进行定期检查、维修、保养，并建立档案。

17. 系统应当满足相关部门实施在线远程监管的条件。

六、验证管理

冷库、冷藏车、冷藏箱、保温箱以及温湿度自动监测系统等设施设备是药品冷链的关键部分，也是保证冷链药品的贮藏、运输温度始终控制在规定的范围内的基础，但是目前这些冷链设备和监测系统生产厂家众多，没有一个统一的标准，这些设备是否能达到规定的设计标准和要求？各种冷链设备在不同季节的各种气候条件（如夏天极热冬天极冷）下性能是否都有保证？设备使用一定年限后是否会性能不稳定？保温箱长时间闲置不用再次使用性能是否有改变？这些都需要通过一系列的试验和测试来确认，因此新版 GSP 首次引入了设备验证管理的理念，在附录 5 中明确冷链设备和系统验证的基本要求。

1. 验证的定义　验证是指对质量控制的关键设施设备或系统的性能、参数及使用方法进行系列试验、测试，以确定其适宜的操作标准、条件和方法，确认其使用效果。

2. 验证的目的　是确认相关设施设备及系统能符合规定的设计要求，能安全、有效地正常运行和使用，确保冷链药品在储存运输过程中的质量安全。

3. 验证的范围　按照规定验证的范围是冷库、冷藏车、冷藏箱、保温箱以及温湿度自动监测系统。对冷库、储运温湿度监测系统以及冷藏运输等设施设备须进行使用前验证、定期验证及停用时间超过规定时限的验证。这些冷链设备和系统必须经过验证确认后方使用，未经过验证的冷链设施设备企业不能使用。

4. 验证的作用　验证不但可以确定冷链设备和系统的有效性能，更重要的是通过验证结果能合理指导监控条件的设定，并形成企业一系列的标准化操作规程（SOP），如冷藏车操作规程、冷库操作规程、保温箱操作规程、保温箱使用前预冷操作规程、冷藏药品装箱装车操作规程、温湿度监测系统操作规程等，企业相关岗位的人员在进行冷链作业时严格遵守操作规程，使药品质量在储存、转移和运输过程中得到保证。

目前大多数药品经营企业不具备独立进行冷链设备验证的能力，一般与具备相应能力的第三方机构共同实施验证工作。

你知道吗

《药品经营质量管理规范》附录 5　验证管理

第六条　企业应当根据验证的内容及目的，确定相应的验证项目。

（一）冷库验证的项目至少包括：

1. 温度分布特性的测试与分析，确定适宜药品存放的安全位置及区域；

2. 温控设备运行参数及使用状况测试；

3. 监测系统配置的测点终端参数及安装位置确认；

4. 开门作业对库房温度分布及药品储存的影响；

5. 确定设备故障或外部供电中断的状况下，库房保温性能及变化趋势分析；

6. 对本地区的高温或低温等极端外部环境条件，分别进行保温效果评估；

7. 在新建库房初次使用前或改造后重新使用前，进行空载及满载验证；

8. 年度定期验证时，进行满载验证。

（二）冷藏车验证的项目至少包括：

1. 车厢内温度分布特性的测试与分析，确定适宜药品存放的安全位置及区域；

2. 温控设施运行参数及使用状况测试；

3. 监测系统配置的测点终端参数及安装位置确认；

4. 开门作业对车厢温度分布及变化的影响；

5. 确定设备故障或外部供电中断的状况下，车厢保温性能及变化趋势分析；

6. 对本地区高温或低温等极端外部环境条件，分别进行保温效果评估；

7. 在冷藏车初次使用前或改造后重新使用前，进行空载及满载验证；

8. 年度定期验证时，进行满载验证。

（三）冷藏箱或保温箱验证的项目至少包括：

1. 箱内温度分布特性的测试与分析，分析箱体内温度变化及趋势；

2. 蓄冷剂配备使用的条件测试；

3. 温度自动监测设备放置位置确认；

4. 开箱作业对箱内温度分布及变化的影响；

5. 高温或低温等极端外部环境条件下的保温效果评估；

6. 运输最长时限验证。

（四）监测系统验证的项目至少包括：

1. 采集、传送、记录数据以及报警功能的确认；

2. 监测设备的测量范围和准确度确认；

3. 测点终端安装数量及位置确认；

4. 监测系统与温度调控设施无联动状态的独立安全运行性能确认；

5. 系统在断电、计算机关机状态下的应急性能确认；

6. 防止用户修改、删除、反向导入数据等功能确认。

第七条 应当根据验证对象及项目，合理设置验证测点。

（一）在被验证设施设备内一次性同步布点，确保各测点采集数据的同步、有效。

（二）在被验证设施设备内，进行均匀性布点、特殊项目及特殊位置专门布点。

（三）每个库房中均匀性布点数量不得少于9个，仓间各角及中心位置均需布置测点，每两个测点的水平间距不得大于5米，垂直间距不得超过2米。

（四）库房每个作业出入口及风机出风口至少布置5个测点，库房中每组货架或建筑结构的风向死角位置至少布置3个测点。

（五）每个冷藏车箱体内测点数量不得少于9个，每增加20立方米增加9个测点，不足20立方米的按20立方米计算。

（六）每个冷藏箱或保温箱的测点数量不得少于5个。

第八条 应当确定适宜的持续验证时间，以保证验证数据的充分、有效及连续。

（一）在库房各项参数及使用条件符合规定的要求并达到运行稳定后，数据有效持续采集时间不得少于48小时。

（二）在冷藏车达到规定的温度并运行稳定后，数据有效持续采集时间不得少于5小时。

（三）冷藏箱或保温箱经过预热或预冷至规定温度并满载装箱后，按照最长的配送时间连续采集数据。

（四）验证数据采集的间隔时间不得大于5分钟。

第九条 应当确保所有验证数据的真实、完整、有效、可追溯，并按规定保存。

第十条　验证使用的温度传感器应当经法定计量机构校准，校准证书复印件应当作为验证报告的必要附件。验证使用的温度传感器应当适用被验证设备的测量范围，其温度测量的最大允许误差为 ±0.5℃。

第十一条　企业应当根据验证确定的参数及条件，正确、合理使用相关设施设备及监测系统，未经验证的设施、设备及监测系统，不得用于药品冷藏、冷冻储运管理。

验证的结果，应当作为企业制定或修订质量管理体系文件相关内容的依据。

任务四　批发企业冷链药品的流程管理

PPT

冷链药品在药品批发企业要经过采购、收货、验收、储存、养护、出库、运输等环节，在此过程中如果操作不规范，或者温度控制有偏差，造成断链，就无法保证药品的质量安全。因此在整个冷链管理过程中，必须要控制好温度和规范化操作。

新版《药品经营质量管理规范》（GSP）对药品冷链管理提出了明确的总体要求：企业经营冷藏、冷冻药品的，应当按照 GSP 的要求，在收货、验收、储存、养护、出库、运输等环节，根据药品包装标示的贮藏要求，采用经过验证确认的设施设备、技术方法和操作规程，对冷藏、冷冻药品储存过程中的温湿度状况、运输过程中的温度状况，进行实时自动监测和控制，保证药品的储运环境温湿度控制在规定范围内。这样才能使药品冷链成为一个闭合的整体控制过程（图 5-36）。

全程温度实时监测，连续不间断温度保障

收货　验收　储存　养护　出库　运输

图 5-36　批发企业冷链流程图

一、机构与人员

（一）质量管理机构

企业需要设置质量管理机构，具体负责冷链药品的质量管理。

（二）人员

1. 从事冷藏、冷冻药品收货、验收、储存、养护、出库、运输等岗位工作的人员，应当接受相关法律法规、专业知识、相关制度和标准操作规程的培训，经考核合格后，方可上岗。

2. 专人负责冷链药品的收货、运输工作；专人负责重点养护检查在库储存的药品；专人负责装箱、装车等项作业；专人对冷链设施设备的运行进行监测和维护。

二、冷链药品采购管理

药品批发企业在冷藏药品购进时，除了按照一般药品购进管理的要求外，还应注意以下方面的控制，以方便企业储运环节的管理，避免物流成本的增加。

（一）按需进货，避免积压

由于冷链药品效期较短，储存运输要求严格，采购时要坚持"按需进货、择优采购，质量第一"的原则。在保障供应的前提下尽量避免积压过期造成损失。

（二）购进合同上必须明确保温包装责任

因为冷藏药品的保温包装是保证药品在储运过程质量安全的基础，购进药品时，要审核供应商对冷链药品的运输条件（车辆、冷藏车、车载冷藏箱或保温箱）是否符合要求。并明确保温包装事宜，要求供货方提供保温材料和包装标准及在保温包装条件下常温运输时间。

（三）购进信息要及时传递跟踪

当冷藏药品购进合同签订后，采购部门要及时将冷藏药品到货信息传递到企业的物流部门（储运部门），要明确岗位责任。因为，由于采购到货信息传递的延误或跟踪不到位，导致冷藏药品在供货商委托的承运商处滞留，造成冷藏药品变质损失的情况常有发生。所以，企业必须加强这一环节的管理，保证信息传递的及时和通畅。

三、冷链药品收货验收管理

冷藏、冷冻药品到货时，应当对其运输方式及运输过程的温度记录、运输时间等质量控制状况进行重点检查并记录。不符合温度要求的应当拒收。

1. 冷链药品的收货区应设置在药品说明书规定的储存温度环境，或经验证符合要求的缓冲区内。

2. 检查是否使用符合规定的冷藏车或冷藏箱、保温箱运输药品，对未按规定使用冷藏设施设备运输的药品不得收货。

3. 查看冷藏车或者冷藏箱、保温箱到货时温度数据，符合温度要求的将药品搬运到相应温度的收货区，索取运输交接单和运输过程温度记录，对于资料齐全、符合冷链运输温度要求的冷链药品方可接收，并签字确认。

4. 对资料不齐全、符合冷链运输温度要求的冷链药品，收货方可暂存该冷链药品于相应温度区域，待补充资料，资料齐全后办理收货验收手续；对运输过程中温度不符合要求的，将冷链药品隔离存放于符合说明书或标签温度要求的环境中，并报质量管理部门处理，根据评估结论确定收货或拒收；对于不能提供本次运输过程温度记录的冷链药品，直接拒收。

5. 对收货过程和结果进行记录，内容包括：药品名称、数量、生产企业、发货单位、发运地点、启运时间、运输方式、温控方式、到货时间、温控状况、运输单位、收货人员等。

6. 对销后退回的冷藏、冷冻药品，根据退货方提供的温度控制说明文件和售出期间温度控制的相关数据，确认符合规定条件的，方可收货；对于不能提供文件、数据，或温度控制不符合规定的，给予拒收，做好记录并报质量管理部门处理。

7. 应在药品说明书规定的储存温度环境内完成验收。

8. 冷链药品要优先于普通药品先收货，收货员原则上必须在最短时间内完成对冷链药品的收货，期间不得离开现场。

四、冷链药品储存管理

1. 企业应当根据冷链药品的质量特性对药品进行合理储存，并符合以下要求：

（1）按包装标示的温度要求储存药品，包装上没有标示具体温度的，按照《中华人民共和国药典》规定的贮藏要求进行储存；

（2）储存药品相对湿度为 35% ～75% 。

2. 储存过程中，冷藏、冷冻药品的码放方式应当有利于温度的有效控制。

储存冷链药品时应按冷链药品的批号堆垛，不同批号的冷链药品不应混垛。垛间距不应小于 5cm，与仓间墙、顶、温湿度调控设备及管道的设备间距不应小于 30cm，与地面、柱的间距不应小于 10cm。冷库内制冷机组出风口 100cm 范围内，以及高于冷风机出风口的位置，不应码放冷链药品。

3. 库房应具备用于验收、拼箱发货操作及复核的作业区域和设备。库房应当有验收、发货、退货的专用场所。冷库收货验收、储存、包装材料预冷、装箱发货、待处理药品存放等区域，并有明显标示。在库冷链药品应按质量状态实行色标管理，合格区为绿色；不合格区为红色；待确定区为黄色。收货验收区、退货区为黄色；出库复核区、发货区为绿色；包材预冷区为其他颜色。图 5 – 37 为冷库分区色标管理。

图 5 – 37　冷库分区色标管理

4. 企业应当由专人负责对在库储存的冷藏、冷冻药品进行重点养护检查。药品储存环境温湿度超出规定范围时，应当及时采取有效措施进行调控，防止温湿度超标对药品质量造成影响。发现质量异常，应先行隔离，暂停发货，并在计算机系统中锁定和记录，并通知质量管理部门，根据评估意见处理。

5. 当发现冷库内温度异常，制冷设备出现故障无法制冷等情况时，按照冷藏药品储存及运输应急预案处理。

五、冷链药品出库包装管理

冷链药品的拣货、拆零、拼箱、复核、装箱、封箱等作业活动，应在相应冷库内完成，目前，冰排（袋）加保温箱的冷藏运输模式是现在许多企业普遍采用的方式，因此，冷藏药品出库包装是保证冷藏运输质量的基础，这一环节的质量控制是非常重要不容忽视的。企业应根据实际验证的情况，制定相关的管理规定，强化冷藏药品出库包装的质量控制，为冷藏药品在运输过程中质量安全提供保障。

1. 使用冷藏箱、保温箱运送冷藏药品的，应当根据验证确定的参数及条件，制定包装标准操作规程，其步骤如图 5–38 所示。装箱、封箱操作应符合以下要求。

预热、预冷 → 配蓄冷剂 → 有效隔离 → 启运

图 5–38　包装标准操作规程

2. 预热、预冷装箱前将保温箱预热或预冷至符合需要运输药品包装标示的温度范围内，严格按药品包装标示的温度执行。

3. 配蓄冷剂按照验证报告确定的标准，在保温箱内合理配备与温度控制及运输时限相适应的蓄冷剂。

4. 有效隔离装箱过程中，药品不得直接接触冰袋、冰排等蓄冷剂，保温箱内应使用隔热装置将药品与低温蓄冷剂进行隔离，防止对药品质量造成影响。

5. 启运药品装箱后，冷藏箱启动动力电源和温度监测设备，保温箱启动温度监测设备，检查设备运行正常并达到需要运输药品包装标示的温度后，将箱体密闭。

六、冷链药品运输管理

运输冷链药品，应当根据药品数量、运输距离、运输时间、温度要求、外部环境等情况，选用适宜的运输工具和温控方式，确保运输过程温度控制符合要求。

（一）冷藏药品运输方式选择的基本原则

冷藏药品一般价值比较高，对运输的温度环境又有特别的要求，企业可根据本地区气候特点和发运的品种、地点、数量，选择最适合的运输方式。一般可遵循以下原则。

1. 尽量采用最快速的运输方式，缩短运输时间；

2. 尽量采用直达客户的运输方式，避免运途中转；

3. 尽量采用能全程保持冷藏温度的运输方式；

4. 冬季尽量避免夜间运输，注意防止冷藏药品发生冻结变质；

5. 尽量避免夏季高温时节运输，必要时应在早、晚运输，减少外界温度的影响。

（二）冷藏车装车作业流程

使用冷藏车运送冷链药品的，启运前应当按照经过验证的标准操作规程进行操作。其步骤如图 5 - 39 所示。

图 5 - 39 冷藏车装车标准操作规程

1. 预热、预冷 提前打开温度调控和监测设备，将车厢内预热或预冷至需要运输药品包装标示的温度范围内。

2. 药品装车 开始装车时关闭温度调控设备，并尽快完成需要运输药品的装车，装车时间控制在最短时间内。

冷藏车厢内，药品与厢内前板距离不小于 10 厘米，与后板、侧板、底板间距不小于 5 厘米，药品码放高度不得超过制冷机组出风口下沿，确保气流正常循环和温度均匀分布。

3. 关门上锁 需要运输的药品装车完毕后，应及时关闭车厢厢门，并检查厢门密闭情况，然后上锁。

4. 启运 启动温度调控设备，检查温度调控和监测设备运行状况，并观察温度是否达到运输药品包装标示的温度，温度运行正常后方可启运，启运时应当做好运输记录，内容包括运输工具和启运时间等。

（三）在途运输

企业应当根据药品温度控制要求，在运输过程中采取必要的保温或冷藏、冷冻措施。运输过程中药品不得直接接触冰袋、冰排等蓄冷剂，防止对药品质量造成影响。冷藏、冷冻药品运输过程中，应当实时采集、记录、传送冷藏车、冷藏箱或保温箱内的温度数据。运输过程中温度超出规定范围时，温湿度自动监测系统应当实时发出报警指令，由相关人员查明原因，及时采取有效措施进行调控。采用冷链箱、保温箱运输时，应在性能验证的温度时限内送达。

七、应急预案

企业应当制定冷藏、冷冻药品运输应急预案，对运输途中可能发生的设备故障、异常天气影响、交通拥堵等突发事件，能够采取相应的应对措施，防止因异常情况造成的温度失控。

企业制定的应急预案包括应急组织机构、人员职责、设施设备、外部协作资源、应急措施等内容。

1. 在公司冷藏药品储存运输配送有效区域内，与具备冷链条件的药品经营企业签订"冷链保障互助协议"，借助双方冷链设施设备就近求助。

2. 遇断电或停电现象时，应立即启动自备的发电机，维持冷库的正常运行，并及时监测温度变化。

3. 若因制冷设备发生故障造成异常，应立即通知相关维修人员进行抢修，严密监测冷库温度，在冷库验证过的有效时间内能维修好的，无需采取其他措施。无法保证在验证过的有效储存时间内修好的，通知车队和"冷链保障互助单位"将冷藏车启动制冷，将冷链药品运送至互助单位冷库内暂存。

4. 冷藏车发生途中车辆故障、抛锚现象、交通事故等，在验证过的有效时间内能处理好的，无需采取其他措施；无法保证在验证过的有效储存时间内处理好的，应立即联系该区域的"冷链保障互助单位"，安排人员与冷藏车辆前往事故地点实施救急措施。

八、委托运输

冷链药品的运输配送需要投入大量的资金购买相应冷链设备，对于一些规模较小的药品经营企业是一个沉重的负担，对于一些大型药品经营企业来讲，冷链配送能力不够也会制约其发展，因此都可以委托一些社会物流企业或第三方物流企业进行配送。

企业委托其他单位（第三方）运输冷藏、冷冻药品时，应当保证委托运输过程符合 GSP 及附录相关规定。

1. 索取承运单位的运输资质文件、运输设施设备和监测系统证明及验证文件、承运人员资质证明、运输过程温度控制及监测等相关资料。

2. 对承运方的运输设施设备、人员资质、质量保障能力、安全运输能力、风险控制能力等进行委托前和定期审计，审计报告存档备查。

3. 承运单位冷藏、冷冻运输设施设备及自动监测系统不符合规定或未经验证的，不得委托运输。

4. 与承运方签订委托运输协议，内容包括承运方制定并执行符合要求的运输标准操作规程，对运输过程中温度控制和实时监测的要求，明确在途时限以及运输过程中的质量安全责任。

5. 根据承运方的资质和条件，必要时对承运方的相关人员进行培训和考核。

> **请你想一想**
>
> 某药品批发企业在 −20℃ 的室外气温的环境下，使用一辆普通的箱式货车运输胰岛素注射液。请问这样做对吗？应该使用哪种运输工具？

实训八　冷链药品装箱操作

一、实训目的

通过实训掌握冷链药品保温箱装箱基本操作及注意事项。

二、实训器材

保温箱、冰排、药品和瓦楞纸板若干。

三、实训原理

利用冷链药品保温箱装箱操作使学生熟悉保温箱使用，初步掌握冷链药品装箱操作基本流程。

四、实训方法

1. 把实训室模拟成药品冷库，学生进行分组，4～5 人为一组；
2. 老师讲解、示范保温箱的基本操作及冷藏药品的装箱操作流程及注意事项；
3. 学生以小组为单位进行冷藏药品的装箱操作；
4. 每组派一名代表进行现场操作，回答老师提问；
5. 小组之间点评；
6. 教师点评。

五、实训考核方式

具体要求如表 5 - 3 所示。

表 5 - 3　实训考核表

评分项目	评分说明	评分
保温箱预冷（20 分）	保温箱在冷库预冷至药品储存温度（以老师提问方式进行，答错扣 20 分）	
开机，将药品装入保温箱，同时在保温箱内放置好冰排（20 分）	打开保温箱电源，药品和冰排放置位置、放置冰排数量正确（0～20 分，错一处扣 5 分，扣完即止）	
有效隔离（20 分）	药品不直接接触冰排等蓄冷剂，用纸板进行隔离（如缺扣 20 分）	
启动温度记录设备（10 分）	正确启动保温箱内温度记录仪（如缺扣 10 分）	
操作整体性（30 分）	保温箱使用正确，装箱操作流程正确，正确回答老师提问等（0～20 分，错一处扣 5 分，扣完即止）	

目标检测

一、单项选择题

1. 生物制品冷藏是要求在（　　）的条件下储藏。

　　A. 0℃以下　　　　B. 2～8℃　　　　C. 2～10℃　　　　D. 0～10℃

2. 以下药品需要冷冻保存的是（　　　）。

　　A. 重组乙型肝炎疫苗　　　　　　　B. 双歧杆菌四联活菌片

　　C. 注射用头孢硫脒　　　　　　　　D. 注射用牛肺表面活性剂

3. 企业经营冷链药品应配置冷库、（　　　）、保温箱或冷藏箱等冷链储运设施设备。

　　A. 冷藏车　　　　B. 冰箱　　　　C. 冰柜　　　　D. 蓄冷剂

4. 冷藏冷冻药品的验收、储存、拆零、冷藏包装、发货等作业活动，必须在（　　　）内完成。

　　A. 常温库　　　　B. 冷库　　　　C. 阴凉库　　　　D. 任意库

5. 冷链药品不符合收货要求的，应（　　　）并报质量管理人员处理。

　　A. 存放在符合温度要求的环境　　　B. 存放在不合格区

　　C. 存入合格品库　　　　　　　　　D. 交还运输人

6. 冷藏药品不得直接接触（　　　），防止对药品质量造成影响。

　　A. 温度记录仪　　　　　　　　　　B. 冷藏（保温）箱

　　C. 蓄冷剂　　　　　　　　　　　　D. 隔离装置

二、多项选择题

1. 冷链物流的特点是（　　　）。

　　A. 高成本性　　　B. 时效性　　　C. 高协调性　　　D. 复杂性

2. 以下药品需要冷藏保存的是（　　　）。

　　A. 疫苗　　　　B. 活菌制剂　　　C. 胰岛素　　　D. 干扰素

3. 温湿度自动监测系统由（　　　）组成。

　　A. 测点终端　　　B. 管理主机　　　C. 不间断电源　　　D. 相关软件

4. 冷链药品到货时，收货人员应检查（　　　）。

　　A. 运输方式　　　　　　　　　　　B. 运输时间

　　C. 运输过程温度　　　　　　　　　D. 运输设备验证报告

三、简答题

1. 简述冷链药品的概念、范围和温度要求。

2. 简述冷链药品储存和运输设施设备。

书网融合……

微课　　　　划重点　　　　自测题

PPT

项目六 医药信息化和电子商务

学习目标

知识要求

1. **掌握** 办公软件在物流仓储作业数据统计中的应用。
2. **熟悉** GSP 对物流信息技术的要求。
3. **了解** 常见的物流信息技术的使用；物流和电子商务的关系。

能力要求

1. 具备熟练运用办公软件解决物流仓储作业中数据统计问题的能力。
2. 熟悉电子商务物流的工作流程。

任务一 物流信息技术

实例分析

实例 管理人员发现在繁忙的物流作业中，一定会出现人为差错。在入库时出现数量差异、上货架时放错位置；拣货是最高频度的工作，发货的品种和数量出现差错更是家常便饭，这些差错最终体现在客户拿到的商品有误。这时候客户会来投诉，你会怎样处理？

这时候管理人员通常会归结于员工没有责任心，向客户赔礼道歉，然后处理粗心员工。但是总是痛心地说："就是仓库那个新来的，不负责任老是搞错，对不起！"客户也无法接受。公司有义务采取措施解决个人行为的不确定性，给客户一个确定的结果。人一定会出现差错，使用物流软件可以减少错误的发生。当然如果员工对工作满不在乎，再好的技术也是没法运作的。

问题 阅读案例，使用物流软件的优点有哪些？

仓储在整个供应链中起着至关重要的作用，准确进货、准确的库存控制及无差错的发货才能赢得客户的信赖，降低差错最终将减少管理费用使企业更有竞争力。如今，仓库作业和库存控制作业已十分复杂，依靠人工记忆和手工录入，不但费时费力，而且容易出错。传统简单静态的仓储管理已无法保证企业各种资源的高效利用。

现代的物流信息技术已经在物流的各个环境中综合应用。现在运用成熟的物流技术有条形码技术、无线射频识别技术、电子数据交换技术、全球定位技术等。

仓储管理系统（WMS）是一个实时的计算机软件系统，能够按照仓储运作的业务规划，对信息、资源、行为、存货和分销进行更完善的管理。它给用户带来巨大的效益。其主要优势有以下几点。①数据采集及时，过程管理精准，提高了工作效率。②货位精确定位，状态全面监控，能充分利用有限的仓库空间。③智能控制货品按先进先出上架下架，避免人为错误。④实时掌握库存情况，合理保持和控制企业库存。⑤对批次信息的自动采集，实现对产品的追溯。

一、数据自动采集技术

数据自动采集技术是以计算机技术和通信技术发展为基础的综合性科学技术，是对数据自动识读并将数据输入计算机的重要方法和手段。条形码技术和射频技术，作为物流信息系统中的数据自动采集单元技术，是实现物流信息自动采集与输入的重要技术。

（一）条形码技术

条形码是一组由宽窄和间隔不等的黑白条组成，用以表示商品信息的特殊代码。其可利用光电扫描设备识读，可向计算机输入条形码隐藏的字符信息，从而判断某件商品的生产商、品名规格、价格等内容，达到提高商品管理效率的目的。根据维数的不同，条形码可以分为一维条码和二维条码。

1. 一维条码　一维码条码由多个条和空排列，一维条码的信息由条和空的不同宽度来表达。按照码制的不同可分为很多类型，例如 EAN 码、UPC 码、Code128 码等。EAN 码、UPC 码一般用于零售商品，编码需要向相关组织申请；Code128 码因可以采用数字和字母组成且无需申请即可使用，因而广泛用于企业内部。Code128 码如图 6 - 1 所示。

1234567890123

图 6 - 1　Code128 码

2. 二维条码　二维条码是在一维条码无法满足实际应用需求时产生的。一维码信息容量有限制，通常是对物品的标识，而不是对物品的描述。也就是说，一维条码是给某一个商品分配一个代码，代码本身只起着识别该产品的作用。二维码可以记录商品的其他信息，也可以将相关链接录入，甚至可以将任何二进制信息（如签字、照片）进行编码。

3. 条形码　在物流供应链中读取条形码非常方便，只要把条形码对准条码扫描器，计算机就能自动查询条形码自身的信息或标识连接的相关信息。条码扫描器，即条码信息读取设备，又称为条码阅读器、条形码扫描器，是用于读取条码所包含信息的阅读设备。条码扫描器是利用光学原理，把条形码内容解码后通过数据线或无线的方式传输到电脑或其他设备。目前已广泛应用于超市、图书馆及物流企业等。条码扫描器如图 6-2 所示。

对批发、仓储运输部门而言，通过条形码技术，可以迅速而准确地将商品分类、输送、查找、核对、情况汇总，缩短商品流通和库存停留时间。条形码具有以下特点。

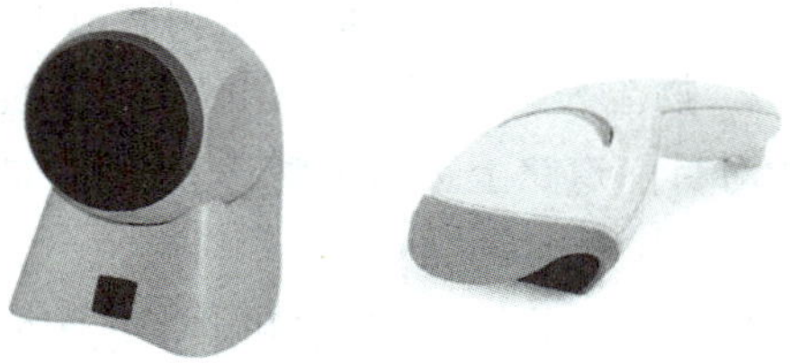

（1）可靠准确，有资料可查。键盘输入的字符误读率为三百分之一，而条形码的误读率只有三百万之一。

图 6-2　条码扫描器

（2）信息采集速度快。普通计算机的键盘输入速度为每分钟 200 字符，而条形码的录入速度是键盘录入的 20 倍。

（3）制作简单。利用打印机和条码制作软件，即可制作条码，与其他自动化识别技术相比，条形码费用低。

利用条形码技术，可对物流信息进行采集跟踪。通过对生产制造业的物流跟踪，可以满足仓储运输、市场销售、质量控制等方面信息需求。①货物库存管理。仓库管理系统根据货物的品名、型号、规格、产地等划分货物品种，并且分配唯一的编码。②仓库库位管理。仓库分为若干库房，每一库房分为若干库位。在产品入库时将库位条码号与产品条码号一一对应，在出库时按照库位货物的库存时间可以实现先进先出或批次管理。③产品溯源。通过应用条码，也可以管理到每一单件，实现对单件货物的全程跟踪。④精确仓库操作。仓库采集货物信息，建立入库、出库、移库、盘点数据，使仓库操作更加准确。

（二）无线射频识别技术

射频技术（radio frequency，RF）表示可以辐射到空间的电磁频率，是一种高频交流变化电磁波的简称。无线射频识别技术（radio frequency identification，RFID）是一种利用无线电波对记录媒体进行读写的技术，至少包括电子标签、天线和阅读器三部分。当带有天线的电子标签进入 RFID 阅读器的阅读范围时，标签和阅读器之间利用感应、无线电波进行非接触双向通信，达到信息识别及数据采集的目的。RFID 可以非接触识别，输入数千字的信息，还可以识别高速运动的物体，并可以同时识别多个标签，且具备保密性。但是 RFID 的投入成本相对大。

二、空间数据管理技术

（一）全球定位系统

全球定位系统（globle positioning system，GPS）是美国 20 世纪 70 年代开始建设，历时 20 年，耗资 200 亿美元，于 1994 年建成的，全方位实时三维导航的卫星定位系统。

GPS 最初是军方用于确定并跟踪在野外的士兵或军事装备，并可提供位置和导航信息。在民用领域，消费级 GPS 已经大量安装在航空导航、车辆、移动计算机和蜂窝电话上。GPS 在物流领域的应用有以下两方面。

1. 物流公司可以使用 GPS 实时监控车辆的运行状况，因此运输管理部门足不出户就能对目前道路上运行的货车情况了如指掌，判断货运车辆的到达时间，有利于车辆的调度。

2. 通过 GPS 定位系统和电子地图的结合，货车司机可清楚知道自己目前所在的地理位置，即使在陌生的城市也不会迷路，能迅速到达目标地点，提高工作效率。

你知道吗

北斗卫星导航系统

着眼于国家安全和经济社会发展需要，我国自 20 世纪 80 年代开始探索适合我国国情的卫星导航系统发展道路。

2009 年，我国启动北斗三号系统建设，这是中国自主研发、独立运行的卫星导航系统，是为全球用户提供全天候、全天时、高精度的定位、导航和授时服务的国家重要空间基础设施。经过不懈努力，2020 年 7 月 31 日，北斗三号全球卫星导航系统正式开通。

随着北斗系统建设和服务能力的发展，相关产品已广泛应用于交通运输、海洋渔业、水文监测、气象预报、测绘地理信息、森林防火、通信系统、电力调度、救灾减灾、应急搜救等领域，逐步渗透到人类社会生产和生活的方方面面，为全球经济和社会发展注入新的活力。

（二）地理信息系统

地理信息系统（geographic information system，GIS），是一种通过运用计算机硬件和软件，实现对有关空间地理分布的数据实现输入与编辑、管理、空间分析、数据显示和输出等功能的技术。GIS 的特点是可以实现信息的可视化和空间关系分析。

GIS 在物流中的应用主要体现在对物流过程的控制与管理上。GIS 应用于物流分析，主要是指利用 GIS 强大的地理数据功能来完善物流分析技术。GPS 在物流领域的应用可以实时监控车辆等移动目标的位置，根据道路交通状况向移动目标发出实时调度指令。GIS、GPS 和无线通讯技术的有效结合，再辅以车辆路线模型、最短路径模型、网络物流模型、分配集合模型和设施定位模型等，能够建立功能强大的物流信息系统，从而使物流得到实时监控并且将物流成本降至最低。

三、电子数据交换技术

电子数据交换（electronic data interchange，EDI）是指按照统一规定的一套通用标准格式，将标准的经济信息，通过通信网络传输，在贸易伙伴的电子计算机系统之间进行数据交换和自动处理。具体来看，电子数据交换必须用统一的标准编制各类经济信息，包括订单、货运单、收货通知、提货单和发票等。这些经济信息形成了电子数据，在计算机系统之间进行传输，这样可以节约成本，减少差错，提高效率。

在物流中应用电子数据交换时，货主、承运单位、交通运输企业、协助单位（如政府相关部门、金融企业等）及其他物流单位（专业报关企业、仓库业者等）之间通过电子数据交换系统进行物流数据交换，并以此为基础实施物流作业。

四、计算机管理系统

计算机管理系统可以提高药品流通效率，保证药品质量。新版 GSP 对计算机系统的要求有详细的规定。

（一）计算机管理系统的组成

计算机管理系统（图 6 - 3）包括硬件设备和相关软件。软件包括数据库、业务逻辑层、应用层，客户端作为应用层将数据发送至服务器，服务器对客户端发送来的数据按业务逻辑处理，服务器在数据库中储存处理过的数据或从数据库查询数据返回客户端。

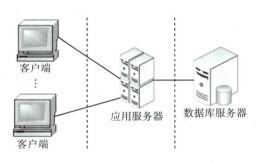

图 6 - 3　计算机管理系统的组成示意图

物流常用的软件有企业资源计划系统（enterprise resource planning，ERP）、运输管理系统（transportation management system，TMS）和仓库管理系统（WMS）。ERP 是一种面向多种行业进行物质资源、资金资源和信息资源集成一体化管理的企业信息管理系统。运输管理系统（TMS）是面向物流运输管理，集运输调度管理、智能配载管理、作业执行跟踪、路线管理、车辆与司机管理、计费与结算管理为一体的智能化管理系统。仓库管理系统（WMS）则关注商品入库作业、商品库存控制、出库作业的具体流程。图 6 - 4 为计算机系统的拓扑结构。

（二）计算机规范药品质量控制

《药品经营质量管理规范》规定："企业应当建立能够符合经营全过程管理及质量控制要求的计算机系统，实现药品可追溯"。现行 GSP 要求企业的计算机系统必须满足药品经营管理活动的全过程控制，实施药品在流通领域运动轨迹的完全掌握，实现药品追溯零死角。计算机管理系统是药品经营的必备条件，首先企业应当建立符合要求

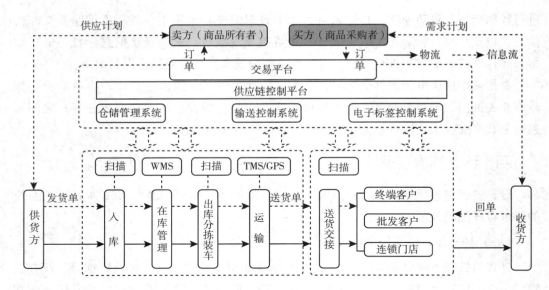

图 6 – 4　计算机系统的拓扑结构

的计算机系统，然后使用计算机系统支持经营管理和质量管理活动。

GSP 在购进、销售、入库、出库、发运、储存养护环节都要求质量控制。企业执行质量控制的主体是各环节的工作人员，主要是通过核查、判断、处置来实现的。有些质量控制如审核供应商或供货单位证照的真实合法、验收检查药品质量状态只能通过员工的综合判断力，计算机无法代替。但是对于一些规则明确的质量控制，例如"不允许销售超过客户经营范围药品"这一控制条件可能会因为药品品规多、客户数量大、业务繁忙而花费较多的人工来执行，其结果是难以保障控制的质量，同时影响业务处理速度。如果使用计算机来判断和控制这些规则明确的条件，失控的概率就可以大大降低。常用的计算机管理系统质量控制有以下几点。

1. 客商信息管理　建立供应商或客户的信息资料数据。根据《首营企业审批表》录入每个客商的每个证照（如《药品经营许可证》《营业执照》等）的信息及有效期；客商的任一资料有效期到期，系统自动停止与该客商的业务往来，到期前 3 个月起自动提示预警；录入客商的经营方式、经营范围，不超过经营范围业务往来；录入客户的销售或采购人员信息；录入档案号便于查找纸质档案。

2. 商品信息管理　建立商品信息数据。根据《首营品种审批表》录入商品的品名、规格、生产厂家、批准文号、保质期等数据信息；录入《药品批件（注册证）》有效期和档案号，有效期到期停止该品种经营；录入商品经营范围属性，与"客商信息"的商品经营范围一致。

3. 采购管理　在使用计算机系统下达购进任务时，不能选择或录入没有通过首营审批的企业和品种；供应商和品种相关证照应处于有效期范围内，否则不允许下达购进单。

4. 收货管理　检查到货情况，查验随货同行单，在系统中回填货运状态情况；调取采购记录并核对，来货数量应小于采购预报；打印收货、验收通知单；冷藏药品收货时应填写冷藏药品信息，记录到货时间、运输方式、温控方式、到货温度，导出在途温度记录并保存。

5. 验收管理 按批号验收，一个品种多个批号分批号验收；在采购记录的基础上录入药品的批号、生产日期、有效期、到货数量、验收过程、验收合格数量、验收结果等生产验收记录；系统自动记录验收员姓名、验收日期；验收员将药品检验报告书和进口药品、生物制品资料扫描上传至计算机系统。

6. 分配货位系统 应当按照药品的管理类别及储存特性，自动分配储存库区。

7. 商品盘点系统 自动记录盘点过程所有操作和处理记录，做到账物相符。

8. 养护计划与养护记录 系统自动生成养护计划（在库时间 90 天养护一次）；对储存温度特殊、有效期较短的药品形成重点养护计划（在库时间 1 个月养护一次），养护计划转换成养护记录，回填至系统。

9. 近效期管理 系统自动对库存药品的有效期进行管理；有效期剩 6 个月或 3 个月的，分别用不同的颜色提示预警；超过有效期自动锁定及停售。

10. 质量锁 发现质量有疑问的药品，可以设置质量锁、物流锁，对不能正常购销的商品进行锁定；锁定信息自动传达质管人员，质量管理人员确认回填或解除锁定；系统记录锁定时间、原因、处理措施、处理结果等。

11. 销售管理系统 系统拒绝无基础数据或停用状态的基础数据生成销售订单；系统拒绝生成客户"经营范围"与订单商品"经营范围"属性不符的订单；系统拒绝经营方式只有"生产"的销售订单生成；系统拒绝超过库存的销售订单生成；销售记录应至少包括通用名称、规格、剂型、批号、有效期、生产厂商、供货单位、销售数量、单价、金额、销售日期。

12. 销退管理 销退收货实物信息自动与销售记录、出库复核记录对比，退货药品实物与原记录信息不符时，系统应拒绝药品退回操作；不得对原始销售数据更改，销退数量不可大于销售数量；依据原记录信息生成销退验收记录。

13. 出库复核 销售数据传输至仓储部门，在完成拣货、复核操作后，系统自动生成出库复核记录，其主要包含以下信息：购货单位、通用名称、剂型、规格、数量、批号、有效期、生产厂商、出库日期、质量状况和复核员等；系统通过销售记录可以打印随货同行单；系统自动与出库单联动打印药品检验报告书和进口药品、生物制品资料。

14. 运输情况反馈 打印出车运输单（自运）或发货签收单（托运）；系统自动跟踪运输车辆，提示警告运输时限；根据运输单，随货清单签收回执，回填生成运输记录，包括发货时间、发货地址、收货单位、货单号、药品件数、运输方式、委托经办人、承运单位、车牌号等。

15. 库房温湿度监控 自动、不间断记录库房温湿度信息；库房温湿度超过规定范围以及系统供电中断等情况，能够进行声光报警，同时短信通知指定人员。

16. 冷链运输数据 实时监控测点终端，采集的数据通过网络自动传送到管理主机进行处理、记录、保存；具有远程实时报警功能。

17. 系统数据安全 严格按岗位设施权限，各岗位在权限范围内录入查询数据；修改经营数据应当向质量管理人员申请批准后进行，并且有修改记录；自动根据用户名和密码记录操作人，自动记录时间日期；所有记录按日备份，至少保存 5 年；建立采购、验收、养护、销售、出库复核、销退、运输、温湿度检查、不合格药品处理等相关记录。

（三）建立药品质量追溯系统

2015 年 12 月 30 日，国务院办公厅印发的《关于加快推进重要产品追溯体系建设意见》中明确要求，以落实企业追溯责任为基础，强化企业主体责任，建设来源可查、去向可追、责任可究的重要产品追溯体系。药品作为特殊商品，建立质量追溯系统是保障药品质量的一种重要手段。

《药品经营质量管理规范》规定："企业对无法溯源的药品，应当拒收。追溯信息与药品包装信息不符的，应当及时向供货单位查询。"

（四）计算机管理物流过程

1. 计算机管理系统用于数据分析 在物流企业中产生的信息数量是巨大的，而且多品种、少批量的配送活动更是增加了物流信息产生的速度。对这些信息加工整理，将可以指导库存补充和提高售后服务质量，使用计算机管理系统可以自动地收集和处理大量数据。将分析的结果与供应商共享，可以指导供应商的生产，形成良好的伙伴关系。

2. 计算机管理系统优化物流作业

（1）在入库方面，采用独特的采购入库监控策略，基于过去的经验和所有历史数据的收集，了解什么样的品类容易坏，坏在哪里，然后进行预包装。这都是在收货环节提供的增值服务。

（2）入库货位分配。对新入库的中小体积商品测量长、宽、高和体积，根据这些商品信息优化入库。再把这些数据放到合适的货位里，有利于后续的货位优化设计和区域规划。

（3）拣货路径优化。系统会给每个拣货的员工随机地优化拣货路径，使其不走回头路，而且确保全部拣选完成之后，所走路径最少。通过这种计算和推荐，可以把传统作业模式的拣货行走路径减少 60% 以上。

（4）库位管理。由计算机管理实现的随机货位存储减少了货位的浪费；使用计算机管理系统根据商品周转率、拣货路径计算并分配货位将可以减少拣货的工作量；使用计算机管理系统分析订单，通过一定的算法制定拣货方案，可以实现批量商品拣选；使用计算机管理系统分析配送地址、配送量制定最优的配送路径，可以节约配送费用。

（5）智能化调拨库存。全国各个省市包括各大运营中心之间有干线的运输调配，以确保库存已经提前调拨到离客户最近的运营中心。智能化全国调拨运输网络很好地支持了平行仓的概念，全国范围内只要有货就可以下单购买，这是大数据体系支持全国运输调拨网络的充分表现。

3. 计算机控制自动化设备 由计算机控制的自动立体货架、自动搬运车、电子标签拣货系统提高了物流作业的速度。由计算机控制的设备更加安全，比如员工的安全帽里有芯片，如果探测到一定范围内有危险，就会通知员工停下来。

五、人工智能

人工智能是计算机科学的一个分支，是基于物联网、大数据和云计算等新兴技术，研究如何使用计算机来模拟人的某些思维过程和智能行为，具有广泛的应用前景。

目前，在物流行业，人工智能已应用于物流运输、仓储、配送、管理等环节。各物流企业都在争先布局，研发无人机、无人车、无人仓，提高物流效率，降低物流成本，抢占市场先机。

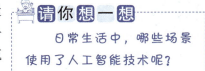

请你想一想

日常生活中，哪些场景使用了人工智能技术呢？

任务二 办公软件在物流的应用

实例分析

实例 小明是某职业学校三年级的学生，现在一家医药配送中心实习。组长提供了公司 2015 年 1 ~ 3 月 A 库的出库统计表（图 6 - 5）、2015 年 1 ~ 3 月 A 库的入库统计表（图 6 - 6）给小明，要求将 A 库药品库存情况统计出来，生成公司 2015 年 1 ~ 3 月 A 库的库存统计表（图 6 - 7）。

图 6 - 5 2015 年 1 ~ 3 月 A 库的出库统计表

某某医药配送中心的入库统计

药品编号	药品名称	规格	剂型	单位	1月 入库数量 整件数量	1月 入库数量 散件数量	1月 验收人	1月 验收日期	1月 备注	2月 入库数量 整件数量	2月 入库数量 散件数量	2月 验收人	2月 验收日期	2月 备注	3月 入库数量 整件数量	3月 入库数量 散件数量	3月 验收人	3月 验收日期	3月 备注
2016002031	氯霉素滴耳液	10ml:0.25g	滴耳剂	支	312	0	罗永鹏	2015-1-8		63	1	王婷莉	2015-2-25		345	0	黄盖	2015-3-19	
2016002032	葡萄糖酸钙口服溶液	10ml:1g	口服溶液剂	支	123	0	王健	2015-1-8		73	3	王健	2015-2-25		543	0	黄盖	2015-3-19	
2016002033	注射用头孢曲松钠	0.5g	粉针剂	支	234	1	王健	2015-1-8		73	11	黄智洁	2015-2-25		353	0	黄盖	2015-3-19	
2016002034	羟乙基淀粉20氯化钠注	500ml:30mg	羟注射液	液	1123	0	王健	2015-1-8		733	3	唐豆	2015-2-25		633	0	黄盖	2015-3-19	
2016002035	氯化钠注射液	500ml:4.5g	注射剂	支	455	0	王健	2015-1-8		633	20	董永杰	2015-2-25		733	0	黄盖	2015-3-19	
2016002036	氯化钠注射液	250ml:2.25g	注射剂	支	43	0	王健	2015-1-8		33	1	黄智洁	2015-2-25		1273	0	黄盖	2015-3-19	
2016002037	注射用头孢曲	1.0g	粉针剂	支	435	0	王健	2015-1-8		173	1	易友生	2015-2-25		88	1	黄盖	2015-3-19	
2016002038	注射用对氨基水杨酸钠	2g	注射剂	支	654	0	王健	2015-1-8		733	1	黄智洁	2015-2-25		32	1	黄盖	2015-3-19	
2016002039	乳酸钠林格注射液	500ml/瓶	注射液	液	76	0	王健	2015-1-8		742	11	曾桂燕	2015-2-25		58	1	黄盖	2015-3-19	
2016002040	格列齐特片(II)	80mg片	剂	盒	76	0	王健	2015-1-8		630	5	黄盖	2015-2-25		85	0	黄盖	2015-3-19	
2016002041	依诺沙星软膏	10克:0.1克	软膏剂	支	43	1	王婷莉	2015-1-8		1432	5	黄智洁	2015-2-25		33	0	罗永鹏	2015-3-19	
2016002042	氢溴酸右美沙芬口服液	10ml:15mg	口服溶液剂	瓶	56	0	王健	2015-1-8		742	5	董永杰	2015-2-25		435	0	罗永鹏	2015-3-30	
2016002043	注射用头孢哌酮钠舒巴	1.0g	粉针剂	支	324	1	王健	2015-1-8		734	0	黄智洁	2015-2-25		633	0	罗永鹏	2015-3-30	
2016002044	注射用头孢噻肟钠	1.0g	粉针剂	支	345	0	王婷莉	2015-1-8		532	10	易友生	2015-2-25		673	1	罗永鹏	2015-3-30	
2016002045	甘露醇注射液	250ml:50g	注射剂	瓶	43	0	罗永鹏	2015-1-8		432	2	黄智洁	2015-2-25		1273	0	罗永鹏	2015-3-30	
2016002046	注射用硫酸阿米卡星	0.2g	注射剂	支	336	0	王健	2015-1-8		632	50	曾桂燕	2015-2-25		88	1	罗永鹏	2015-3-30	
2016002047	替硝唑片	500mg	片剂	盒	45	1	黄智洁	2015-1-8		76	9	黄盖	2015-2-25		32	1	罗永鹏	2015-3-30	
2016002048	肝素钙		原料药	支	43	0	唐豆	2015-1-8		753	12	黄智洁	2015-2-25		58	1	罗永鹏	2015-3-30	
2016002049	复方氨基酸注射液3AA	250ml:10.65	注射剂	瓶	453	0	董永杰	2015-1-8		473	9	董永杰	2015-2-25		32	1	曾桂燕	2015-3-30	
2016002050	盐酸伪麻黄碱		原料	盒	43	1	黄智洁	2015-1-8		2342	7	黄智洁	2015-2-25		58	0	曾桂燕	2015-3-30	
2016002051	注射用阿昔洛韦	0.25g/支	冻干粉针	支	45	1	易友生	2015-1-8		276	45	黄智洁	2015-2-25		85	0	曾桂燕	2015-3-30	
2016002052	吉非罗齐胶囊	0.3g	胶囊剂	盒	43	1	黄智洁	2015-1-8		864	43	黄智洁	2015-2-25		33	0	曾桂燕	2015-3-20	
2016002053	法莫替丁片	20mg	片剂	盒	45	1	王婷莉	2015-1-8		74	45	黄智洁	2015-2-25		435	0	曾桂燕	2015-3-20	
2016002054	乳酸环丙沙星注射液	100ml:0.2g	注射剂	瓶	48	1	王健	2015-1-8		743	48	黄智洁	2015-2-25		633	0	曾桂燕	2015-3-20	
2016002055	甘油氯化钠注射液	500ml:甘油5大容量	注射剂	瓶	87	1	王健	2015-1-8		33	12	黄智洁	2015-2-25		670	0	曾桂燕	2015-3-20	
2016002056	甘油氯化钠注射液	250ml:甘油2大容量	注射剂	瓶	88	1	王健	2015-1-12		633	9	黄智洁	2015-2-25		633	0	曾桂燕	2015-3-20	
2016002057	缩合葡萄糖氯化钠注射	500ml：缩合	注射液	瓶	1643	1	黄智洁	2015-1-8		633	7	黄智洁	2015-2-25		200	0	曾桂燕	2015-3-20	
2016002058	中性胰岛素注射液	10ml：400单	注射剂	瓶	580	1	谢晓波	2015-1-8		430	45	黄智洁	2015-2-25		264	1	曾桂燕	2015-3-20	
2016002059	注射用哌拉西林钠	1.0g/瓶	注射剂	瓶	85	1	曾桂燕	2015-1-8		264	43	黄智洁	2015-2-25		262	0	曾桂燕	2015-3-20	
2016002060	头孢拉定	无菌	原料药	盒	33	1	曾桂燕	2015-1-8		262	45	黄智洁	2015-2-25		262	0	易一	2015-3-20	
2016002061	头孢拉定		口服原料药	盒	435	0	曾桂燕	2015-1-8		262	0	黄智洁	2015-2-25		435	1	易一	2015-3-20	
2016002062	盐酸克林霉素胶囊	0.15g	胶囊剂	盒	437	0	曾桂燕	2015-1-8		435	5	黄智洁	2015-2-25		437	0	易一	2015-3-20	
2016002063	注射用普鲁卡因青霉素	40万单位	粉针剂	支	1760	0	曾桂燕	2015-1-8		234	1	黄智洁	2015-2-25		321	0	易一	2015-3-20	
2016002064	二羟丙茶碱注射液	2ml:0.25g	注射剂	瓶	34	0	曾桂燕	2015-1-8		543	0	黄智洁	2015-2-25		58	1	易一	2015-3-20	
2016002065	氢化可的松注射液	2ml:10mg	注射剂	瓶	767	0	曾桂燕	2015-1-8		800	0	黄智洁	2015-2-25		85	1	易一	2015-3-20	
2016002066	氢化可的松注射液	20ml:100mg	注射剂	瓶	768	0	曾桂燕	2015-1-12		353	9	黄智洁	2015-2-25		33	1	易一	2015-3-20	
2016002067	门冬氨酸钾镁注射液	10ml	注射剂	瓶	677	1	罗永鹏	2015-1-13		345	0	黄智洁	2015-2-25		435	1	易一	2015-3-20	
2016002068	注射用阿莫西林钠克拉	1.2g	粉针	支	1670	9	罗永鹏	2015-1-8		353	0	黄智洁	2015-2-25		256	1	易一	2015-3-20	
2016002069	哌拉西林钠		料药	盒	123	9	罗永鹏	2015-1-12		345	0	黄智洁	2015-2-25		123	1	易一	2015-3-20	
2016002070	注射用丝裂霉素	2mg/瓶	无菌粉针	支	123	10	罗永鹏	2015-1-13		343	0	黄智洁	2015-2-25		123	1	易一	2015-3-20	
2016002071	复方氨基酸注射液(9AA	250ml:13.98	注射剂	瓶	3487	0	罗永鹏	2015-1-8		387	1	黄智洁	2015-2-25		264	1	易一	2015-3-20	
2016002072	注射用头孢哌酮钠	1.0g	粉针剂	支	123	0	罗永鹏	2015-1-12		37	0	黄智洁	2015-2-25		262	1	易一	2015-3-20	
2016002073	注射用头孢哌酮钠舒巴	1.0g/瓶	粉针剂	支	467	0	罗永鹏	2015-1-13		210	1	黄智洁	2015-2-25		262	1	易一	2015-3-20	
2016002074	头孢氨苄		原料药	盒	438	0	罗永鹏	2015-1-8		128	2	黄智洁	2015-2-25		435	1	易一	2015-3-20	

图 6－6　2015 年 1～3 月 A 库的入库统计表

某某医药配送中心A库的库存统计表

药品编号	药品名称	规格	剂型	单位	入库数量 整件数量	入库数量 散件数量	出库数量 整件数量	出库数量 散件数量	盘点差异数量 整件数量	盘点差异数量 散件数量	结存数量 整件数量	结存数量 散件数量
2012002031	氯霉素滴耳液	10ml:0.25g	滴耳剂	支								
2012002032	葡萄糖酸钙口服溶液	10ml:1g	口服溶液剂	支								
2012002033	注射用头孢曲松钠	0.5g	粉针剂	支								
2012002034	羟乙基淀粉20氯化钠注	500ml:30mg	羟注射液	液								
2012002035	氯化钠注射液	500ml:4.5g	注射剂	支								
2012002036	氯化钠注射液	250ml:2.25g	注射剂	支								
2012002037	注射用头孢曲	1.0g	粉针剂	支								
2012002038	注射用对氨基水杨酸钠	2g	注射剂	支								
2012002039	乳酸钠林格注射液	500ml/瓶	注射液	液								
2012002040	格列齐特片(Ⅱ)	80mg片	剂	盒								
2012002041	依诺沙星软膏	10克:0.1克	软膏剂	支								
2012002042	氢溴酸右美沙芬口服液	10ml:15mg	口服溶液剂	瓶								
2012002043	注射用头孢哌酮钠舒巴	1.0g	粉针剂	支								
2012002044	注射用头孢噻肟钠	1.0g	粉针剂	支								
2012002045	甘露醇注射液	250ml:50g	注射剂	瓶								
2012002046	注射用硫酸阿米卡星	0.2g	注射剂	支								
2012002047	替硝唑片	500mg	片剂	盒								
2012002048	肝素钙		原料药	支								
2012002049	复方氨基酸注射液3AA	250ml:10.65	注射剂	瓶								
2012002050	盐酸伪麻黄碱		原料	盒								
2012002051	注射用阿昔洛韦	0.25g/支	冻干粉针	支								
2012002052	吉非罗齐胶囊	0.3g	胶囊剂	盒								
2012002053	法莫替丁片	20mg	片剂	盒								
2012002054	乳酸环丙沙星注射液	100ml:0.2g	注射剂	瓶								
2012002055	甘油氯化钠注射液	500ml:甘油5大容量	注射剂	瓶								
2012002056	甘油氯化钠注射液	250ml:甘油2大容量	注射剂	瓶								
2012002057	缩合葡萄糖氯化钠注射	500ml：缩合	注射液	瓶								
2012002058	中性胰岛素注射液	10ml：400单	注射剂	瓶								
2012002059	注射用哌拉西林钠	1.0g/瓶	注射剂	瓶								
2012002060	头孢拉定	无菌	原料药	盒								
2012002061	头孢拉定		口服原料药	盒								
2012002062	盐酸克林霉素胶囊	0.15g	胶囊剂	盒								

图 6－7　2015 年 1～3 月 A 库的库存统计表

问题　如果你是小明同学，应该如何处理这么多的数据呢？

一、Excel 的认知

微软的 Office 是最为流行的办公软件，主要有 Word、Excel、PowerPoint、Access、InfoPath 及 Out look、Publisher。Excel 是微软办公套装软件的一个重要的组成部分，它可以进行各种数据的处理、统计分析和辅助决策操作，广泛地应用于管理、统计财经、金融等领域。它也可以作为办公和管理的平台，以提高使用者的工作效率和决策能力，在物流管理特别是仓储管理中应用广泛。

中国金山公司的 WPS office，和微软 Office 的功能非常相似。从 1989 年到 1994 年，中国国内办公软件一直都是 WPS 一统江湖。美国微软的 Windows 系统在中国悄然登陆之后二者形成了竞争的两大阵营。

本章节的内容主要是针对微软 Office 中的 Excel 在仓储中常用的报表制作与统计来展开讲解。

二、Excel 中的常用功能

（一）查找

小明想了解公司的"色甘酸钠滴眼液"药品信息，如何才可以快速解决这个难题呢？

操作步骤：

步骤1　查找的功能位于菜单"开始"栏中的"查找和选择"，如图 6 – 8 所示。

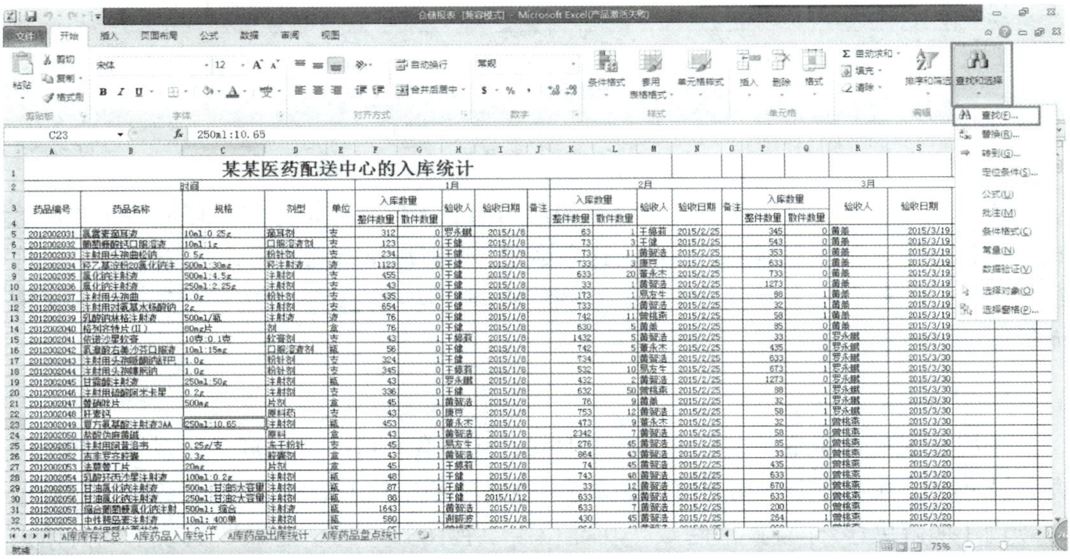

图 6 – 8　查找功能

步骤2　在查找内容处输入"色甘酸钠滴眼液"，查找全部或查找下一个即可，如图 6 – 9 所示。

图 6 - 9　查找内容

步骤 3　根据指令查找到相关信息的结果，如图 6 - 10 所示。

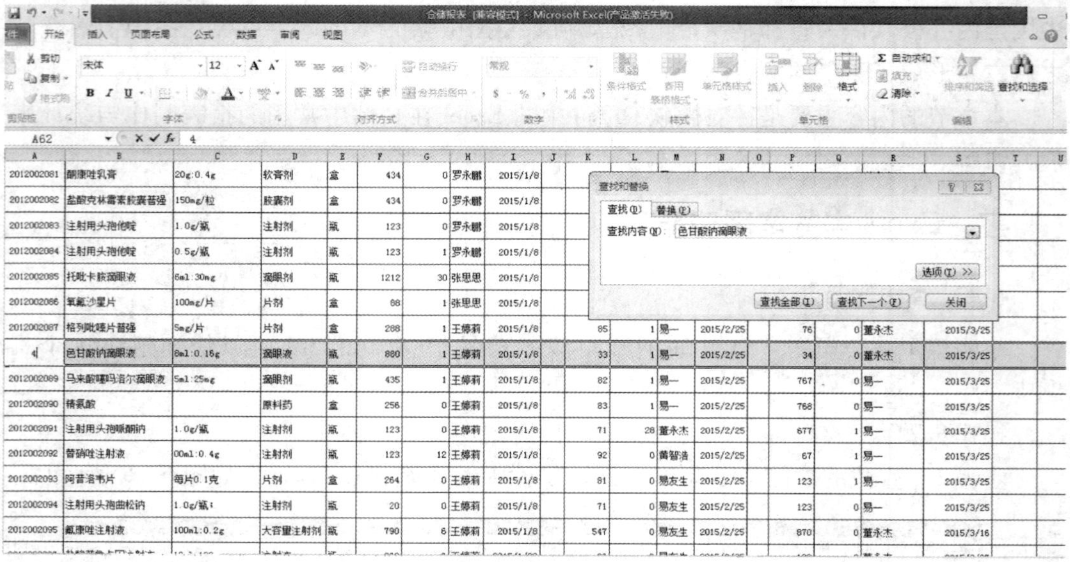

图 6 - 10　根据指令查找到相关信息

（二）冻结

小明查找到了"色甘酸钠滴眼液"的药品信息，但每列信息的具体内容很多。这时候"冻结"功能可以帮助小明解决这个难题。窗口冻结有三种形式："冻结行""冻结列""冻结单元格"。它位于菜单"视图"中的"冻结窗口"选项卡。具体操作步骤如图 6 - 11 所示。

（三）隐藏

小明在汇总《药品入库统计表》的时候，觉得有些信息（如规格、型号、单位等等）用不到，想将暂时无用的信息隐藏起来，那小明应该怎么操作呢？"隐藏"功能可以帮助小明解决这个问题。"隐藏"功能位于"视图"中的"隐藏"选项卡。具体操作步骤如图 6 - 12 所示。

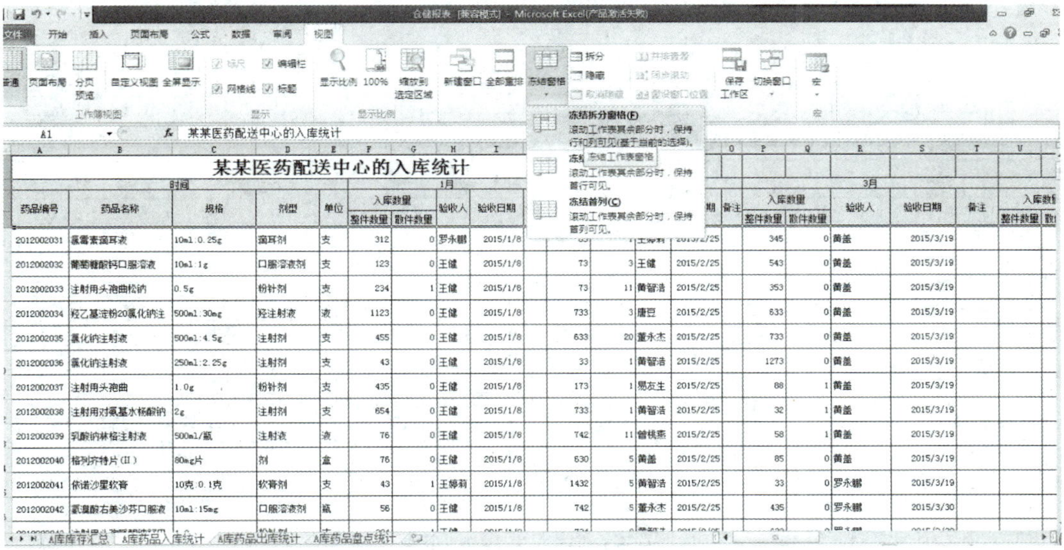

图 6 – 11　冻结功能

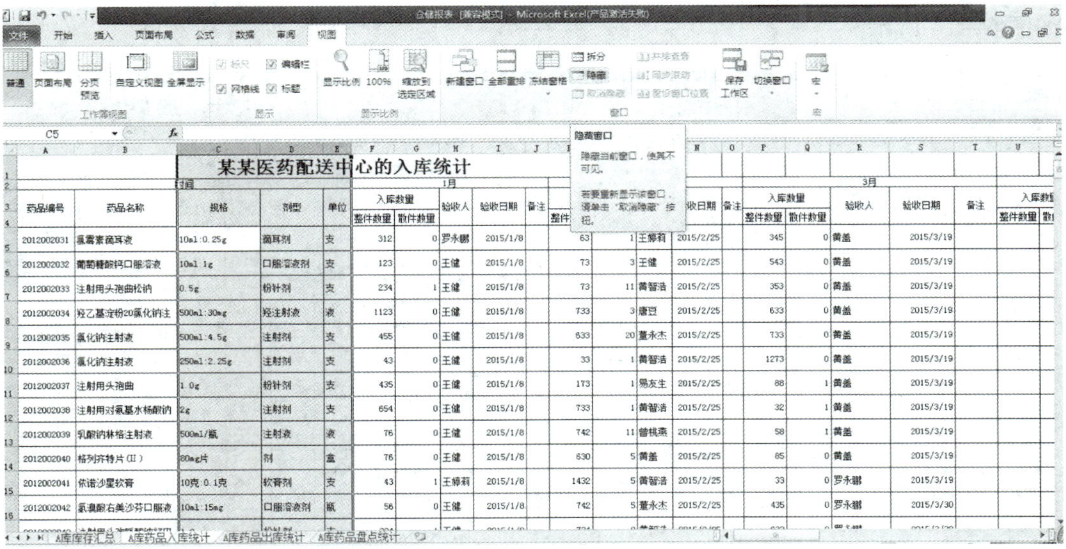

图 6 – 12　隐藏功能

（四）筛选

小明需要筛选"曾桃燕"在 1 月份中，在入库环节中验收的信息。具体操作步骤如下。

步骤 1　"筛选"位于菜单"数据"中，点击 1 月份的"验收人"右侧的下拉按钮，选择"曾桃燕"的名字进行打钩，如图 6 – 13 所示。

图 6 – 13 筛选功能

步骤 2 根据指令在 1 月份当中的"验收人"处进行筛选，选择"曾桃燕"，结果如图 6 – 14 所示。

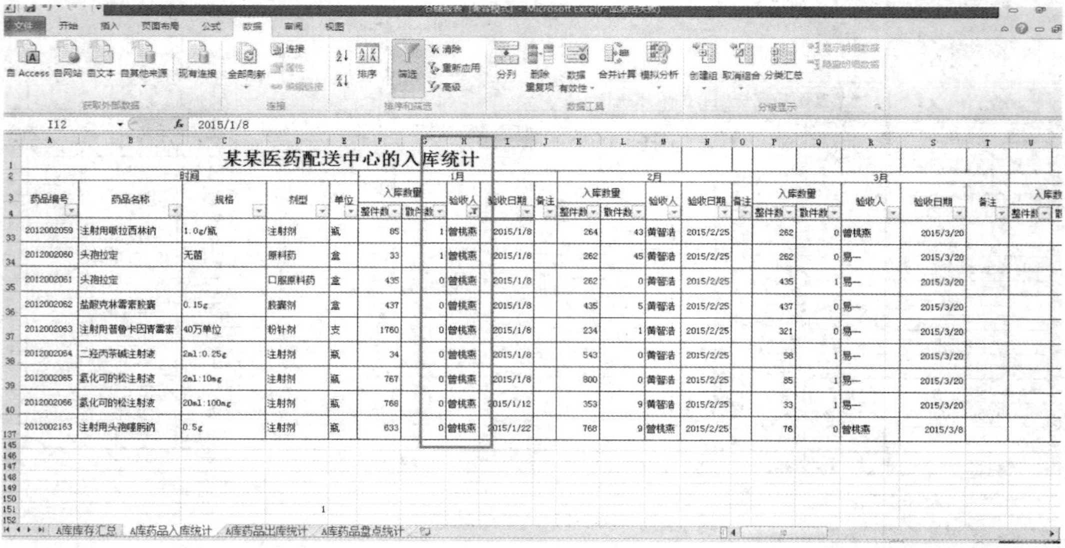

图 6 – 14 筛选结果

（五）排序

小明需要按 1 月份中验收人员进行排序。具体操作步骤如下。

排序位于菜单栏的"数据"中，选择主要关键字，列 H 选择次序为"升序"，如图 6 – 15 所示。

图 6 – 15　排序功能

（六）插入行

小明在"入库统计"和"出库统计"统计表中，插入了行，用于统计每月的入库和出库总数量、最多的出入库数量及最少的出入库数量。具体操作步骤如下。

选择相应的行，用鼠标进行右击，选择"插入"，如图 6 – 16 所示。

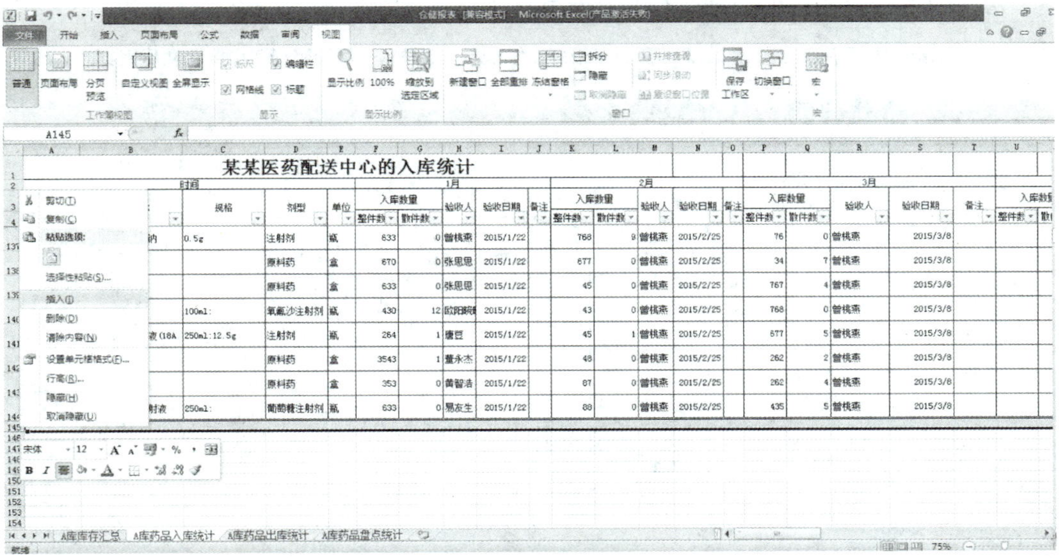

图 6 – 16　插入行

（七）公式的使用

1. 求和　小明在汇总药品入库统计表的时候，常常需要将某项数据的求和，现在

通过 Excel 表可以很方便地得到正确的值。例如在下面的入库统计表中只需在菜单栏内
点击"公式"项目中的"Σ"自动求和，就可以很轻松地统计每月的入库和出库总数
量。具体操作步骤如下。

步骤1 自动求和位于菜单"公式"中，如图 6 – 17 所示。

图 6 – 17 自动求和

步骤2 选择相应的数据进行自动求和，如图 6 – 18 所示。

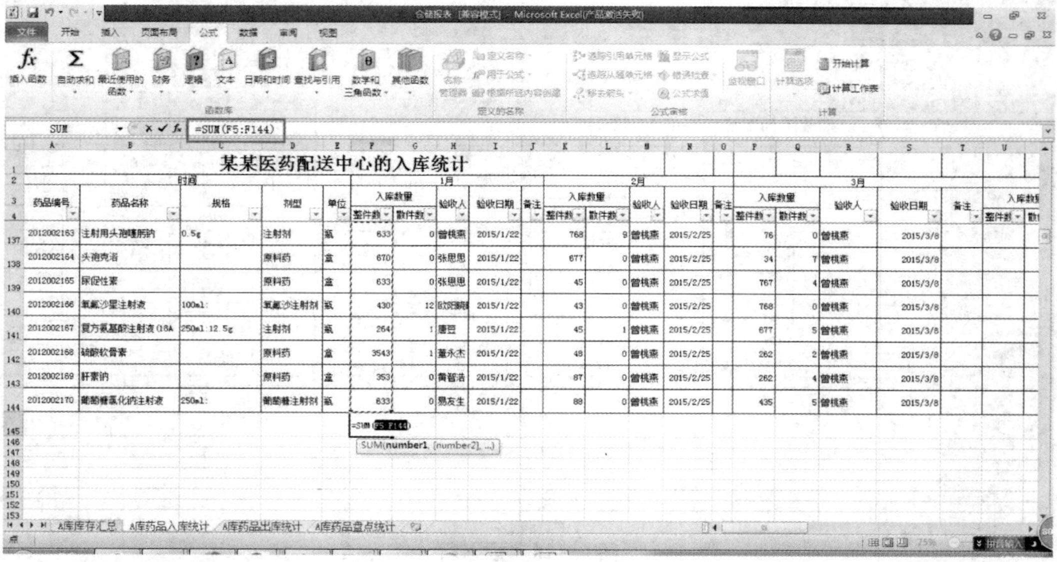

图 6 – 18 自动求和公式

步骤3　自动求和结果，如图6-19所示。

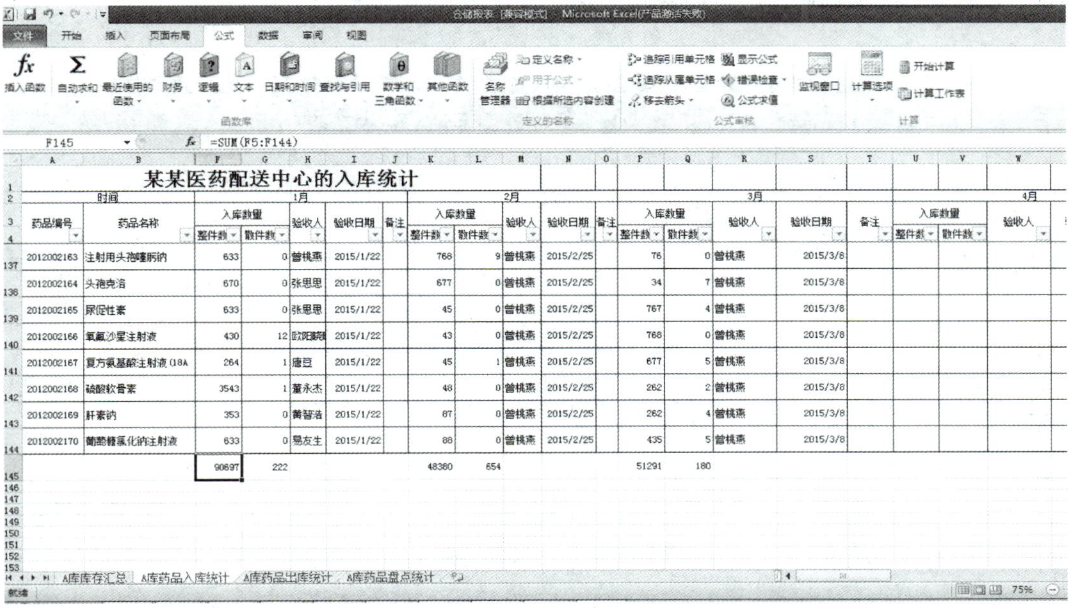

图6-19　自动求和结果

2. 最大值和最小值　小明在统计药品出入库的时候发现常常要求最大值和最小值，通过Excel表只要在菜单栏内点击"公式"项目中的"Σ"项下的"最大值"或"最小值"，就可以很方便地计算最多的出入库数量和最少的出入库数量。具体操作步骤如下。

步骤1　"最大值"位于菜单中的"公式"，如图6-20所示。

图6-20　最大值

步骤 2　选择相应数据进行求最大值，如图 6 – 21 所示。

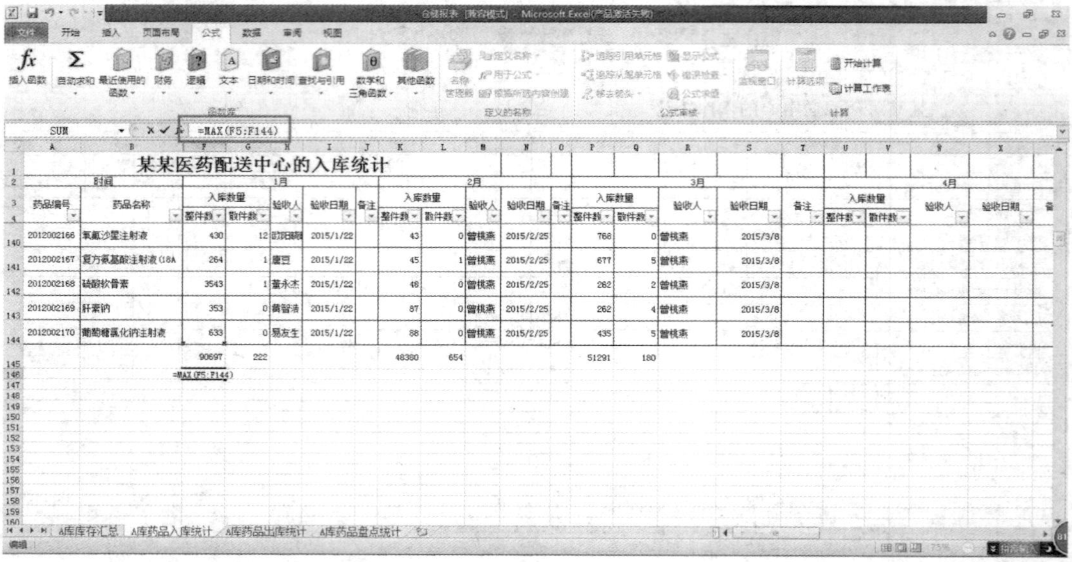

图 6 – 21　最大值的条件选择

步骤 3　"最大值"的结果，如图 6 – 22 所示。

图 6 – 22　所选数据中最大值的结果

步骤4　"最小值"位于菜单中的"公式"，如图6-23所示。

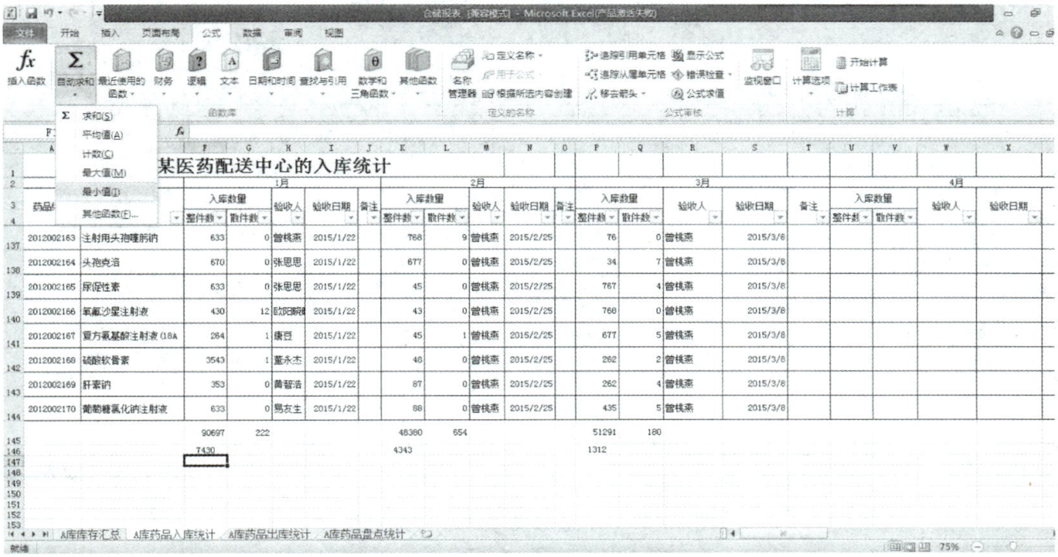

图6-23　最小值

步骤5　选择相应数据进行求最小值，如图6-24所示。

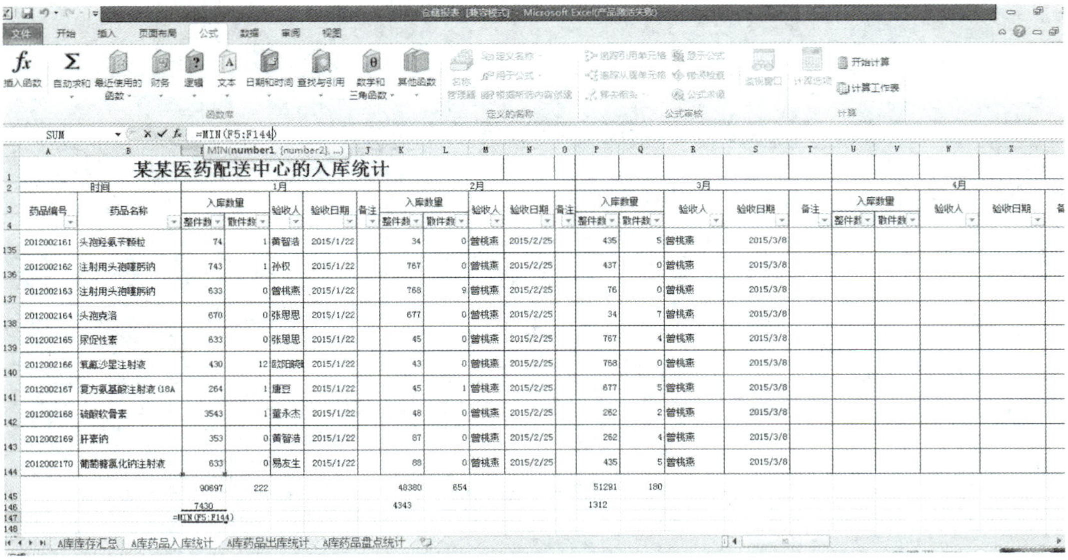

图6-24　最小值的条件选择

步骤 6 "最小值"的结果,如图 6 - 25 所示。

图 6 - 25　所选数据中最小值的结果

3. 结存数据统计　药品盘点时经常要用到结存数据,如何根据出入库的情况得出结存数据呢? 小明总结了上面的学习内容,采取了下面的操作。

步骤 1　在"入库数量"中的"整件数量"下输入"=",如图 6 - 26 所示。

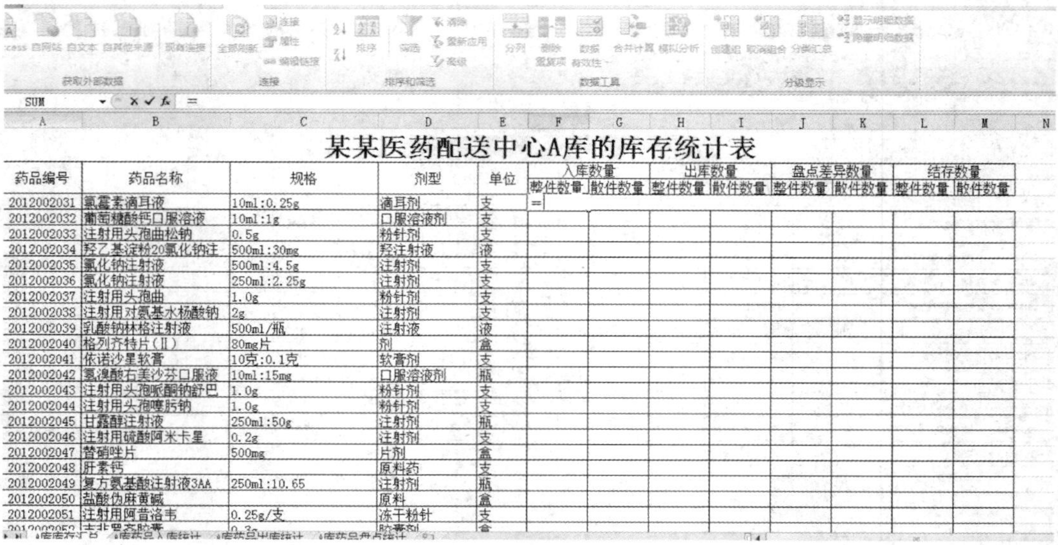

图 6 - 26　库存统计表

步骤 2　将 A 库药品入库统计表进行手输入,将每个月的入库数量"整件"相加起来,如图 6 - 27 所示。

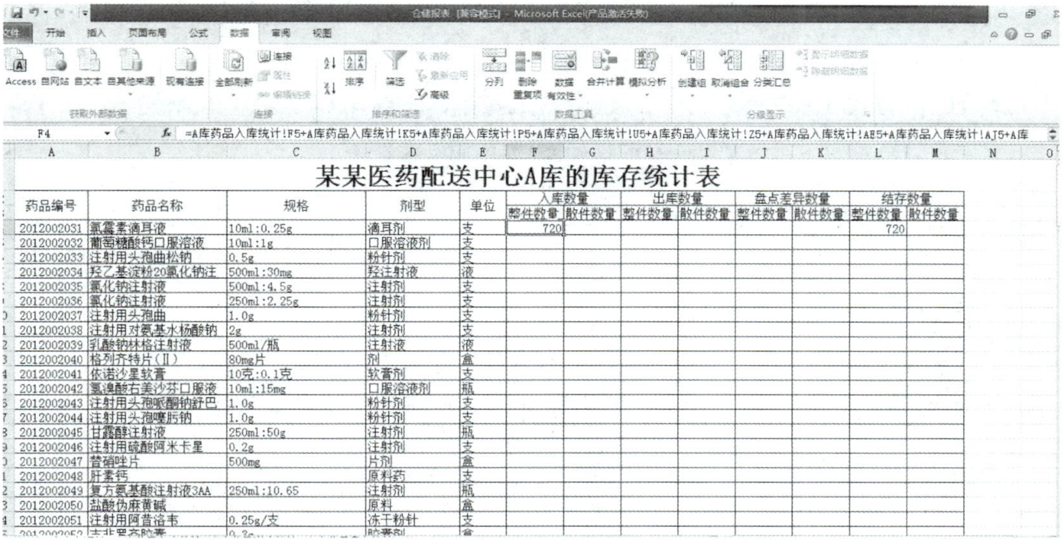

图 6-27 入库数量的统计

步骤3 散件数量的公式设置跟整件设置公式方式一样，设置第一行的公式后，将鼠标放在第一行的右下方位置，出现"＋"的符号，然后进行向下拉，这是最快捷复制公式的一种方式。如图 6-28 所示。

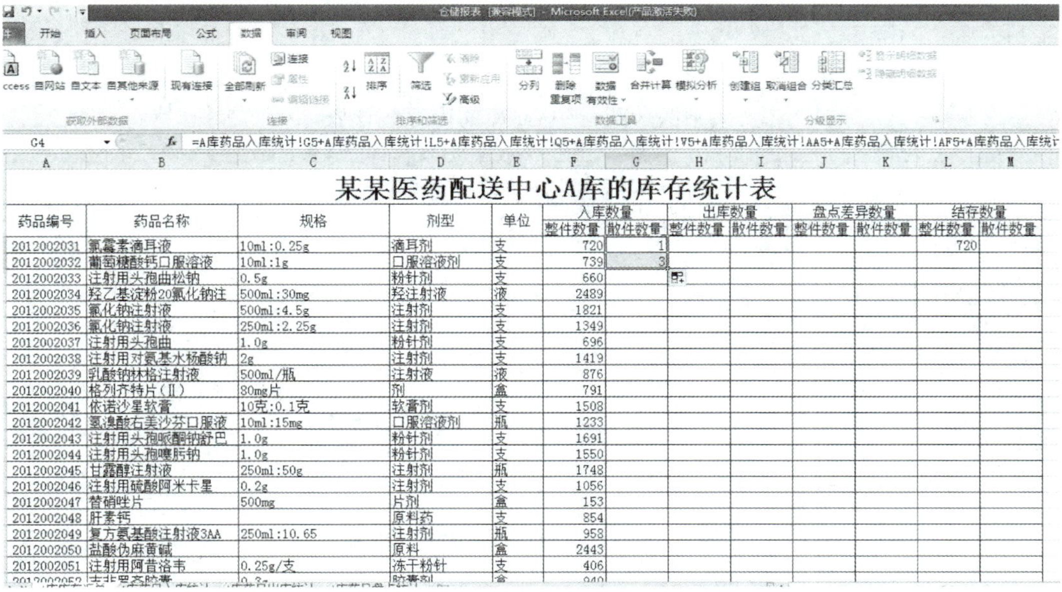

图 6-28 统计的快捷方式

步骤4 然后进行出库数量公式设置，设置方式跟入库数量的公式方法一样，如图 6-29 所示。

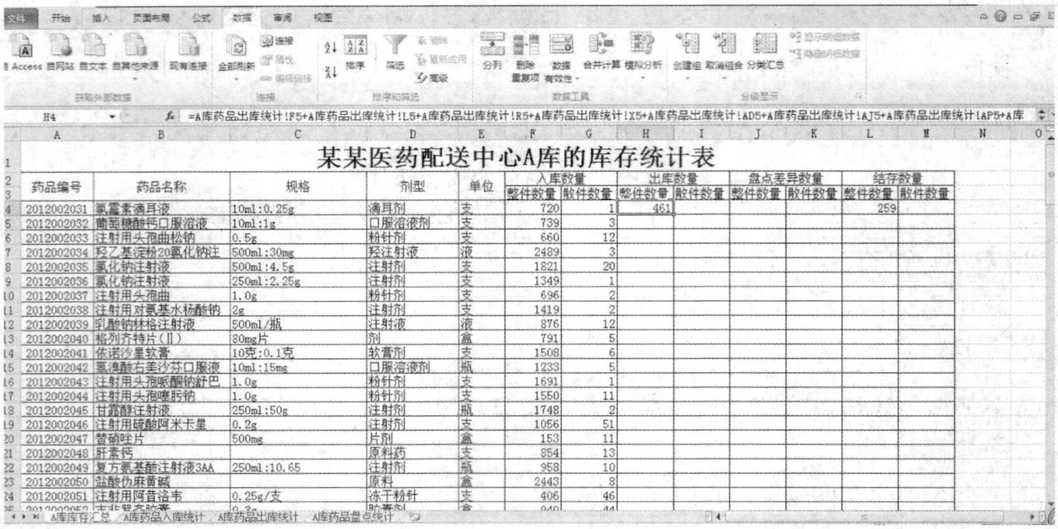

图 6 – 29　出库数量的统计

步骤 5　结存数量（整件）的公式设置，结存 = 入库数量（整件）– 出库数量（整件）+ 盘点差异数量（整件），如图 6 – 30 所示。

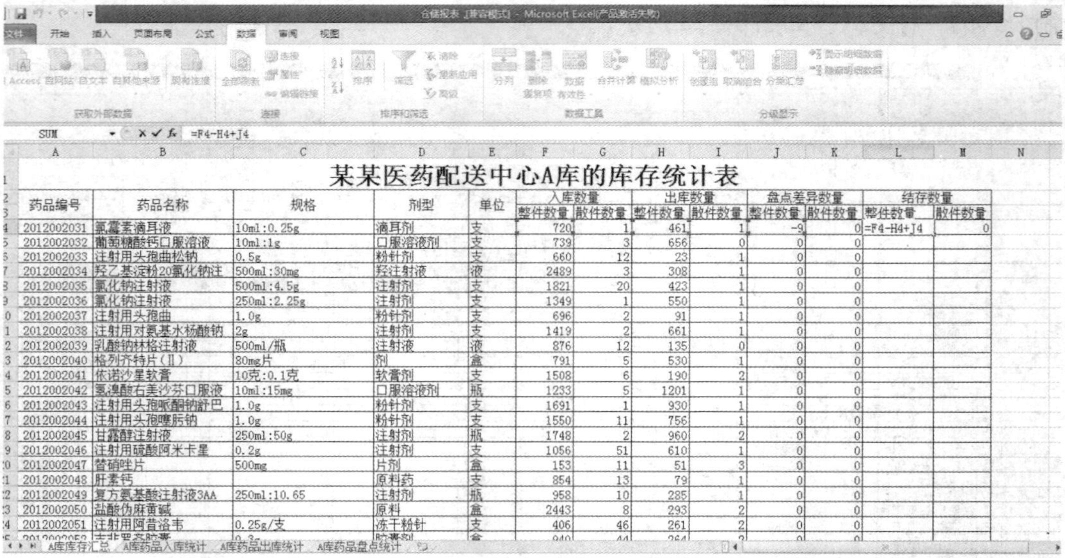

图 6 – 30　结存整件数量的公式设置

步骤 6　结存数量（散件）的公式设置，结存 = 入库数量（散件）– 出库数量（散件）+ 盘点差异数量（散件），如图 6 – 31 所示。

某某医药配送中心A库的库存统计表

药品编号	药品名称	规格	剂型	单位	入库数量 整件数量	散件数量	出库数量 整件数量	散件数量	盘点差异数量 整件数量	散件数量	结存数量 整件数量	散件数量
2012002031	氢溴酸滴耳液	10ml:0.25g	滴耳剂	支	720		461		-9		250	=G4-I4+K4
2012002032	葡萄糖酸钙口服溶液	10ml:1g	口服溶液剂	支	739		656		0			
2012002033	注射用头孢曲松钠	0.5g	粉针剂	支	660	12	23	1	0		637	
2012002034	羟乙基淀粉20氯化钠注	500ml:30mg	羟注射液	液	2489	3	308	1	0		2181	
2012002035	氯化钠注射液	500ml:4.5g	注射剂	支	1821	20	423	1	0		1398	
2012002036	氯化钠注射液	250ml:2.25g	注射剂	支	1349	1	550	1	0		799	
2012002037	注射用头孢曲	1.0g	粉针剂	支	696	2	91	1	0		605	
2012002038	注射用对氨基水杨酸钠	2g	注射剂	支	1419	2	661	1	0		758	
2012002039	乳酸钠林格注射液	500ml/瓶	注射液	液	876	12	135	1	0		741	
2012002040	格列吡特片（Ⅱ）	80mg	剂	盒	791	5	530	1	0		261	
2012002041	依诺沙星软膏	10克:0.1克	软膏剂	支	1508	6	190	2	0		1318	
2012002042	氢溴酸右美沙芬口服液	10ml:15mg	口服溶液剂	支	1233	5	1201	1	0			
2012002043	注射用头孢哌酮钠舒巴	1.0g	粉针剂	支	1691	1	930	1	0		761	
2012002044	注射用头孢噻肟钠	1.0g	粉针剂	支	1550	11	756	1	0		794	
2012002045	甘露醇注射液	250ml:50g	注射剂	瓶	1748	2	960	1	0		788	
2012002046	注射用硫酸阿米卡星	0.2g	注射剂	支	1056	51	610	1	0		446	
2012002047	替硝唑片	500mg	片剂	盒	153	11	51	3	0		102	
2012002048	肝素钙		原料药	支	854	13	79	1	0		775	
2012002049	复方氨基酸注射液3AA	250ml:10.65	注射剂	瓶	958	10	285	1	0		673	
2012002050	盐酸伪麻黄碱		原料	盒	2443	8	293	1	0		2150	
2012002051	注射用阿昔洛韦	0.25g/支	冻干粉针	支	406	46	261				145	

图 6-31　结存散件数量的公式设置

步骤7　设置第一行的公式后，将鼠标放在第一行的右下方位置，出现"+"的符号，然后进行向下拉，这是最快捷复制公式的一种方式，如图 6-32 所示。

某某医药配送中心A库的库存统计表

药品编号	药品名称	规格	剂型	单位	入库数量 整件数量	散件数量	出库数量 整件数量	散件数量	盘点差异数量 整件数量	散件数量	结存数量 整件数量	散件数量
2012002031	氢溴酸滴耳液	10ml:0.25g	滴耳剂	支	720		461		-9		250	0
2012002032	葡萄糖酸钙口服溶液	10ml:1g	口服溶液剂	支	739		656	0	0		83	3
2012002033	注射用头孢曲松钠	0.5g	粉针剂	支	660	12	23	1	0		637	
2012002034	羟乙基淀粉20氯化钠注	500ml:30mg	羟注射液	液	2489	3	308	1	0		2181	
2012002035	氯化钠注射液	500ml:4.5g	注射剂	支	1821	20	423	1	0		1398	
2012002036	氯化钠注射液	250ml:2.25g	注射剂	支	1349	1	550	1	0		799	
2012002037	注射用头孢曲	1.0g	粉针剂	支	696	2	91	1	0		605	
2012002038	注射用对氨基水杨酸钠	2g	注射剂	支	1419	2	661	1	0		758	
2012002039	乳酸钠林格注射液	500ml/瓶	注射液	液	876	12	135	1	0		741	
2012002040	格列吡特片（Ⅱ）	80mg	剂	盒	791	5	530	1	0		261	
2012002041	依诺沙星软膏	10克:0.1克	软膏剂	支	1508	6	190	2	0		1318	
2012002042	氢溴酸右美沙芬口服液	10ml:15mg	口服溶液剂	瓶	1233	5	1201	1	0		33	
2012002043	注射用头孢哌酮钠舒巴	1.0g	粉针剂	支	1691	1	930	1	0		761	
2012002044	注射用头孢噻肟钠	1.0g	粉针剂	支	1550	11	756	1	0		794	
2012002045	甘露醇注射液	250ml:50g	注射剂	瓶	1748	2	960	1	0		788	
2012002046	注射用硫酸阿米卡星	0.2g	注射剂	支	1056	51	610	1	0		446	
2012002047	替硝唑片	500mg	片剂	盒	153	11	51	3	0		102	
2012002048	肝素钙		原料药	支	854	13	79	1	0		775	
2012002049	复方氨基酸注射液3AA	250ml:10.65	注射剂	瓶	958	10	285	1	0		673	
2012002050	盐酸伪麻黄碱		原料	盒	2443	8	293	1	0		2150	
2012002051	注射用阿昔洛韦	0.25g/支	冻干粉针	支	406	46	261				145	

图 6-32　统计的快捷方式

步骤8　统计后的结果，如图 6-33 所示。

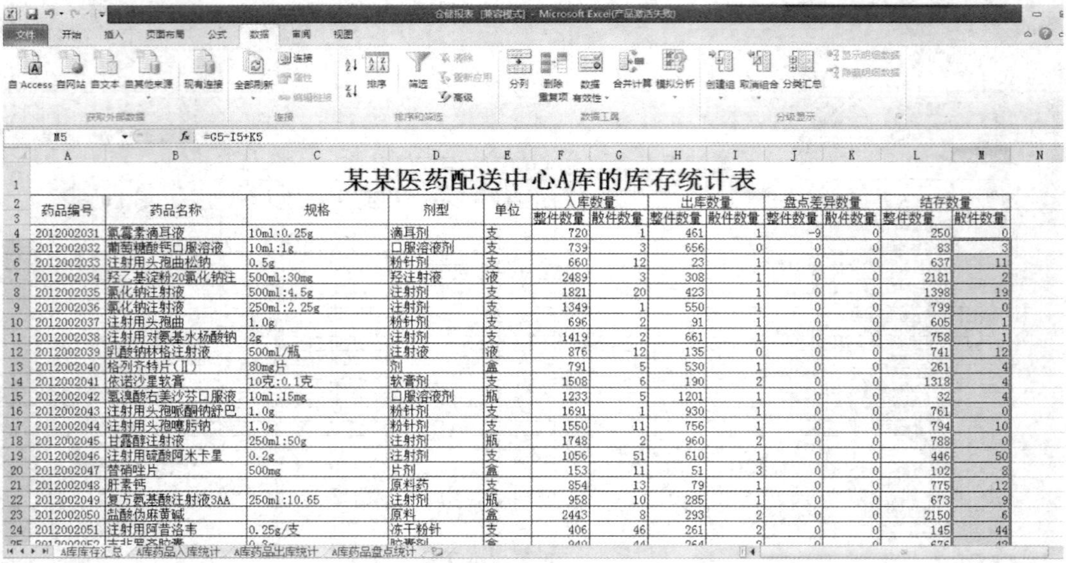

图 6-33　统计后的结果

三、Excel 中的常用快捷键

Excel 中常用的快捷键如表 6-1 所示。

表 6-1　Excel 中常用的快捷键

快捷键	功　　能
Ctrl + A	全选
Ctrl + C	复制
Ctrl + X	剪切
Ctrl + V	粘贴
Ctrl + S	保存
Ctrl + P	打印
Ctrl + F/Shift + F5	查找
Ctrl + 箭头键	移动到当前数据区域的边缘
Ctrl + ;	输入当前日期
Ctrl + Home	移动到工作表的开头
Ctrl + End	移动到工作表的最后一个单元格
Alt + Enter	单元格内换行
Alt + =	用 SUM 函数插入"自动求和"公式
Alt + PageDown	向右移动一屏
Alt + PageUp	向左移动一屏
Home	移动到行首
PageDown	向下移动一屏
PageUp	向上移动一屏

实训九　制作基市业务仓储报表

一、实训目的

通过模拟实操让学生熟练运用 Excel，掌握制作基本业务仓储报表的操作。

二、实训器材

电脑。

三、实训原理

通过制作基本业务报表，使学生了解医药物流企业仓储管理中的工作内容。

四、实训要求

1. 建立一个新的 Excel 表，根据以下内容分别制作《库存统计工作表》《入库工作表》《出库工作表》《盘点工作表》；

2. 通过公式的计算，在《库存统计工作表》中得出每个品种的入、出库情况和库存情况。

五、实训方法

根据下面提供的入库信息、出库信息、盘点信息内容在 Excel 表中制作《库存统计工作表》《入库工作表》《出库工作表》《盘点工作表》，并在《库存统计工作表》中得出每个品种的入、出库情况和库存情况。

入库信息：

1. 2015 年 9 月 28 日，供应商运来药品"必理通"150 箱（整件），存放在 04 号药品仓，本人直接验收。

2. 2015 年 9 月 28 日，供应商运来药品"复方板蓝根颗粒"500 箱（整件），经验收入库，存放在 04 号药品仓。

3. 2015 年 9 月 28 日，供应商运来"感冒灵胶囊"250 箱（整件），经验收入库，存放在 05 号多用途仓。

4. 2015 年 9 月 28 日，供应商运来"蜜炼川贝枇杷膏"480 箱（整件），经验收入库，存储在 05 号多用途仓。

5. 2015 年 9 月 28 日，供应商运来"止咳宝片"22000 箱（整件），经验收入库，存储在 05 号多用途仓。

6. 2015 年 9 月 28 日，供应商运来"活络油"2400 箱，经验收入库，存储在 06 号多用途仓。

7. 2015 年 9 月 28 日，供应商运来"制氧机"4800 台，经验收入库，存储在 07 号多用途仓。

出库信息：

1. 2015 年 9 月 29 日，海珠区的两家药店分店发生"复方板蓝根颗粒抢购潮"，急需将药品仓中的所有存货分别送达该分店处，每家 250 箱。发票号码：9570154735。

2. 2015 年 9 月 29 日，需配送 12000 箱"止咳宝片"至"A 医院"，发票号码：57521411。

3. 2015 年 9 月 29 日，需配送 8000 箱"止咳宝片"至"某某诊所"，发票号码：57521421。

4. 2015 年 9 月 29 日，需配送 4000 台"制氧机"至"A 医院"，发票号码：48244352。

盘点信息：

1. 2015 年 9 月 29 日，仓管在盘点时发现部分"活络油"损坏，数量有 3 箱（主要原因：外包装破裂），必须退回供应商重新包装。

2. 2015 年 9 月 29 日，本人对 07 仓中的"制氧机"、05 仓中的"止咳宝片"进行盘点，按盘点序号录入盘点结果并保存："制氧机"盘点数量为 798 台，"止咳宝片"盘点数量为 2011 箱。

六、实训考核方式

学生以组为单位完成任务，评分标准如表 6 – 2 所示。

表 6 – 2　实训考核表

评分项目	评分说明	评分
制定入库工作表（20 分）	表格内容准确，无信息遗漏（缺一处扣 4 分，扣完即止）	
制定出库工作表（20 分）	表格内容准确，无信息遗漏（缺一处扣 4 分，扣完即止）	
制定盘点工作表（20 分）	表格内容准确，无信息遗漏（缺一处扣 4 分，扣完即止）	
制定库存统计工作表（40 分）	公式准确，步骤清楚，计算结果正确（错一处扣 5 分，扣完即止）	

任务三　物流和电子商务的关系

实例分析

实例　物流是电商竞争的决胜因素之一。2020 年"双 11"期间，全国快递业务总量为 6.75 亿件，同比增长 26.16%，创历史新高。物流高峰既印证了现在电商超高速的发展现状，同时也表现出能否在"最后一公里"保证顾客满意度，成为电商企业急需应对的挑战。据某调研机构的调研数据统计，Y 网上商城在订单的准确性、物流的服务保证、配送的及时性和网站的售后保证等调研项目的得分，均位列电商企业第一名。该公司物流负责人表示，"电商行业的竞争就是顾客体验的竞争，物流对于提升顾客体验非常关键。物流已成为我们的核心竞争力之一。"

Y 网上商城的物流优势主要体现在："准点达"创新服务，让顾客自由定制收货时间；"快速"满足顾客体验，让订单配送更及时；"满意度"第一，做业界第一的顾客体验。

问题　物流对电子商务企业的发展有什么影响？

一、电子商务概述

（一）电子商务的概念与特点

1. 电子商务的概念　随着计算机网络、信息技术的发展，特别是互联网的普及，一种新型的商务模式迅速崛起，这就是电子商务。电子商务是经济、文化和科技发展的必然产物，也将给世界经济带来新的机遇与挑战。

迄今为止，关于电子商务的概念还没有一个全面、统一的认识。不同的组织、不同的学者都从各自的角度提出了电子商务的定义和认识。无论哪种定义，电子商务都应该涵盖几个要素。①借助各种电子方式（特别是互联网）完成信息收集和交换；②交易内容是商品或服务；③电子商务的活动环节与传统商务活动类似，涵盖传统商务活动的各个环节；④电子商务突破了交易的时间限制和空间限制。

因此，我们可以得出，电子商务是借助电子信息技术进行的商务活动。从广义上来说，电子商务一词源自于 electronic business（EB），是指通过电子手段进行的商业事务活动。从狭义上来说，电子商务源于 electronic commerce（EC），是以互联网络为基础进行的各种商务活动，包括商品和服务的提供者、广告商、消费者、中介商等有关行为的总和。人们一般理解的电子商务是指狭义上的电子商务。

对于电子商务，我们也可以从"电子信息技术"和"商务活动"两方面来理解，即电子商务是运用"电子信息技术"进行的全部"商务活动"，电子商务是"电子信息技术"和"商务活动"的交集，如图 6-34 所示。

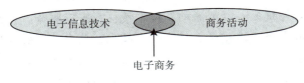

图 6-34　电子商务的概念

你知道吗

不同组织给"电子商务"下的定义

定义1　国际商会世界电子商务会议（1997 年）认为，电子商务是实现整个贸易过程中各阶段的贸易活动的电子化。

定义2 经济贸易与合作组织（OECD）指出，电子商务是关于利用电子化手段从事的商业活动，它基于电子处理和信息技术，如文本、声音和图像等数据传输。

定义3 世界贸易组织（World Tourism Organization，WTO）认为，电子商务是通过电子方式进行货物和服务的生产、销售、买卖和传递。

定义4 欧洲经济委员会提出了，电子商务是各参与方之间以电子方式而不是以物理交换或直接物理接触方式完成的任何形式的业务交易。

定义5 《中国电子商务蓝皮书》（2001年）认为，电子商务指通过 Internet 完成的商务交易。交易的内容可分为商品交易和服务交易，交易是指货币和商品的易位，交易要有信息流、资金流和物流的支持。

2. 电子商务的特点

（1）信息化 电子商务是基于"电子信息技术"而进行的商务活动，交易双方通过计算机网络来实现信息的传递和交换，因此，"信息技术"是电子商务活动开展的基石。

（2）虚拟化 电子商务的虚拟化是相对传统商务活动而言，传统商务活动有明确的交易时间和交易地点，而电子商务活动是通过数字化的虚拟市场来进行交易的，可以突破时间和空间的限制，跨越时空完成在实物市场中无法实现的交易。

（3）全球化 Internet 是面向全球开放的互联网络，基于 Internet 的电子商务活动不受地域限制，用户可以通过网络方便、快捷地寻找世界各地的贸易伙伴。

（4）社会化 电子商务活动的开展除了依托"电子信息技术"外，也离不开电子商务发展的软环境，如公共政策、法律法规、技术标准等的规范和统一，这是一个社会性的系统工作，任一环节的疏漏都将影响电子商务的发展。

（二）电子商务的发展

电子商务的产生始于20世纪60年代，其大规模发展是在20世纪90年代，它的产生和发展的条件主要包括以下几方面。

1. 经济全球化的发展趋势 经济全球化（economic globalization）是指世界经济活动超越国界，通过对外贸易、资本流动、技术转移、提供服务、相互依存、相互联系而形成的全球范围的有机经济整体，是商品、技术、信息、服务、货币、人员等生产要素跨国跨地区的流动。经济全球化促进了跨国公司的发展，使世界范围内的商务活动变得频繁，因此，国际贸易成为了各国经济发展的重要组成部分，人们开始寻求更合适的方式来满足这种商务活动，电子商务应运而生，并且以其独特的优势成为这场变革中的中坚力量，在国际商务活动中扮演着重要角色。

2. 计算机网络技术的发展和普及 一方面，计算机技术飞速发展，其运行速度和处理能力显著提高，这为电子商务活动的开展提供了硬件基础。互联网络逐渐成为全球通信与交易的主流媒体，全球上网用户呈级数增长，这为电子商务活动的开展提供了应用条件。因此，越来越多的企业和个人开始接触并且体验电子商务活动。

另一方面，计算机和网络技术的发展为电子商务的开展提供了技术支持和安全保障，如数据库技术、SSL 协议、SET 协议、动态网页技术、数据加密技术、防火墙和数字签名等。

3. 电子支付的普及和应用 随着经济发展和计算机网络技术的进步，电子支付方式应运而生。电子支付是指电子交易的各方，包括消费者、厂商和金融机构，使用安全电子支付手段，通过网络进行的货币支付或资金流转。电子支付包括网上支付、电话支付、移动支付。随着智能手机的普及，越来越多的人选择使用移动支付，即使用手机、移动 PC 等移动终端通过无线网络完成支付行为的支付方式。现在人们使用的微信支付、"支付宝钱包"也是电子支付方式。在安全技术的保障下，电子支付的出现解决了商务活动中的支付问题，成为促进电子商务发展的强大动力。

4. 政府的支持与推动 1997 年欧盟发布了《欧洲电子商务协议》。随后，美国发布《全球电子商务纲要》，电子商务开始受到各国政府的重视。同时，各国政府努力为电子商务的发展制定法律规范和技术标准，以保障电子商务的长远发展。

从技术角度来看，电子商务的发展可以分为基于电子数据交换（EDI）的电子商务和基于 Internet 的电子商务。电子数据交换是指将文件按照统一的标准从一台计算机传输到另一台计算机的电子传输方法，即在不同计算机之间采用标准化的格式进行电子传输。20 世纪 60 年代，美国的贸易商们尝试在贸易伙伴之间的计算机上实现数据自动交换，大大减少了纸张票据，这就是电子商务的雏形，也被人们形象地称为"无纸贸易"。初期的电子数据交换都是通过租用的电脑线在专用网络 VAN（value added net-work，增值网）上实现的，但是租用 VAN 的费用较高。随着 Internet 技术的成熟与安全性的提高，越来越多的企业选择使用 Internet 作为数据交换的载体。20 世纪 90 年代以来，基于 Internet 的电子商务活动蓬勃发展，全球电子商务的应用如火如荼。1997 年，全球电子商务销售额为 26 亿美元，1998 年增长到 500 亿美元，到 2018 年全球电子商务交易规模达 247167 亿美元。就我国而言，2015 年 5 月，国务院颁布了《国务院关于大力发展电子商务，加快培育经济新动力的意见》，提出要"减少束缚电子商务发展的机制体制障碍，进一步发挥电子商务在培育经济新动力，打造双引擎、实现双目标等方面的重要作用"。2019 年 1 月 1 日，《中华人民共和国电子商务法》正式实施，这是我国第一部电子商务领域的综合性法律，为电子商务的健康有序发展提供了法律基础。根据中国互联网信息中心（CNNIC）发布的第 45 次《中国互联网络发展状况统计报告》显示，截至 2020 年 3 月，我国网民规模达到 9.04 亿，互联网普及率为 64.5%，使用手机上网人群达 8.97 亿，占比 99.3%。近年来，我国电子商务持续保持快速发展，对生产、流通、消费乃至人们的生活带来了变革性影响，不仅为中小企业创造了更多的发展机会和空间，而且在促进就业、带动传统产业转型升级、推动全球贸易便利化等方面发挥了日益重要的作用。中国电子商务研究中心发布的报告显示，2019 年全年电子商务交易额为 34.81 万亿元，比上年增长 6.7%。2019 年全国网络零售交易额为 10.63 万亿元，同比增长 16.5%，其中实物商品网上零售额为 8.52 万亿元。国务院高度重视电子商务发展，商务部积极主动作为，持续优化电子商务环境，指导行业健康发展。

（三）电子商务的分类 🅔 微课

1. 按交易对象分类　电子商务的交易对象一般包括企业（business）、个人消费者（consumer）、政府（government）。按照交易对象，电子商务一般可以分为以下六种类型。

（1）企业与企业的电子商务（B to B）　企业与企业的电子商务指的是商业机构之间通过 Internet 或专用网络所进行的电子商务活动。企业与企业的电子商务活动包括特定企业间的电子商务和非特定企业间的电子商务。特定企业间的电子商务是指在过去一直有交易关系或者在以后一定要继续进行交易的企业间，为了相同的经济利益，共同进行的设计、开发或全面进行市场及库存管理的商务活动，企业间可以使用网络向供货商订货、接收发票和付款。非特定企业间的电子商务是指在完全开放的网络中，企业对每笔交易寻找最佳合作伙伴，与伙伴进行从订购到结算的全部交易活动。

请你想一想

请问，你知道哪些 B to C 型的电子商务企业呢？

（2）企业与消费者的电子商务（B to C）　企业与消费者的电子商务是指企业通过 Internet 为消费者提供一个新型的购物环境即网上商店，消费者通过网络进行网上购物、网上支付。这种模式节省了客户和企业双方的时间和空间，极大地提高了交易效率，节约了开支，因此越来越多的企业和个人参与到 B to C 电子商务活动中来，促进 B to C 电子商务蓬勃发展。

（3）企业与政府的电子商务（B to G）　企业与政府的电子商务活动覆盖企业与政府组织间的各项事务。例如：政府采购清单可以通过因特网发布，公司可以以电子化方式回应；公司税的征收，政府也可以通过电子交换方式来完成；企业通过网络向政府管理部门申请办理各类手续，如工商注册、办证、报关、出口退税等。随着电子信息技术的发展，企业与政府间的电子商务活动范围将进一步扩大。

（4）消费者与消费者的电子商务（C to C）　消费者与消费者之间的电子商务模式是消费者借助网络交易平台进行个人交易，此时企业所扮演的只是第三方的角色，负责通过 Internet 将消费者双方联系在一起，为双方的物品或资金的交换、流通提供服务。

（5）消费者与政府的电子商务（C to G）　随着企业与政府之间电子商务的发展，政府也逐渐把电子商务扩展到个人福利发放和税款征收等方面，例如税务征管部门可以通过网络进行个人所得税及其他一些税务的申报、征缴。随着电子商务的发展，消费者与政府之间电子商务活动的潜力也是不可忽视的。

（6）O to O 模式（online to offline）　指的是线上购买，线下消费，也就是将线下商务与互联网结合起来，让在线交易成为线下交易的前台。在 O to O 模式下，商家可以通过线上销售，线下提供商品或服务，消费者可以在线上搜索、购买商或服务，线下完成交易。

2. 按商务活动内容分类

（1）直接电子商务　直接电子商务即无形货物和服务，如计算机软件、娱乐内容的联机订购、付款和交付，或者是全球规模的信息服务。

（2）间接电子商务 间接电子商务即有形货物的电子订货，它仍然需要利用传统渠道如邮政服务或商业快递公司送货。

3. 按使用网络类型分类

（1）EDI 商务 EDI（电子数据交换）商务是指按照商定的协议，将商业文件标准化，并通过专用网络在贸易伙伴之间进行数据交换和信息处理。EDI 商务主要应用于企业与企业、企业与批发商、批发商与零售商之间的批发业务。与传统的订货和付款方式相比，EDI 大大节约了交易时间和交易费用。与互联网商务相比，EDI 较好地解决了安全保障问题，因为 EDI 商务活动的使用者均有比较可靠的信用保证，并且有严格的登记手续和准入制度，加上多级权限的安全防范措施，实现了包括付款在内的所有交易流程电子化。

（2）互联网商务 互联网商务（Internet 商务）是指以计算机、多媒体、通讯、数据库技术为基础，通过互联网络，在网上实现营销和购物服务。互联网商务突破了传统商业生产、批发、零售的流转程序和进货、销售、库存、调货的营销模式，真正实现了低成本、少投入、零库存、高效率，减少了商品的无效搬运，从而实现社会资源的最大节余和高效运转，使消费者能够突破时间、空间的约束，广泛浏览，充分比较，以最低的价格获得最满意的商品和服务。

（3）Intranet 商务 Intranet 商务是指在 Internet 基础上发展起来的企业内部网，也称内联网，它是在原有的局域网基础上附加一些特定软件，将局域网与互联网连接起来，从而形成企业内部的虚拟网络。Intranet 与 Internet 的最大区别在于 Intranet 内的敏感信息或是享有产权的信息受到企业防火墙安全网点的保护，只允许拥有授权者进入内部 Web 网点，外部人员只有在获得许可的条件下才能进入企业 Intranet。

（四）电子商务的影响

1. 电子商务对经济和社会的影响

（1）电子商务改变了人们的生活方式和消费方式。电子商务的发展带来了网络购物的迅速发展。消费者要购买某种商品或服务时，只需要打开电脑或是智能手机，就能进入网上商店，查看商品目录、商品的照片甚至三维的图形，比较商品规格和性能，从中挑选心仪的商品。

电子商务的发展带来了娱乐、休闲方式的改变。以往人们都是通过报纸、广播、杂志、电视浏览新闻、观看节目，随着互联网的普及，人们足不出户就可以通过网站浏览新闻，观看电影、电视节目，甚至还可以实时、在线观看演唱会、音乐剧等。

电子商务也带来了新的教育模式，网络学校、现代远程教育应运而生。它以计算机技术和网络技术为依托，突破了时间和空间的限制，让学生在家也可以享受到优质的教育资源。

电子商务给人们生活带来的改变远不止这些，特别是借助移动电子商务的推广普及，我们可以通过手机进行订票、理财、充值、叫车、订餐等，这些都给人们的生活带来了便利。

（2）电子商务推动了传统产业的变革。随着电子商务的发展，企业可以便捷地通过网络公布和获取信息，降低了采购、销售等环节的成本，减少了不必要的中间环节，使传统批发商的地位下降。

电子商务的发展使得消费者的主动性得到提升，个性化、定制化商品发展迅猛，传统的制造业也随之进入"小批量、多品种"时代，企业"零库存"成为可能。

网络购物的普及也给传统零售业带来了巨大的冲击，传统的零售业开始转型，开创了无店铺网上营销的新模式。

（3）电子商务推动了金融业的变革。电子商务时代对金融服务的要求可以简单概括为：为客户提供"AAA"式服务，即在任何时间（anytime）、任何地点（anywhere）提供任何方式（any style）的金融服务。这种要求迫使传统金融业进行大规模调整，主要表现在更大范围内、更高程度上依托网络拓展金融业务，而且这种金融业务必须是全方位的，是覆盖银行、证券、保险、理财等各领域的"大金融"服务。因此，电子商务的发展给金融业带来新的发展机遇，使得金融业务更加多样化，如网上银行业务、网上金融信息服务、网上理财、网上证券交易、网上保险业务等。

（4）电子商务的发展带动了物流业的发展。物流是电子商务的重要组成部分。作为电子交易的最后一个环节，物流服务的好坏将直接影响交易的成败。因此，物流越来越受到政府和企业的重视。同时，电子商务的发展也扩大了物流的市场，为物流赢得了新的发展机遇。

（5）电子商务改变了政府的行政行为。电子商务的普及也给政府的行政管理提出了新的要求，电子政务应运而生，即政府机构应用现代信息和通讯技术，在互联网上实现政府组织机构和工作流程的优化重组，超越时间、空间及部门之间的限制，向社会提供优质、全方位、规范透明的管理和服务。电子政务的发展，可以大大降低行政管理成本，提高政府的公共服务质量，利民便民。

2. 电子商务对企业的影响

（1）电子商务改变了企业的生产经营模式。电子商务环境下，企业可以通过互联网及时了解供应商信息，在众多供应商中找到合适的贸易伙伴，越过中间代理商，降低采购成本。传统的企业生产经营模式是大批量、规模化生产，而电子商务时代是以客户需求为导向，因此企业的生产经营模式也转变为小批量、多样化生产。

（2）电子商务改变了企业的销售模式。传统的企业营销方式投入高，人力消耗大，而现代企业可以利用 Internet 资源，在网上进行宣传，展示产品和服务，树立企业形象，进行网络营销。与传统营销方式相比，网络营销的信息传播速度快，效果好，费用低，大大降低了企业的营销成本。另一方面，传统企业的市场受到地域和时间限制，而电子商务时代，企业面对的是全球市场，交易机会大大增加。

（3）电子商务改变了企业的客户服务模式。客户是企业最重要的资源，不断了解客户需求，改进产品，提高客户满意度是企业成功的关键。企业与客户之间可以通过互联网便捷地沟通交流。一方面，企业可以及时掌握客户信息和客户需求，为企业的生产、经营提供决策依据；另一方面，企业可以与客户保持密切的关系，改善售后服务，提高客户满意度。

二、电子商务环境下的物流

（一）电子商务与物流的关系

1. 物流是电子商务的重要组成部分 电子商务的本质在于"商务"，商务的核心是商品的交易。任何一笔商品的交易都涉及以下四个方面：信息的获取、商品所有权的转移、货币支付、商品本身的转移，即电子商务的任何一笔交易，都涉及信息流、商流、资金流、物流的活动。物流是电子商务活动的最后一个环节，也是电子商务的重要组成部分。交易的商品或服务等物质实体的全部流动过程就是物流，具体包括商品的运输、储存、配送、装卸、保管、物流信息管理等所有活动。

2. 物流是电子商务顺利进行的保证 电子商务活动的流程一般为，通过互联网寻求产品或服务信息；分析、比较各种信息，选定心仪的产品或服务；交易双方就产品或服务的价格、交货方式、交货时间进行谈判；买方下订单、付款；卖方确认订单，准备产品或服务；交易双方完成产品或服务的发货、仓储、运输、配送、收货；卖方售后服务和技术支持。从上述流程可以看出，电子商务的全过程都需要物流活动的支持，没有现代物流的支撑，电子商务的优势就难以体现。只有合理化、现代化的物流，才能真正实现优化库存结构、减少产品和资金积压。随着网上购物的普及，物流配送效率成为顾客评价电子商务满意程度的重要指标，也成为顾客选择商家的重要影响因素。因此，物流是电子商务顺利进行的基本保证和重要环节。

3. 电子商务为物流发展提供了广阔的空间 电子商务的开放性和全球性，使得电子交易突破了地域限制，电子交易做到哪里，商品的物流配送服务就延伸到哪里。因此，电子商务极大地扩张了物流的市场范围。另一方面，电子商务的蓬勃发展，使得物流企业业务量大增，通过 Internet，物流公司能够被全球客户主动寻找到，能够在世界范围内拓展配送业务。因此，电子商务为物流提供了更多的商机，为物流发展提供了广阔的空间。

4. 电子商务推动现代物流的发展 电子商务方便、快捷、成本低是其得以迅速发展的原因。那么，如何提高交易速度、降低交易成本，是电子商务企业一直致力解决的难题。在电子商务的"四流"中，信息流、商流、资金流都可以通过网络快速完成，而占用流通时间和流通成本最大的物流则必须通过物理运动来完成，包括商品的运输、存储、配送、装卸、保管、物流信息管理等活动。物流的作业环节众多，可压缩的时间和成本较大，如果可以实现每一作业环节科学化、现代化的高效运作，将大大降低电子商务成本。因此，电子商务的发展必将推动物流的快速反应和现代化的运行机制发展，促进物流技术的进步。

（二）电子商务环境下物流的特点

电子商务环境下，物流具备了有别于传统物流的一系列新特点。

1. 信息化　电子商务时代，物流信息化是电子商务的必然要求。物流信息化表现为物流信息的商品化、物流信息收集的数据库化和代码化、物流信息处理的电子化和计算机化、物流信息传递的标准化和实时化、物流信息存储的数字化等。因此，条码技术、数据库技术、电子订货系统、电子数据交换、快速反应及有效的客户反映、企业资源计划等先进技术与管理策略在物流中得到普遍的应用。信息化是一切物流活动的基础，没有物流的信息化，任何先进的技术设备都不可能应用于物流领域，信息技术及计算机技术在物流中的应用将会彻底改变世界物流的面貌。

2. 自动化　自动化的基础是信息化，核心是机电一体化，效果是省力化。自动化可以扩大物流作业能力、提高劳动生产力、减少物流作业的差错等。物流自动化的设施非常多，如条码、语音、射频自动识别系统、自动分拣系统、自动存取系统、自动导向车、货物自动跟踪系统等。随着物流业的发展，这些设施将逐步用于物流作业流程中。

3. 网络化　网络化的基础也是信息化。这里的网络化有两层含义：一是物流配送系统的计算机通信网络，包括配送中心与供应商或制造商的联系要通过计算机网络，与下游客户之间的联系也是通过计算机网络通信；二是组织的网络化，即利用组织内联网（Intranet）和全球资源，将顾客订单采用外包的形式将产品零部件外包给各制造商进行生产，然后通过物流将所有零部件发往同一物流中心进行组装，组装完成后再发给客户。这一过程的顺利完成需要依靠高效的物流网络的支持。

物流的网络化是物流信息化的必然，是电子商务环境下物流活动的主要特征之一。计算机网络技术的普及为物流的网络化提供了良好的外部环境，物流网络化的趋势势不可挡。

4. 智能化　智能化是物流自动化、信息化的一种高层次的应用。物流作业过程中包含众多运筹和决策，如库存水平的确定、运输路径的选择、自动导向车的运行轨迹、作业控制、自动分拣机的运行、物流配送中心的决策支持等问题都需要借助相关知识才能解决。在物流自动化的进程中，物流智能化是电子商务物流发展的新趋势。在国内外许多物流企业，机器人已开始用于物流作业流程中。

5. 柔性化　柔性化最初是为实现"以顾客为中心"理念而在生产领域提出的。20世纪90年代，国际生产领域陆续推出弹性制造系统、计算机集成制造系统、制造资源系统、企业资源计划以及供应链管理的概念和技术，实质是要将生产、流通进行集成，根据客户需求组织生产、安排物流活动。柔性化的物流是适应生产、流通与消费的需求而发展起来的一种新型物流模式，要求物流配送中心要根据顾客需求"多品种、小批量、多批次、短周期"的特点，灵活组织和实施物流作业。这也是顺应电子商务时代企业生产经营模式而产生的物流新特点。

除了以上几个特点，物流设施和商品包装的标准化、物流的社会化、物流的共同化也都是电子商务环境下物流的新特点。

（三）电子商务环境下物流发展的新趋势

电子商务时代，给物流活动带来了新的特点，也使物流具有了新的发展趋势。

1. 物流服务多功能化　在电子商务环境下，物流发展进入集约化阶段，逐渐出现一体化的物流配送中心。这种物流配送中心不仅提供仓储和运输服务，还开展包括配货、配送以及各种提高附加值的流通加工服务在内的物流项目，此外还可以按客户的需要提供其他服务。也就是说，物流企业除了提供运输、装卸、搬运、储存、包装、流通等基本功能外，还可以提供其他物流服务。

2. 物流服务优质化　随着消费多样化、生产柔性化时代的到来，社会和客户对物流服务的要求越来越高，物流优质化是物流今后发展的重要趋势。物流成本不再是客户选择物流服务的唯一标准，人们更多的是注重物流服务的质量，这就决定了物流企业也将更加注重物流服务的质量。

3. 物流的社会化　随着经济和社会的发展，专业化分工越来越细，企业在生产某种产品时，除了部分主要部件自己生产以外，大都选择外购，生产企业与零售商所需的原材料、中间产品、最终产品由不同的物流中心、批发中心或配送中心提供，以实现少库存甚至是零库存。物流社会化的趋势逐渐显现。

4. 物流企业集约化、规模化　随着经济全球化的发展，为获取便宜的原材料、降低加工成本、获取最大销售利润，产销分离的趋势将更加明显，这会导致物流活动范围逐步扩展；与此同时，物流企业存在地区发展不均衡、规模不一的现状。面对日益扩大的市场，物流企业只有扩大规模，才能降低单位生产成本，获取更高的利润。物流企业的集约化、规模化可以是企业的合并，也可以是企业的合作与联盟，这样才能发挥物流企业各自的优势，形成互补。

5. 物流服务全球化　电子商务加速了全球经济一体化的发展，也推动了物流企业的全球化。随着科学技术的发展、交通运输能力的提高以及物流基础设施的完善，物流服务的覆盖范围逐步扩大，物流服务实现了跨地区、跨国家甚至覆盖全球。

6. 物流管理现代化　物流管理现代化是指顺应市场经济发展的客观规律，聘用专业的物流管理人才，应用现代科学管理方法，使用先进的物流设备和技术，对物流进行有效管理，创造最佳经济效益。物流管理现代化是实现物流合理化的必然要求，是电子商务环境下物流发展的趋势之一。

7. 物流过程绿色化　现代物流的发展必须优先考虑环境问题，从环境保护的角度对物流体系进行改造。这种物流应该是建立在保护环境和可持续发展基础上，在抑制物流对环境造成危害的同时，实现物流环境的净化，使物流资源得到最充分的利用。绿色物流强调了全局利益和长远利益，强调了全方位关注环境，体现了企业的社会责任感，是物流发展的新趋势。

8. 物流互联网化　2015 年 7 月 4 日，国务院印发了《关于积极推进"互联网＋"行动的指导意见》，这是推动互联网由消费领域向生产领域拓展，加速提升产业发展水平，增强各行业创新能力，构筑经济社会发展新优势和新动能的重要举措。意见明确了 11 项重点行动，分别是"互联网＋创业创新""互联网＋协同制造""互联网＋现代农业""互联网＋智慧能源""互联网＋普惠金融""互联网＋益民服务""互联网＋高效物流""互联网＋电子商务""互联网＋便捷交通""互联网＋绿色生态""互联网＋人工智能"。意见中强调了"互联网＋高效物流"，加快建设跨行业、跨区域的物流信息服务平台，提高物流供需信息对接和使用效率，鼓励大数据、云计算在物流领域的应用，建设智能仓储体系，优化物流运作流程，提升物流仓储的自动化、智能化水平和运转效率，降低物流成本。

"互联网＋物流"形成的首要因素在于将改变原始物流的运作模式，全面推行信息化，实现智慧物流。"互联网＋"形势下的信息化，不是单纯地建网站、搭平台、开发APP，而更多的是利用移动互联网优势，在管理监控、运营作业、金融支付等方面实现信息共享，用互联网思维、信息化技术来改造物流产业，在新的领域创造一种新的物流生态。"互联网＋物流"不仅是一种技术手段与传统行业的融合，更是将互联网思维深植于物流行业。物流行业将会是一个利用互联网技术发生深刻变革的行业，物流公司最终的决胜在于怎么样利用好互联网技术，形成一种崭新的服务标准和工作流程，让整个物流服务更有效率。

实训十　制作销售发货单和拣货单

一、实训目的

通过模拟练习，熟悉电子商务物流的工作流程。

二、实训器材

电脑。

三、实训原理

通过制作销售发货单和拣货单，使学生熟悉物流企业仓库的发货流程。

四、实训要求

1. 完成网上商店的订单审核工作。
2. 熟练填写各类单据，掌握网上商店的仓库发货流程。

五、实训内容

杭州市一家个人网店"X 之家"，是一家专营各类耳机的网店。假设今天店里收到一张订单，当天下午要发货。在交给快递公司工作人员之前，网店仓库要根据订单进行配货、拣货、打包等流程。

具体的物流配送流程如图 6－35 所示。

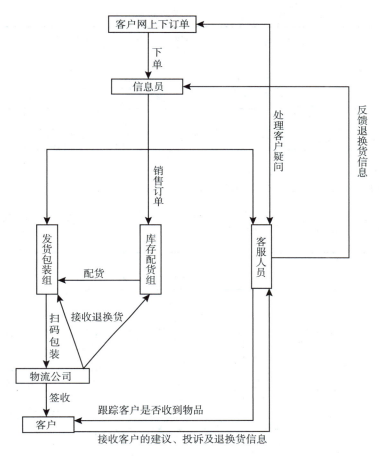

图 6 - 35 网上商店物流配送流程

商品存放于 04 号仓库，库位号为 A - 2 - 4 - 2，请根据网店后台的订单信息（表 6 - 3），录入销售发货单（表 6 - 4）和拣货单（表 6 - 5）。

表 6 - 3 订单信息

订单编号：119097538621				成交时间：2016 年 2 月 23 日　17：26				
买家信息								
ID：anner				真实姓名：王 XX				
地址：广州市天河区大观路 xx 号				邮编：xxxxxx				
联系电话：139xxxxxxxx				支付宝：xxxxxx@126. com				
宝贝	宝贝属性	运费（元）	备注	单价（元）	数量	优惠	总价（元）	
入耳式运动耳机	货号：ATH - CLR100 耳机售后服务：全国联保	10	黑色	129.00	1	0.95 元（淘金币）	128.05	
						实收：128.05 元		

表 6 - 4　销售发货单

客户姓名：		ID：	单号：	订购日期：	

地址：
邮编：
联系电话：

货号	品名	备注	单价	数量	总价

运费：	数量：	小计：

实收金额：

表 6 - 5　拣货单

仓库：		拣货日期：		
订单编号：		客户姓名：		

库位号	货号	货品名称	备注	拣货数量

总拣货数量：	总体积：	总重量：
操作人：	核对人：	记录人：

六、实训考核方式

学生以组为单位完成任务，评分标准如表 6 - 6 所示。

表 6 - 6　实训考核表

评分项目	评分说明	评分
内容完整性（40 分）	表格内容完整，无信息遗漏（缺一处扣 5 分，扣完即止）	
内容正确性（40 分）	表格内容准确无误（错一处扣 5 分，扣完即止）	
填写规范性（20 分）	填写规范（错一处扣 5 分，扣完即止）	

目标检测

一、单项选择题

1. 地理信息系统的简称是（　　）。

　　A. GPS　　　　　B. GIS　　　　　C. EDI　　　　　D. RFID

2. 在微软的办公软件中，（　　）是主要进行各种数据的处理和统计分析的。

    A. Word　　　　　　B. Excel　　　　　　C. PowerPoint　　　　D. Outlook

3. 在 Excel 中，"全选"的快捷键是（　　）。

    A. Ctrl + A　　　　　　B. Ctrl + C　　　　　　C. Ctrl + V　　　　　　D. Ctrl + X

4. 在 Excel 中，快捷键"Ctrl + F"的功能是（　　）。

    A. 查找　　　　　　B. 替换　　　　　　C. 粘贴　　　　　　D. 剪切

5. 京东是（　　）类型的电子商务企业。

    A. B to B　　　　　　B. B to C　　　　　　C. C to C　　　　　　D. B to G

6. 闲鱼是（　　）类型的电子商务企业。

    A. B to B　　　　　　B. B to C　　　　　　C. C to C　　　　　　D. B to G

二、多项选择题

1. 无线射频识别技术至少包括（　　）。

    A. 电子标签　　　　B. 天线　　　　　　C. 阅读器　　　　　　D. 条码扫描器

2. 电子商务的特点有（　　）。

    A. 信息化　　　　　B. 虚拟化　　　　　C. 全球化　　　　　　D. 社会化

3. 电子商务的交易对象包括（　　）。

    A. 企业　　　　　　B. 个人消费者　　　C. 政府　　　　　　　D. 科研单位

4. 按商务活动内容来说，电子商务可以分为（　　）。

    A. 直接电子商务　　　　　　　　　B. 间接电子商务

    C. EDI 商务　　　　　　　　　　　D. 互联网商务

三、简答题

1. 简述电子商务与物流的关系。

2. 简述电子商务环境下物流的特点。

书网融合……

  微课　　　　　　划重点　　　　　自测题

▶▶ 项目七 第三方医药物流

学习目标

知识要求

1. **掌握** 第三方医药物流的概念、提供的服务及监管，发展第三方医药物流的要求。
2. **熟悉** 与传统医药物流相比第三方医药物流的优势。
3. **了解** 我国第三方医药物流的发展进程、现状及前景。

能力要求

1. 具备在实际工作中灵活运用第三方医药物流的概念、特点的能力。
2. 能区分传统医药物流和第三方医药物流。

▱实例分析

实例 2018 年，武汉市食品药品监管局出台新规定，明确药品零售连锁企业可以委托具有资质的药品第三方物流企业储存、配送药品。武汉市各区行政审批局在核发《药品经营许可证（零售连锁）》时，只需审核委托药品第三方物流储存配送合同（协议），并在"仓库地址栏"标注接受委托的药品第三方物流企业名称和地址。武汉一家连锁药店负责人介绍，以前连锁药店必须配备仓库是一道"硬杠杠"，一年至少支出200 万元成本。而现在请第三方物流企业来储存、配送药品，可以节省一半以上费用。新政策的出台是中小企业发展的利好。他们不用担心药品储存和运输安全等问题，降低了药品库存，资金周转压力也减小。

问题 什么是药品第三方物流？药品第三方物流主要提供什么服务？对连锁药店有什么好处？

一、第三方医药物流的定义 ◉微课

第三方医药物流是指药品第三方物流服务企业，接受药品生产、经营、使用单位的委托，采用现代化物流管理手段，为其提供符合 GSP 要求的药品验收、存储、养护、配送管理服务的活动（图 7-1）。药品第三方物流是物流专业分工细化后萌生的新型业态，专业开展药品储存、运输等业务，不对被委托储运的药品有任何形式的购销行为，通过提供专业的第三方物流服务，收取委托方的物流服务费来获利，帮助医药生产经营企业提高物流效率，降低经营成本，保障质量安全，解决了传统医药物流配送环境条件差、效率低、资源浪费等诸多问题。

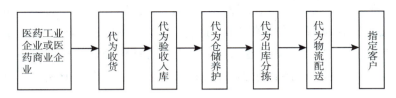

图 7 - 1　药品第三方物流流程图

二、第三方医药物流提供的服务及监管

1. 主要为医药企业提供符合 GSP 要求的委托储存、委托配送服务（简称代储、代配），特殊管理的药品原则上不得委托储存、配送。

药品是一个特殊的商品，在仓储养护、配送过程当中，要通过不同的条件、设备来不断地保证药品的质量安全，而药品的集中监管和配送是第三方医药流通的发展趋势，"仓储 + 配送"一体化的模式也成为最经济有效的办法。

药品委托储存、配送是指取得《药品经营许可证》的药品经营企业，将其经营范围内的合法药品（特殊管理药品等国家禁止委托储存配送的药品除外）委托药品第三方物流企业储存、运输、配送并实施保管、养护、监控等质量管理的活动。药品经营企业承担药品质量安全第一责任。

2. 还可以提供委托运输、代收货款、代签协议、物流过程管理、供应链系统设计和优化、医药 SPD 供应链管理、供应链金融服务、物流设备融资租赁服务等物流延伸服务。

3. 各省、自治区、直辖市药品监督管理部门制定适用于本省的第三方医药物流企业资质及药品委托储存、配送等业务相关监管政策。

三、我国第三方医药物流的发展进程

医药行业是政策性非常强的行业，药品作为一种特殊的商品，其生产、流通有着严格的限制和法律法规的约束。药品监督管理局作为药品生产流通的主要监管部门，我国第三方医药物流必然要根据药品监管政策的变化而不断发展。

（一）试点期

2005 年，根据原国家食品药品监督管理局曾发布的《关于加强药品监督管理促进药品现代物流发展的意见》（国食药监市［2005］160 号）和《第三方药品物流企业从事药品流通业务有关要求》（国食药监市［2005］318 号）两份文件，首次从政策层面提出发展第三方药品物流，允许具有药品现代物流条件的药品批发企业和具有现代物流基础设施及技术的社会物流企业接受已持有许可证的药品企业委托进行药品的储存、配送服务业务。第三方物流企业必须经省级食品药品监管部门检查合格后发给《开展第三方药品物流业务确认件》，方可开展相关业务。

各地根据国家药品监管部门的部署，开始就推进药品现代物流开展试点。由于准入门槛较高，在当时的法规和药品流通格局下，第三方药品物流试点工作进展缓慢，截至 2016 年底，全国取得由省级药监部门核发的"开展第三方药品物流业务确认件"的第三方物流企业有 123 家。其中绝大部分是全国性或区域药品经营龙头企业如华润、国控、上药、九州通等，只有个别为药品流通行业外的社会物流企业。

你知道吗

药品现代物流是指依托现代化物流设备设施、技术和信息管理等手段，通过专业化物流服务体系，按照药品 GSP 规定优化药品流通环节中的收货、验收、储存、分拣、运输、配送、信息、质量、服务管理等过程，实现药品物流作业与质量管理规模化、集约化、规范化、信息化、智能化、现代化，提高药品物流服务能力和水平，降低药品物流运营成本，保障药品供应及时、准确，确保药品供应质量与安全。

（二）取消审批发展期

2016 年 2 月 3 日，为落实国家"简政放权及放管服"等政策的要求，国务院取消了从事第三方药品物流业务的审批事项。至此，企业只要符合 GSP 要求，达到了现代物流条件，原则上均可通过省药监局现场检查或备案等形式开展药品第三方物流业务。取消审批，交由各省结合实际建立起符合现代物流标准的第三方储运机制，有力地促进第三方医药物流发展。

随后，国务院办公厅于 2017 年 2 月 9 日发布《国务院办公厅关于进一步改革完善药品生产流通使用政策的若干意见》（国办发〔2017〕13 号）中，要求推动药品流通企业转型升级，培育大型现代药品流通骨干企业，整合药品仓储和运输资源，鼓励多仓协同、跨区配送，发挥"互联网 + 药品流通"在减少交易成本、提高流通效率上的作用。

随着政策门槛的弱化，医药物流的社会化程度越来越高。不仅是医药商业企业，中国邮政、顺丰、京东、敦豪快递等社会物流企业已纷纷开始布局第三方医药物流。

1. 京东　2017 年 8 月，京东物流与 8 家医药流通企业签署《京东医药云仓战略协议》，各医药流通企业将整合自己的仓储、运输等资源，结合京东的仓配一体供应链整合服务能力，共同搭建一个医药物流网络。2017 年，京东医药陆续与泰州、宿迁、银川三地签订战略合作协议，共同打造互联网"医疗、医药、医保"闭环。目前，京东已经在山东、湖南、河北、安徽等地开展了业务。和国药集团、红运堂、华潍药业、福康药业、广林药业建立了合作。可以提供符合 GSP 认证要求的商品验收、入库、存储、养护、出库等服务，覆盖干线配送、终端配送等各环节。

2. 顺丰　早在 2014 年 3 月，顺丰单独成立了医药物流事业部。两年后，正式成立了"冷运事业部"，分离医药冷链和生鲜冷链资源。针对医药行业的特殊监管要求，顺丰医药取得了 GSP 认证及第三方物流许可，在药品冷链物流方面拥有独特优势。顺丰医药正借助雄厚的"硬实力"配置，融合互联网、物联网、包装技术，打造成为一个中立的第三方医药物流服务合作伙伴。截至 2019 年上半年，顺丰医药网络覆盖 137 个地级市、1003 个区县，拥有 4 个 GSP 认证医药仓，总面积 3 万平方米；拥有 36 条医药运输干线，贯通东北、华北、华东、华南、华中核心城市。拥有通过 GSP 验证自有冷藏车 236 台，并配备完善的物流信息系统以及自主研发的 TCEMS 全程可视化监控平台。2019 年上半年，顺丰冷运及医药业务整体实现不含税营业收入 23.52 亿元，同比增长 53.93%。业务保持快速增长，医药物流业务已成为顺丰新业务拓展的核心板块之一。

3. 中国邮政 中国邮政是最早在医药物流配送领域布局的第三方物流机构之一。早在 2006 年，中国邮政就开始在宁夏试点配送药品，并很快取得 GSP 认证证书；随后几年间，中国邮政又相继在甘肃、内蒙古、安徽等地试点；2015 年，中国邮政旗下医药公司，已经被福建省作为基本药物配送企业。中国邮政在福建的子公司已经完成福州、莆田、三明、泉州等七大片区的覆盖布局，中国邮政当地子公司仅成立两年，年销售规模可达 10 亿。目前在国内中国邮政的网络覆盖面是最广的，尤其是在一些农村地区，像国药、九州通这种网络基本覆盖全国的公司，有时还得与中国邮政合作才能完成配送。

4. 敦豪快递（DHL） 2017 年 8 月，上海医药集团与 DHL 中国签署合作协议，共同拓展在医药、大健康产品、医疗器械领域的第三方物流仓储、配送及增值服务等业务。

（三）《药品经营监督管理办法（征求意见稿）》促进药品第三方物流业务发展

2019 年 10 月 15 日，国家药品监督管理局发布《药品经营监督管理办法（征求意见稿）》，明确了从事药品第三方物流业务必须具备现代物流条件，必须具有相应的软硬件设备和信息系统；同时可以跨省开展委托储运业务，且监管责任也得到了明晰。这就意味着药品第三方物流业务可以在全国范围内合规开展。随着《药品经营监督管理办法》正式发布生效，药品第三方物流业务也将在全国层面成为一种常态化的经营模式。

四、《药品经营监督管理办法（征求意见稿）》关于药品第三方物流业务的规定

（一）委托储运

药品上市许可持有人、药品生产企业、药品经营企业委托储存、运输药品的，应当对受托方质量保证能力和风险管理能力进行评估，与其签订委托协议，约定药品质量责任、操作规程等内容，并对受托方进行监督。委托储存的，委托方应向受托方所在地省级药品监督管理部门备案，药品监督管理部门可根据需要开展延伸检查。

（二）受托企业资质（第三方医药物流企业资质）

接受委托储存、运输药品的企业应当符合《药品经营质量管理规范》有关要求，

并具备以下条件。

1. 符合资质的人员，建立相应的药品质量管理体系文件，包括收货、验收、入库、储存、养护、出库、运输等操作规程；

2. 与委托方实现数据对接的信息系统，对药品储存、运输信息进行记录并可追溯，为委托企业药品召回或追回提供支持；

3. 符合现代物流条件及与经营规模相适应的药品储存场所和运输等设施设备，保证药品物流操作安全。

（三）受托企业责任

受托企业应当按照《药品经营质量管理规范》的要求开展储存、运输活动，按照委托协议履行义务，并且承担相应的法律责任和合同责任。受托企业发现药品存在重大质量问题的，应当立即向委托方和所在地药品监督管理部门报告，并主动采取风险控制措施。

（四）跨区监管责任

对于跨省委托销售、储存、运输的，由委托方所在地省级药品监督管理部门负责监督管理，受托方所在地省级药品监督管理部门予以配合。委托方、受托方所在地省级药品监督管理部门应当加强信息沟通，及时将备案管理和监督检查情况通报对方。

五、我国第三方医药物流现状

中国医药流通产业目前有超过 13000 家商业流通公司，这些公司大多都自建有仓储与物流体系，药品或器械等的配送通常也都依赖自有物流，少数通过第三方物流也就是其他方的物流体系来完成。

2019 年我国医药物流行业整体发展可观，市场规模持续增长。据国家统计局数据，截至 2019 年 10 月底，医药制造业营业收入为 19672.6 亿元，同比增长 9.2%。医药物流市场方面，2016 年我国医药物流费用超 2963 亿元，到 2020 年将达到 4100 亿元。流通领域行业集中度持续提高，数据显示，2018 年，国药、上药、华润、九州通 4 家全国龙头企业主营业务收入占同期全国医药市场总规模的 39.1%，较 2017 年增长将近 5 个百分点。

根据中国医药物资协会医药商业分会和药品三方物流联盟的统计，截至 2019 年 7 月全国省级药监部门备案的可以从事对外医药第三方物流服务的现代物流医药企业已经有 290 多家，可大致分为大型医药商业企业、单独成立的专业医药第三方物流企业、社会专业物流企业三类。第三方物流目前还是以前两者企业为主。

1. 大型医药商业 企业本身就是全国或地方商业流通公司，如国药、九州通、广州医药、山东瑞康等龙头型公司将多余的仓储配送能力以第三方物流的形式提供给其他流通公司既能优化既有资源投入，还能获取额外收入；利用其销售渠道优势、资金垫资优势、历史积累的品种和客户优势，承接了部分异地工业药企在本地的货物委托储存配送业务；另一方面龙头型企业加快创新服务转型，从传统服务型企业向科技服务型企业转变。

2. 单独成立的专业医药第三方物流企业　主要是地方民营医药商业企业，如河南民生医药集团、四川国际医药健康城、云南昊邦医药、昆明鑫源堂医药，利用在当地的医疗资源优势，建设现代化的物流园区或租用仓库进行现代物流改造，以吸引更多厂商的入驻，一改"挂靠经营"的业态，经营更加灵活，也得到众多医药企业的支持，发展势头迅猛。

3. 社会专业物流企业　主要是药品流通行业外的物流企业，如顺丰、京东、中国邮政等。这类企业虽然在配送时效、覆盖范围、物流运作效率等方面均有着传统医药流通企业不能比拟的优势，但是其缺乏的是上下游客户资源与品种资源等。

近年来，各省市也纷纷出台鼓励开展第三方药品物流的政策，20 多个省份陆续出台了所在省的药品现代物流标准、指导规范，促进第三方医药物流发展。另一方面由于各省区之间又存在标准缺失、标准尺度不一的现象，如药品现代物流硬件和规模不统一，受托方资质、委托方资质、申请程序、异地设库等方面各省的要求不尽相同，导致跨省跨部门物流业务协同困难，到目前为止药品三方物流业务还没有形成全国性的运用模式，因此也制约了第三方医药物流的发展。

六、第三方医药物流的优势

传统医药物流供应链（图 7 - 2）的弊端是：①流通环节多，药品多次中转，配送时间长，仓储和配送安全隐患增多；②每个环节需要的人力多，药品在储运和分拣中差错多，技术系统监控难，经营成本高；③供应链运行效率低，物流手段落后，药品的质量管理、仓储和配送技术创新难以实现；④供应链的每个节点，都要做到小而全，面对终端的用药需求，品种满足度低；⑤全国 13000 多家医药流通企业，家家都要达到 GSP 标准，GSP 一次性投入总额超过 100 亿元，每年还要投入维护费用 100 亿元以上。

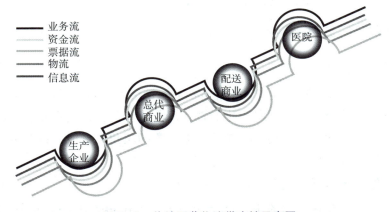

图 7 - 2　传统医药物流供应链示意图

药品第三方物流绝不等同于简单的药品仓储、运输等传统物流，而是供应链管理思想在医药流通领域的运用，并且在打造药品流通供应链的过程中，与药品经营质量管理规范（GSP）和信息化有机结合，为客户提供多环节和全方位流程管理服务，创造差别化价值。第三方医药物流供应链的优势有以下几点。

1. 第三方医药物流是医药物流社会化分工的必然结果。第三方医药物流企业建立药品物流配送中心，集合众多企业的物流业务，提供药品的仓储、分拨、拣选，并设计出最佳运输路线，负责药品的全程运输、配送（自营或外包运输），以及其他物流增值服务。而供需双方之间是信息流、资金流、商流的往来，并通过与第三方的信息平台对接，实现信息共享，使操作透明化。如图 7 - 3 所示。

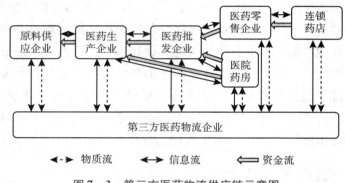

图 7 - 3　第三方医药物流供应链示意图

2. 第三方医药物流是现代服务业，其特点是：专业化、集成化和平台化。通过提供专业化的医药物流服务，实现作业自动化、流程信息化、配送及时化、行业集中化。

3. 第三方医药物流，使我国 13000 多家医药流通企业，减少低水平重复投入，无需每家企业建设物流配送中心，把医药商品的仓储、养护、出库、配送外包给第三方医药物流企业，可以节省储运费用。一个医药流通企业，节省下来少则几十万，多则几百万。全国 13000 家医药流通企业，每年可节省 200 亿元低水平重复投入，整个医药物流行业的盈利能力至少翻一番，物流效率大幅提升。

七、发展第三方医药物流的要求

（一）不采购不销售

提供第三方医药物流服务企业，不能有药品购销活动，即"只送药不卖药"，针对药品生产企业、经营企业，提供专业化的现代医药物流服务，实现商流与物流有效分离，实现服务和经营的有效分离，不能挖服务对象的墙角，不能剽窃服务对象的利润品种，不能争夺服务对象的下游客户。

（二）符合 GSP 要求，达到现代医药物流标准

提供第三方医药物流服务企业，必须达到医药现代物流和 GSP 要求，这是底线。药品和医疗器械，对于仓储和配送的要求非常专业，普通社会物流的参与，将给患者

的生命和医院的运营带来极大的风险。

（三）流程高效，结算准确

信息流方面，提供第三方医药物流服务企业，必须做到整个供应链远程查询和远程定价，必须做到能够为上游供货商和下游分销商提供信息服务，优化和改进上下游客户的物流系统；物流方面，提供第三方医药物流服务企业，必须做到代替客户收货，做好验收、养护、出库和配送，整个过程使用现代医药物流手段，隔天配送响应率95%以上，配送准确率99%以上；商流方面，提供第三方医药物流服务企业，必须维护原有的供应链成员利益关系不变。

（四）建设功能强大的信息系统，打通医药流通完整供应链

提供第三方医药物流服务企业的信息系统，应做到能够开展多种任务管理、多种作业流程管理、精准货位管理和精准结算管理，支持多种现代物流设备，有自主知识产权，可扩展可升级，可无偿无限制增加终端站点。

提供第三方医药物流服务的企业，与上游制药企业的关系定位是：成为全国制药生产企业在本省的配送部，承担全国制药企业在本省的药品配送，直接配送到医院、分销商业和第三终端。制药企业可以通过远程，查询本企业代配送药品的进销存。

提供第三方医药物流服务的企业，与本省医药流通企业的关系定位是：成为本省所有医药流通企业的质量管理部、仓储部和物流部，商业企业通过远程管控进销存，指令提供第三方医药物流服务企业入库、出库、配送和结算，做到安全、快捷、准确和及时。📱 微课

你知道吗

《广东省药品现代物流技术指南（试行）》信息管理系统部分要求

1. 企业应配置开放的电子数据交换平台系统，支持物流作业数据在委托方、受托方之间进行信息交换，支撑物流作业活动的开展。平台系统应支持委托方药品入出库及管理全过程作业指令的有效传达，受托方的储存、配送行为须遵从委托方的信息系统作业指令。

2. 企业应配置仓储管理系统（WMS）、企业资源计划系统（ERP）等，并实现两者间数据对接，同时与委托方的业务管理信息系统的数据进行有效对接，实现数据交换实时同步。上述系统应具备对委托方药品验收、入库、出库、退货、移库等指令的处理功能，实现药品入库、出库、储存、退货等仓储全过程质量管理和控制，并具备全程货物查询、追溯功能，同时能与监管部门的监管系统进行对接。系统应支持委托方的货品管理，具备组织架构定义、人员管理、权限定义、人员授权等系统管理功能，具备完整、及时、准确的收集、记录、查询相关数据功能，可进行相关报表的统计和制作，并保证不同委托方的数据、记录互不干扰和混淆，确保药品信息的有效追溯。

八、我国第三方医药物流前景可观

1. 新修订的《药品管理法》（2019年12月1日实施）删除了GSP认证条款，发出医药物流监管放开的信号，全面实施药品上市许可持有人制度，药品委托销售、储存和运输将为医药现代物流特别是药品第三方物流发展带来新的机遇和上位法支持。

2. 长期以来，传统医药物流存在着流通环节多，药品多次中转，配送时间长，大都采用人工为主的药品储运方式，具有成本高、效率低等缺陷，行业呈现"多、小、散、乱"的格局。在全国1.3万家左右的医药批发企业中，全国性的4家流通龙头企业占有市场份额约为40%，其他大部分是地域企业，覆盖省份少，市场占有率低。同时，随着医院药品采购"两票制""一票制"改革，导致医药流通企业面临业绩增速放缓、盈利水平下降、运营效率下降，多数医药流通企业举步维艰，而物流成本却不断增加。第三方医药物流业进入医药流通供应链，通过提供专业化的医药物流服务，实现作业自动化、流程信息化、配送及时化、行业集中化，已成为医药经营行业的必然选择。

3. 为规范药品流通秩序、压缩流通环节、降低虚高药价，医疗机构药品招标采购方式改革也不断深化。2018年公立医疗机构药品采购"两票制"全面实行（"两票制"，是指药品生产企业到流通企业开一次发票，流通企业到医疗机构开一次发票），直接取消了多级销售代理制度。2019年国家鼓励"4+7"带量采购和"一票制"及医保垫付政策的叠加（"一票制"，是指厂家的药品直接到达医保定点医疗机构开一次发票，没有中间代理商家，厂家的货款直接同医疗机构结算）。

"两票制"实施后流通业务更加集中，带动了第三方药品物流的发展。一方面，大型医药流通企业获得更多市场份额，另一方面，顺丰、京东等社会性第三方药品物流企业也获得了市场竞争的机会。在鼓励"一票制"及医保垫付政策趋势下，药品生产企业直接和医保基金结算，取代了"两票制"下商业公司替医院给厂家垫资的模式，流通企业仅承担配送功能，药品配送业务回流至药品生产企业，因此越来越多的药品生产企业会寻求与拥有成本优势的第三方药品物流企业进行合作，药品第三方储存、运输服务将会迎来历史发展机遇，必将助推药品第三方物流业快速发展。随着国家药品流通体制改革和医疗体制改革不断深化，药品流通供应链环节扁平化已成为新常态，大型医药流通企业和第三方医药物流企业势必是未来医药商业主流。

目标检测

一、单项选择题

1. 第三方医药物流是由（　　）承担的物流。

　　A. 供方　　　　　　B. 需方　　　　　　C. 第三方　　　　　　D. 任何一方

2. 以下属于现代物流的是（　　）。

　　A. 第三方医药物流　　　　　　　　B. 传统医药物流

C. 第一方物流　　　　　　　　　D. 第二方物流

3. 第三方医药物流提供的委托储存、配送业务必须符合（　　）要求。

A. GMP　　　　B. GSP　　　　C. 被委托方　　　D. 委托方

4. 第三方医药物流可提供的服务是（　　）。

A. 委托储存　　B. 委托销售　　C. 委托生产　　D. 委托采购

5. （　　）制定适用于本省的第三方医药物流企业资质及药品委托储存、配送等业务相关监管政策。

A. 各省、自治区、直辖市药品监督管理部门

B. 国家药品监督管理局

C. 国家市场监督管理总局

D. 地市级药品监督管理局

6. （　　）原则上不得委托储存、配送。

A. 冷藏药品　　B. 特殊管理药品　C. 疫苗　　　　D. 普通药品

二、多项选择题

1. 第三方医药物流企业主要为医药企业提供符合 GSP 要求的（　　）。

A. 委托储存　　B. 委托配送　　C. 委托销售　　D. 委托生产

2. 企业开展药品第三方物流的条件是（　　）。

A. 符合 GSP 要求

B. 达到了现代物流条件

C. 通过省药监局现场检查或备案等形式

D. 取得《药品经营许可证》

3. 委托储存、运输药品的主体是（　　）。

A. 药品上市许可持有人　　　　　B. 药品生产企业

C. 药品经营企业　　　　　　　　D. 单体药店

4. 药品上市许可持有人、药品生产企业、药品经营企业委托储存、运输药品的，应当对受托方的（　　）进行评估。

A. 质量保证能力　　　　　　　　B. 风险管理能力

C. 质量管理能力　　　　　　　　D. 风险控制能力

三、简答题

1. 简述第三方医药物流的定义。

2. 简述第三方医药物流的优势。

书网融合……

 微课　　　　 划重点　　　　自测题

项目八 医疗器械物流

PPT

学习目标

知识要求

1. **掌握** 医疗器械的概念、范围、分类管理以及医疗器械相关术语。
2. **熟悉** 医疗器械经营企业物流作业流程管理要求。
3. **了解** 不同流通渠道的医疗器械物流方式的差异。

能力要求

1. 具有熟练区分医疗器械类别能力。
2. 具备进行医疗器械物流流程操作、管理的能力。

实例分析

实例 A 药业公司于 2020 年 5 月将购入的医用口罩出售给没有第二类医疗器械备案凭证的 B 药店，共销售 180 元，获利 65 元。经当地药监执法人员查实，B 药店企业类别是个体工商户，没有经营第二类医疗器械经营资质条件，因此对 A 药业公司给予责令改正并进行行政处罚 10000 元。

问题 1. 从以上的实例我们可以看出医用口罩属于医疗器械第几类？

2. 文中的行政处罚表明了对医用口罩流通有哪些限制？

任务一 医疗器械概述

随着经济的快速发展和人们健康意识的提高，近年来，我国医疗器械产品需求持续增长。数据显示，截至 2018 年底，我国医疗器械行业市场规模达到了 5304 亿元，预计 2022 年我国医疗器械行业市场规模将超 9000 亿元，其行业市场前景十分广阔。医疗器械行业的迅猛发展也给医疗器械物流带来了更多的发展机遇，但是医疗器械本身设备的专业性、产品及流通渠道的特殊性在一定程度上制约了医疗器械物流的发展。了解医疗器械的专业性和特殊性有助于针对性地做好医疗器械物流服务，进一步地促进医疗器械行业的发展。

一、医疗器械的概念和相关术语

（一）医疗器械

根据《医疗器械监督管理条例》规定，医疗器械是指直接或者间接用于人体的仪器、设备、器具、体外诊断试剂及校准物、材料以及其他类似或者相关的物品，包括所需要的计算机软件。其效用主要通过物理等方式获得，不是通过药理学、免疫学或者代谢的方式获得，或者虽然有这些方式参与但是只起辅助作用。其目的是：①疾病的诊断、预防、监护、治疗或者缓解；②损伤的诊断、监护、治疗、缓解或者功能补偿；③生理结构或者生理过程的检验、替代、调节或者支持；④生命的支持或者维持；⑤妊娠控制；⑥通过对来自人体的样本进行检查，为医疗或者诊断目的提供信息。由概念可以看出相对于药品主要靠化学方式起作用，医疗器械主要靠物理等方式获

> **请你想一想**
>
> 根据医疗器械的概念，含有药物成分的创可贴是不是医疗器械？

得，不是通过药理学、免疫学或者代谢的方式获得，或者虽然有这些方式参与但是只起辅助作用。

（二）体外诊断试剂

体外诊断试剂按管理来分有按医疗器械管理的体外诊断试剂和按药品管理的体外诊断试剂。①按医疗器械管理的体外诊断试剂，包括在疾病的预测、预防、诊断、治疗监测、预后观察和健康状态评价的过程中，用于人体样本体外检测的试剂、试剂盒、校准品、质控品等产品。可以单独使用，也可以与仪器、器具、设备或者系统组合使用。②按照药品管理的用于血源筛查的体外诊断试剂和采用放射性核素标记的体外诊断试剂。本章中主要讲的是按医疗器械管理的体外诊断试剂。

（三）医用耗材

医用耗材是指经药品监督管理部门批准的使用次数有限的消耗性医疗器械，包括一次性及可重复使用医用耗材。医疗机构在诊疗活动中，对医用耗材临床使用实施分级分类管理：Ⅰ级医用耗材，应当由卫生技术人员使用；Ⅱ级医用耗材，应当由有资格的卫生技术人员经过相关培训后使用，尚未取得资格的，应当在有资格的卫生技术人员指导下使用；Ⅲ级医用耗材，应当按照医疗技术管理有关规定，由具有有关技术操作资格的卫生技术人员使用。从价值角度讲，医用耗材可分为高值和低值医用耗材。高值医用耗材是指直接作用于人体、对安全性有严格要求、临床使用量大、价格相对较高、群众费用负担重的医用耗材（如人工晶体、心脏支架等）。低值医用耗材是指医疗机构在开展医疗服务过程中经常使用的一次性卫生材料（如纱布、棉签、手套、注射器等）。

（四）大型医用设备

大型医用设备是指使用技术复杂、资金投入量大、运行成本高、对医疗费用影响大且纳入目录管理的大型医疗器械。

（五）医疗器械唯一标识

医疗器械唯一标志的英文全称是 unique device identification，简称 UDI，是医疗器械产品的电子身份证，由产品标识（DI）和生产标识（PI）组成。产品标识也叫作特

征编码，是 UDI 强制固定的部分，是识别医疗器械注册人或者备案人、医疗器械型号规格和包装的唯一代码。生产标识包括与生产过程相关的信息，包括产品批号、序列号、生产日期和失效日期等。医疗器械唯一标识的推广实施是为了实现医疗器械信息化追溯系统，实现对其产品生产、流通、使用全程可追溯。

唯一标识系统由医疗器械唯一标识、数据载体和数据库组成。①医疗器械唯一标识，是指在医疗器械产品或者包装上附载的，由数字、字母或者符号组成的代码，用于对医疗器械进行唯一性识别。UDI 具备唯一性、稳定性和可扩展性原则。唯一性是首要原则，是确保产品精确识别的基础，是唯一标识发挥功能的核心原则。由于医疗器械产品的复杂性，唯一性应当与产品识别要求相一致，对于相同特征的医疗器械，唯一性应当指向单个规格型号产品；对于按照批次生产控制的产品，唯一性指向同批次产品；而对于采用序列号生产控制的医疗器械，唯一性应当指向单个产品。稳定性是指唯一标识一旦分配给医疗器械产品，只要其基本特征没有发生变化，产品标识就应该保持不变。当医疗器械停止销售、使用时，其产品标识不得用于其他医疗器械，重新销售、使用时，可使用原产品标识。可扩展性是指唯一标识应当与监管要求和实际应用不断发展相适应，"唯一"一词并不意味着对单个产品进行序列号化管理。在唯一标识中，生产标识可以和产品标识联合使用，实现规格型号、批次和单个产品三个层次的唯一性，从而满足当前和未来对医疗器械的识别需求。②医疗器械唯一标识数据载体，是指存储或者传输医疗器械唯一标识的数据媒介。医疗器械唯一标识数据载体应当满足自动识别和数据采集技术（是指不通过键盘直接将数据输入计算机系统或者其他微处理器控制的设备的技术）以及人工识读（是指与机器识读媒介相对应的，可由人眼直接识别的编码信息）的要求。如空间有限或者使用受限，应当优先采用符合自动识别和数据采集技术的载体形式。自动识别和数据采集技术包括一维码、二维码或者射频标签等形式。③医疗器械唯一标识数据库，是指储存医疗器械唯一标识的产品标识与关联信息的数据库。医疗器械唯一标识数据库是医疗器械唯一标识系统的核心枢纽部分，由国家药品监督管理局信息中心建设，它的主要功能是实现 DI 数据的汇聚和共享，形成全国统一权威的数据库。该数据库由注册人/备案人将唯一标识的 DI 及关联信息按照相关标准和规范上传至数据库，并对数据的准确性、唯一性负责。医疗器械经营企业、医疗机构、政府相关部门及公众可在国家药品监督管理局（以下简称国家药监局）政府网站上，通过数据查询、下载、数据对接等方式共享唯一标识数据。

目前，我国医疗器械唯一标识系统尚在试点阶段，第一批实施唯一标识的医疗器械品种为部分有源植入类、无源植入类等高风险第三类医疗器械，其注册人于 2021 年 1 月 1 日起，需严格按照《医疗器械唯一标识系统规则》等有关要求开展产品赋码、数据上传和维护等工作。

你知道吗

医疗器械常见术语

1. 无源医疗器械　指不依靠电能或者其他能源，但是可以通过由人体或者重力产生的能量，发挥其功能的医疗器械。

2. 有源医疗器械　任何依靠电能或者其他能源，而不是直接由人体或者重力产生的能量，发挥其功能的医疗器械。

3. 侵入器械　借助手术全部或者部分通过体表侵入人体，接触体内组织、血液循环系统、中枢神经系统等部位的医疗器械，包括介入手术中使用的器材、一次性使用无菌手术器械和暂时或短期留在人体内的器械等。此处的侵入器械不包括重复使用手术器械。

4. 重复使用手术器械　用于手术中进行切、割、钻、锯、抓、刮、钳、抽、夹等过程，不连接任何有源医疗器械，通过一定的处理可以重新使用的无源医疗器械。

5. 植入器械　借助手术全部或者部分进入人体内或腔道（口）中，或者用于替代人体上皮表面或眼表面，并且在手术过程结束后留在人体内 30 日（含）以上或者被人体吸收的医疗器械。

6. 接触人体器械　直接或间接接触患者或者能够进入患者体内的医疗器械。

二、医疗器械的分类管理 🅔微课

为了规范医疗器械的分类，做好医疗器械的监测和管理，我国对医疗器械实行分级分类管理，不同分类的医疗器械不仅注册路径不同，其监管的模式也大不相同，目前我国医疗器械有以下分类。

1. 按照医疗器械风险程度由低到高，管理类别依次分为第一类、第二类和第三类。医疗器械风险程度应当根据医疗器械的预期目的，通过结构特征、使用形式、使用状态、是否接触人体等因素综合判定。第一类是风险程度低，实行常规管理可以保证其安全、有效的医疗器械。如：外科用手术器械（刀、剪、钳、镊、钩）、刮痧板、医用 X 光胶片、手术衣、手术帽、检查手套、纱布绷带、引流袋等。第二类是具有中度风险，需要严格控制管理以保证其安全、有效的医疗器械。如：医用口罩、血压计、体温计、心电图机、脑电图机、针灸针、生化分析系统、助听器、超声消毒设备、不可吸收缝合线等。第三类是具有较高风险、需要采取特别措施严格控制管理以保证其安全、有效的医疗器械。如：植入式心脏起搏器、角膜接触镜、人工晶体、血液透析装置、植入器材、血管支架、综合麻醉机、齿科植入材料、血管内导管等。

2. 依据影响医疗器械风险程度的因素，医疗器械可以分为以下几种情形。

（1）根据结构特征的不同，分为无源医疗器械和有源医疗器械。

（2）根据是否接触人体，分为接触人体器械和非接触人体器械。

（3）根据不同的结构特征和是否接触人体，医疗器械的使用形式包括以下几种。①无源接触人体器械：液体输送器械、改变血液体液器械、医用敷料、侵入器械、重复使用手术器械、植入器械、避孕和计划生育器械、其他无源接触人体器械。②无源非接触人体器械：护理器械、医疗器械清洗消毒器械、其他无源非接触人体器械。③有源接触人体器械：能量治疗器械、诊断监护器械、液体输送器械、电离辐射器械、植入器械、其他有源接触人体器械。④有源非接触人体器械：临床检验仪器设备、独立软件、医疗器械消毒灭菌设备、其他有源非接触人体器械。

（4）根据不同的结构特征、是否接触人体以及使用形式，医疗器械的使用状态或者其产生的影响包括以下情形。①无源接触人体器械：根据使用时限分为暂时使用（预期的连续使用时间在 24 小时以内）、短期使用［预期的连续使用时间在 24 小时（含）以上、30 日以内］、长期使用［预期的连续使用时间在 30 日（含）以上］，接触人体的部位分为皮肤或腔道（口）、创伤或组织、血液循环系统或中枢神经系统。②无源非接触人体器械：根据对医疗效果的影响程度分为基本不影响、轻微影响、重要影响。③有源接触人体器械：根据失控后可能造成的损伤程度分为轻微损伤、中度损伤、严重损伤。④有源非接触人体器械：根据对医疗效果的影响程度分为基本不影响、轻微影响、重要影响。

3. 根据流通渠道的不同，医疗器械可以分为以下几种情形。

（1）**大型医疗器械**　由于大型医疗器械具有高价值、高毛利的特点，一般采用生产企业直销的模式销售，少部分会通过代理商进行销售，但是代理商往往要提供融资租赁、保养维护等服务，所以，除了销售时产生的正向物流，这类医疗器械也存在售后维护时的逆向物流。运输方式多采用零担或整车形式，以方便客户提取，实现"门到门"的要求和完成设备的安装调配等服务。

（2）**体外诊断试剂**　大部分体外诊断试剂都是含有酶、抗菌或者抗体等生物性物质，这些物质在高温状态下极易失活，一般需要在 2～8℃低温冷藏保存，少数品种需 −18℃冷冻保存，也有部分品种常温保存即可。故生产、经营和使用时需要严格控制温度，保证其物流过程始终处于相适宜的温湿度环境中，运输过程中应满足运输条件、产品包装的规定要求，运输方式多采用冷链运输。产品说明书和标签标示要求低温、冷藏的，应当按照有关规定，使用低温、冷藏设施设备运输和贮存。流通使用过程中应根据体外诊断试剂的品种、性能，实行产品分区、分类存放管理，贮存仓库应满足温湿度、防尘、通风、避光、贮存期限规定等要求，应设有温湿度监视与控制设施或设备，并保持监控纪录。其传统流通渠道是生产企业通过多层经销商送到下游的医院、研发中心、体检机构和消费者。与其他类别的医疗器械相比，差异化操作主要在进入医院之后，配送需要送至医院检验科室，并需要完成定标乃至专业人员提供应急处理等一系列步骤。

（3）低值医用耗材　低值医用耗材具有货值较低、产品同质性高的特点，所以常采用增加代理商以扩大产品覆盖面，增加产品出货量。传统流通渠道由生产企业发货经过多层代理商到达终端市场，销售批量较大、货值较低。在医疗机构终端使用中具有使用数量大、消耗快、配送强度高的特点，运输方式多以零担运输为主，注重成本控制。近年来，为了保证其临床及时供应、减少库存数、减低物流服务成本和其他管理成本，医疗机构往往会根据自身条件引入医用耗材第三方物流配送 SPD 供应链系统管理模式（即医院院内物流模式），实现使用科室低值医用耗材"定数包"配送、"以耗代销"的"零库存"管理模式，大幅减少院内医用耗材库存量和库房储存空间，提供直达科室配送服务，无科室库存资金占压的实时库存消耗结算，取消临床科室领物时间从而减少医护人员非核心工作量，提高供应商管理水平和效率，进而有效减低医院医用耗材管理和损耗成本，提高成本管控效率。

（4）高值医用耗材　高值医用耗材具有货值高、销售批量少、多批次的特点。一般采用零库存管理模式，即在买卖双方协商的基础上实现货品先临床使用，后审核入库、出库的管理模式。与其他品类相比，高值医用耗材的逆向物流中除了退货、换货形式以外，本身就涉及逆向物流，如：骨科耗材，医生给患者开刀治疗前是无法确定应该使用哪个尺寸的耗材，因此企业一般会提供多尺寸耗材，实际治疗中只会选用其中一款使用，其余的会返回到企业。该类医疗器械常有时效要求，多采用航空的运输方式。考虑到多批次、时效性，采用公路运输的多采用零担、整车的运输方式。

随着"两票制"深入推进，生产企业和终端消费者之间的中间环节被压缩，未来部分医疗耗材和体外诊断试剂经销商和代理商将可能转型为 CSO（合同销售组织，即第三方外包销售）或者物流配送商，现有传统流通渠道的改变将会产生新的物流管理模式。

三、医疗器械的备案、注册管理

医疗器械备案是医疗器械备案人向药品监督管理部门提交备案资料，药品监督管理部门对提交的备案资料存档备查。医疗器械注册是一项行政许可制度，是药品监督管理部门根据医疗器械注册申请人的申请，依照法定程序，对其拟上市医疗器械的安全性、有效性研究及其结果进行系统评价，以决定是否同意其申请的过程。根据有关规定，第一类医疗器械实行备案管理。第二类、第三类医疗器械实行注册管理。境内第一类医疗器械备案，备案人向设区的市级药品监督管理部门提交备案资料。境内第二类医疗器械由省、自治区、直辖市药品监督管理部门审查，批准后发给医疗器械注册证。境内第三类医疗器械由国家药品监督管理局审查，批准后发给医疗器械注册证。进口第一类医疗器械备案，备案人向国家药品监督管理局提交备案资料。进口第二类、第三类医疗器械由国家药品监督管理局审查，批准后发给医疗器械注册证。香港、澳门、台湾地区医疗器械的注册、备案，参照进口医疗器械办理。

（一）医疗器械备案、注册所需资料

第一类医疗器械备案需提交安全风险分析报告、产品技术要求、产品检验报告、临床评价资料、产品说明书及最小销售单元标签设计样稿、生产制造信息、证明性文件、符合性声明等资料。

申请医疗器械注册需提交申请表、证明性文件、医疗器械安全有效基本要求清单、综述资料、研究资料、生产制造信息、临床评价资料、产品风险分析资料、产品技术要求、产品注册检验报告、说明书和标签样稿、符合性声明等资料。申请第二类、第三类医疗器械注册，应当进行临床试验，其中符合相关规定的医疗器械可以免于进行临床试验，免于进行临床实验的医疗器械目录由国家药品监督管理局制定、调整并公布。未列入免于进行临床试验的医疗器械目录的产品，通过对同品种医疗器械临床试验或者临床使用获得的数据进行分析评价，能够证明该医疗器械安全、有效的，申请人可以在申报注册时予以说明，并提交相关证明资料。

申请体外诊断试剂注册需提交申请表、证明性文件、综述资料、主要原材料的研究资料、主要生产工艺及反应体系的研究资料、分析性能评估资料、阳性判断值或参考区间确定资料、稳定性研究资料、生产及自检记录、临床评价资料、产品风险分析资料、产品技术要求、产品注册检验报告、产品说明书和标签样稿、符合性声明等资料。

已注册的第二类、第三类医疗器械，医疗器械注册证及其附件载明的内容发生变化，注册人应当向原注册部门申请注册变更。注册变更分为登记事项变更和许可事项变更。注册证中注册人名称和住所、代理人名称和住所发生变化的，注册人应当向原注册部门申请登记事项变更；境内医疗器械生产地址发生变化的，注册人应当在相应的生产许可变更后办理注册登记事项变更。而注册证及其附件载明的产品名称、型号、规格、结构及组成、适用范围、产品技术要求、进口医疗器械生产地址和"其他内容"栏目中相应内容等发生变化的，注册人应当向原注册部门申请许可事项变更。

（二）医疗器械备案凭证编号和注册证编号格式

根据 2021 年 10 月 1 日执行的《医疗器械注册与备案管理办法》规定，医疗器械备案凭证编号和注册证编号格式要符合以下规定。

1. 第一类医疗器械备案凭证编号的编排方式 ×1 械备×××2×××3 号。其中，×1 为备案部门所在地的简称：进口第一类医疗器械为"国"字；境内第一类医疗器械为备案部门所在地省、自治区、直辖市简称加所在地设区的市级行政区域的简称（无相应设区的市级行政区域时，仅为省、自治区、直辖市的简称）。×××2 为备案年份；×××3 为备案流水号。例如某进口产品：创伤手术工具，美国进口，备案号为国械备 20200549 号；某国产产品：Beta – catenin 抗体试剂（免疫组织化学），备案部门所在地为上海市闵行区，备案号为沪闵械备 20180252 号。

2. 医疗器械注册证编号的编排方式 ×1 械注 ×2×××3×4××5×××6。其中，×1 为注册审批部门所在地的简称：境内第三类医疗器械、进口第二类、第三类医疗器械为"国"字；境内第二类医疗器械为注册审批部门所在地省、自治区、直辖市简称。×2 为注册形式："准"字适用于境内医疗器械；"进"字适用于进口医疗器械；"许"字适用于香港、澳门、台湾地区的医疗器械；×××3 为首次注册年份；×4 为产品管理类别；××5 为产品分类编码；×××6 为首次注册流水号。例如，国产第二类医疗器械：一次性使用医用口罩，河南注册的，注册证编号为豫械注准 20152640713（国产医疗器械注册证格式如图 8 – 1 所示）；进口第二类医疗器械：核医学图像处理软件，注册证编号为国械注进 20152212167（进口医疗器械注册证格式如图 8 – 2 所示）。

延续注册的，×××3 和 ×××6 数字不变。产品管理类别调整的，应当重新编号。例如，进口第二类医疗器械：核医学图像处理软件，原注册证编号为国械注进 20152702167，2020 年 3 月 26 号批准延续注册后，注册证编号改为国械注进 20152212167。

中华人民共和国医疗器械注册证

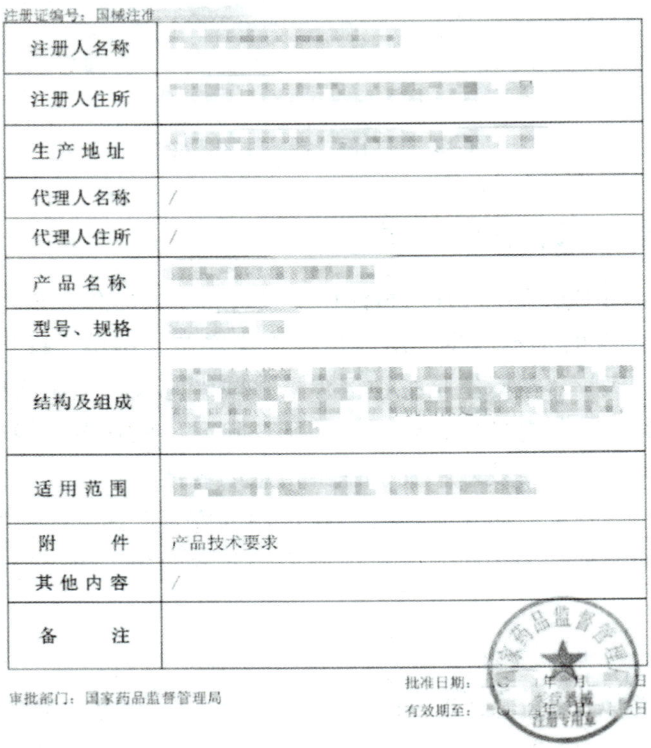

图 8 – 1 国产医疗器械注册证格式

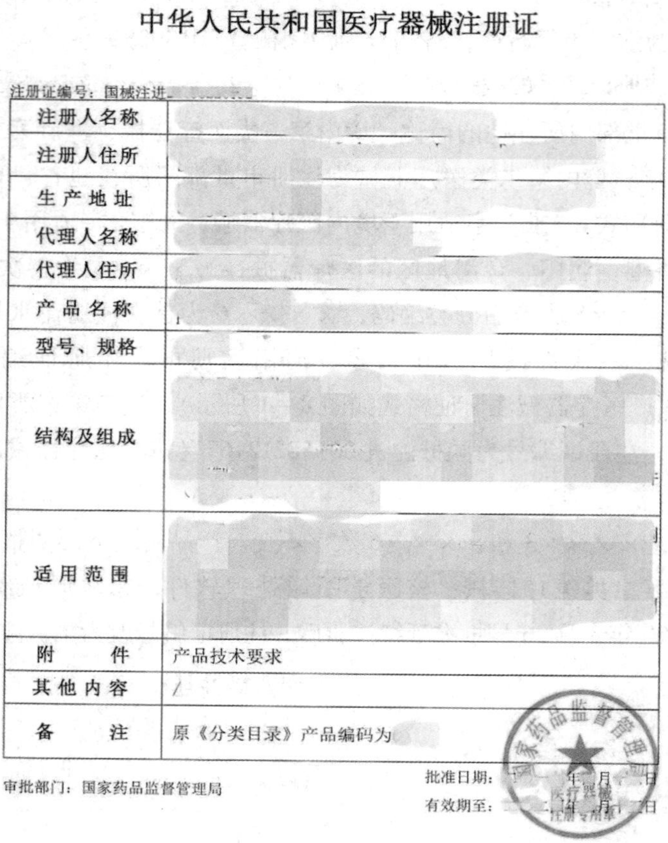

中华人民共和国医疗器械注册证

注册证编号：国械注进

注册人名称	
注册人住所	
生 产 地 址	
代理人名称	
代理人住所	
产 品 名 称	
型号、规格	
结构及组成	
适 用 范 围	
附　　　件	产品技术要求
其 他 内 容	/
备　　　注	原《分类目录》产品编码为

审批部门：国家药品监督管理局

批准日期：　　年　月　日

有效期至：　　年　月　日

图 8−2　进口医疗器械注册证格式

四、医疗器械的说明书和标签

医疗器械的说明书是指由医疗器械注册人或者备案人制作，随产品提供给用户，涵盖该产品安全有效的基本信息，用以指导正确安装、调试、操作、使用、维护、保养的技术文件。医疗器械标签是指在医疗器械或者其包装上附有的用于识别产品特征和标明安全警示等信息的文字说明及图形、符号。医疗器械说明书和标签是反映医疗器械安全有效和主要技术特征等基本信息的载体。不符合规定的说明书和标签，会对使用者产生误导，带来风险，影响使用的安全。因此，必须规范医疗器械的说明书和标签的内容管理，使其与经注册或者备案的相关内容一致，符合医疗器械安全管理要求。

（一）医疗器械说明书要求

1. 医疗器械说明书应当包括以下内容：①产品名称、型号、规格；②注册人或者备案人的名称、住所、联系方式及售后服务单位，进口医疗器械还应当载明代理人的名称、住所及联系方式；③生产企业的名称、住所、生产地址、联系方式及生产许可证编号或者生产备案凭证编号，委托生产的还应当标注受托企业的名称、住所、生产地址、生产许可证编号或者生产备案凭证编号；④医疗器械注册证编号或者备案凭证编号；⑤产品技术要求的编号；⑥产品性能、主要结构组成或者成分、适用范围；⑦禁忌证、注意事项、警示以及提示的内容；⑧安装和使用说明或者图示，由消费者个人自行使用的医疗器械还应当具有安全使用的特别说明；⑨产品维护和保养方法，特殊储存、运输条件、方法；⑩生产日期，使用期限或者失效日期；⑪配件清单，包括配件、附属品、损耗品更换周期以及更换方法的说明等；⑫医疗器械标签所用的图形、符号、缩写等内容的解释；⑬说明书的编制或者修订日期；⑭其他应当标注的内容。

2. 医疗器械说明书中有关注意事项、警示以及提示性内容主要包括：①产品使用的对象；②潜在的安全危害及使用限制；③产品在正确使用过程中出现意外时，对操作者、使用者的保护措施以及应当采取的应急和纠正措施；④必要的监测、评估、控制手段；⑤一次性使用产品应当注明"一次性使用"字样或者符号，已灭菌产品应当注明灭菌方式以及灭菌包装损坏后的处理方法，使用前需要消毒或者灭菌的应当说明消毒或者灭菌的方法；⑥产品需要同其他医疗器械一起安装或者联合使用时，应当注明联合使用器械的要求、使用方法、注意事项；⑦在使用过程中，与其他产品可能产生的相互干扰及其可能出现的危害；⑧产品使用中可能带来的不良事件或者产品成分中含有的可能引起副作用的成分或者辅料；⑨医疗器械废弃处理时应当注意的事项，产品使用后需要处理的，应当注明相应的处理方法；⑩根据产品特性，应当提示操作者、使用者注意的其他事项。

（二）医疗器械标签

医疗器械标签一般应当包括以下内容：①产品名称、型号、规格；②注册人或者备案人的名称、住所、联系方式，进口医疗器械还应当载明代理人的名称、住所及联系方式；③医疗器械注册证编号或者备案凭证编号；④生产企业的名称、住所、生产地址、联系方式及生产许可证编号或者生产备案凭证编号，委托生产的还应当标注受托企业的名称、住所、生产地址、生产许可证编号或者生产备案凭证编号；⑤生产日期，使用期限或者失效日期；⑥电源连接条件、输入功率；⑦根据产品特性应当标注的图形、符号以及其他相关内容；⑧必要的警示、注意事项；⑨特殊储存、操作条件或者说明；⑩使用中对环境有破坏或者负面影响的医疗器械，其标签应当包含警示标志或者中文警示说明；⑪带放射或者辐射的医疗器械，其标签应当包含警示标志或者中文警示说明。

医疗器械标签因位置或者大小受限而无法全部标明上述内容的，至少应当标注产品名称、型号、规格、生产日期和使用期限或者失效日期，并在标签中明确"其他内容详见说明书"。

五、医疗器械标准的管理

根据 2017 年 7 月 1 日执行的《医疗器械标准管理办法》规定：医疗器械标准，是指由国家药品监督管理局依据职责组织制修订，依法定程序发布，在医疗器械研制、生产、经营、使用、监督管理等活动中遵循的统一的技术要求。

医疗器械标准按照其效力分为强制性标准和推荐性标准。对保障人体健康和生命安全的技术要求，应当制定为医疗器械强制性国家标准和强制性行业标准。对满足基础通用、与强制性标准配套、对医疗器械产业起引领作用等需要的技术要求，可以制定为医疗器械推荐性国家标准和推荐性行业标准。医疗器械标准按照其规范对象分为基础标准、方法标准、管理标准和产品标准。

医疗器械企业应严格按照经注册或者备案的产品技术要求组织生产，保证出厂的医疗器械符合强制性标准以及经注册或者备案的产品技术要求。医疗器械产品技术要求不得低于产品适用的强制性国家标准和强制性行业标准。推荐性标准一旦被法律法规、规范性文件及经注册或者备案的产品技术要求引用的内容应当强制执行。通过中国食品药品检定研究所网站首页的"标准即补充检验方法查询"项目，点击"器械强制行业标准"或"器械非采标推荐性行业标准"栏目可以查询到具体的行业标准内容。

医疗器械国家标准的编号按照国务院标准化行政主管部门的规定编制。医疗器械行业标准的代号由大写汉语拼音字母等构成。强制性行业标准的代号为"YY"，推荐性行业标准的代号为"YY/T"。行业标准的编号由行业标准的代号、标准号和标准发布的年号构成。其形式为：YY　×××1—×××2 和 YY/T　×××1—×××2。×××1 为标准号，×××2 为标准发布年号。例如，医用外科口罩，属强制性执行标准的，其执行标准编号为：YY0469—2011。

任务二　医疗器械经营企业物流作业流程管理

实例分析

实例　A 医疗设备有限公司因经营不善，于 2019 年 12 月底倒闭，倒闭前两天把剩下的医疗器械打包销售给了 B 医疗器械有限公司。当药品监督部门飞检时发现 B 公司提供的 A 医疗设备有限公司的医疗器械经营许可的有效期自 2014 年 3 月 2 日至 2019 年 3 月 1 日，交易时已过期失效。综上所述，B 公司从不具有资质的经营企业（医疗器械经营许可证已过期失效的 A 医疗设备有限公司）接手了医疗器械，未依照规定执行医疗器械进货查验记录。药品监督管理部门依法对 B 公司进行了处罚。

问题　1. 如果销售方的医疗器械经营许可证过期了，医疗器械还能不能卖？如果是买方提供的医疗器械经营许可证过期了，医疗器械还能不能买？

2. 买卖医疗器械时经营企业需要查验哪些资料？

随着医疗器械市场需求量的迅速增长，医疗器械经营企业数量也迅速增加。截至 2019 年底，全国共有二、三类医疗器械经营企业 59.3 万家，比 2018 年底 51.1 万家，增加了 13.83%，其中，仅经营二类医疗器械产品的企业 34.7 万家，仅经营三类医疗器械产品的企业 6.9 万家，同时经营二、三类医疗器械产品的企业 17.7 万家。医疗器械经营企业和市场需求的增多促进了对医疗器械物流规范化、专业化要求的不断提高。医疗器械经营企业物流流程包括采购、收货、验收、储存、养护、出库、运输等环节，《医疗器械经营质量管理规范》《医疗器械监督管理条例》等法规的出台为规范化管理医疗器械提供了有力的依据。医疗器械经营企业物流流程根据作业的项目和作业的流程有所不同，基本有备货、储存、出库、配装、送货作业流程。

一、医疗器械备货作业流程管理

医疗器械备货作业包括医疗器械采购、收货、验收、入库作业。

（一）采购作业

医疗器械的采购作业包括以下几项。

1. 根据采购需求，选择供货商　供货商除了价格、服务要满足企业的需求，还必须符合《医疗器械经营质量管理规范》的要求，需要审核企业供货者、所购入的医疗器械和供货方代表的合法性。在采购前应当进行的供应商合法性审核包括对供应商的合法资格、所购入医疗器械的合法性和相关证明文件的审核。其中包括：①营业执照；②医疗器械注册人、备案人证明文件及受托医疗器械生产厂家的生产许可证或者备案凭证，或者医疗器械经营企业的经营许可证或者备案凭证；③载明授权销售的品种、地域、期限、销售人员身份证件号码的授权书，以及销售人员身份证件复印件；④随货同行单样式（含企业样章或者出库样章）。委托生产的，受托方应当提供加盖供货者公章的受托生产医疗器械相应生产范围的生产许可证或者第一类医疗器械生产备案复印件。必要时，企业可以派遣人员对供货者进行现场核查，对供货者质量管理情况进行评价。如有涉及采用直调方式购销医疗器械的企业和单位，还应当在购销前对供货者、购货者以及医疗器械产品的资质合法性进行审核。企业在首次采购医疗器械产品前，还应当获取加盖供货者公章的医疗器械产品的相关资料复印件或者扫描件，进行资质的合法性审核并建立产品档案，内容至少包括：①医疗器械注册证或者备案凭证；②医疗器械标签样稿或者图片；③医疗器械唯一标识产品标识（若有）。

具体审核要求：①对医疗器械企业的营业执照进行核查时要注意："经营范围"要有医疗器械项目，"营业期限"要在有效期内，营业执照可以在全国企业信用信息公示系统网站核实。②第一类医疗器械生产企业需提供由所在地设区的市级药品监督管理部门发给的第一类医疗器械生产备案凭证（图 8－3），第二类、三类医疗器械生产企业需提供医疗器械生产许可证（图 8－4）。医疗器械生产许可证和医疗器械生产备案凭证的生产范围按照国家药品监督管理局发布的医疗器械分类目录中的管理类别、分类目录类代号和类代号名称核定。医疗器械生产许可证有效期为 5 年，需载明许可证编号、企业名称、法定代表人、企业负责人、住所、生产地址、生产范围、发证部门、发证日期和有效期限等事项。医疗器械生产许可证附医疗器械生产产品登记表，载明生产

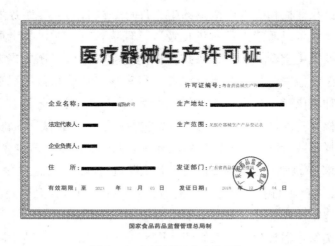

第一类医疗器械生产备案凭证

备案号：粤穗食药监械生产备█████号

企业名称	████████有限公司	
住　　所	████████████████	
生产地址	████████████████	
法定代表人	████	企业负责人	████

生产范围	Ⅰ类：06-08 超声影像诊断附属设备；09-03 光治疗设备；14-14 医护人员防护用品**

	产品名称	产品备案号	登载日期	备注
生产产品列表	医用超声耦合剂	粤穗械备████号	2014年10月20日	/
	光子冷凝胶	粤穗械备████号	2017年07月03日	/
	医用隔离面罩	粤穗械备████号	2020年04月07日	/
	医用隔离眼罩	粤穗械备████号	2020年07月14日	/
	（以下空白）			

备案部门（公章）
备案日期：2020年07月15日

图8-3　第一类医疗器械生产备案凭证

医疗器械生产许可证

许可证编号：粤食药监械生产许█████

企业名称：████████公司　　　生产地址：████████

法定代表人：████

企业负责人：████　　　生产范围：见医疗器械生产产品登记表

住　　所：████████　　　发证部门：广东省药品监督管理局

有效期限：至 2023 年 12 月 05 日　　　发证日期：2018 年 12 月 04 日

国家食品药品监督管理总局制

图8-4　医疗器械生产许可证

产品名称、注册号等信息。委托生产的，受托方医疗器械生产许可证生产产品登记表和第一类医疗器械生产备案凭证中的受托生产产品应当注明"受托生产"字样和受托生产期限（图8-5）。③经营第一类医疗器械不需要办备案和许可，只要营业执照的经营范围内涵盖第一类医疗器械的经营即可。第二类医疗器械的经营企业需提供第二类医疗器械经营备案凭证（图8-6），对产品安全性、有效性不受流通过程影响的第二类医疗器械，可以免予经营备案。具体产品名录由国家药品监督管理局制定、调整并公布。第三类医疗器械经营企业需提供医疗器械经营许可证（图8-7），从事非营利的避孕医疗器械贮存、调拨和供应的机构，应当符合有关规定，无需办理医疗器械经营许可或者备案。医疗器械注册人、备案人在其住所或者生产地址销售其注册、备案的医疗器械，无需办理医疗器械经营许可或者备案，但应当符合规定的经营条件；在其他场所贮存并销售医疗器械的，应当按照规定办理医疗器械经营许可或者备案。医疗器械经营许可证和医疗器械经营备案凭证经营方式有三种，分别为批发、零售和批零兼营。医疗器械经营许可证和第二类医疗器械经营备案凭证列明的经营范围按照国家药品监督管理局发布的医疗器械分类目录中的分类编码核定。医疗器械经营许可证有效期为5年，需载明许可证编号、企业名称、法定代表人、企业负责人、住所、经营场所、经营方式、经营范围、库房地址、发证部门、发证日期和有效期限等事项。医疗器械经营备案凭证应当载明编号、企业名称、法定代表人、企业负责人、住所、经营场所、经营方式、经营范围、库房地址、备案部门、备案日期等事项。④医疗器械生产、经营备案凭证和许可证有变更事项的还须提供许可证副本变更事项登记记录或药监部门证明文件。医疗器械的生产、经营备案凭证和许可证可以在国家药品监督管理局网站核实。⑤医疗器械注册证或备案凭证：第一类医疗器械需提供备案凭证，第二类、第三类医疗器械需提供注册证，相关信息可以在国家药品监督管理局网站核实。⑥加盖本企业公章的法人代表授权书原件，需载明授权销售的品种、地域、期限、法人印章或签字，注明销售人员的身份证号码。授权书上载明销售人员的身份证号码必须与销售人员提供的身份证复印件上的身份证号码一致。

黄冈市场监督管理局
第一类医疗器械生产委托备案

编号：鄂黄食药监械生产备：　　号

委托方信息	企业名称			
	生产备案编号	鄂黄食药监械生产备　　号		
	住所			
	生产地址			
	生产企业所在辖区			
	组织机构代码		联系电话	
	法定代表人		企业负责人	
受托方信息	企业名称			
	生产备案编号	苏通食药监械生产备　　号		
	住所			
	生产地址			
	生产企业所在辖区			
	组织机构代码		联系电话	
	法定代表人		企业负责人	
委托生产产品	产品名称	产品备案号	委托期限（截止日期）	
		鄂黄械备2　　号	截止至2　年　月2日	

注：仅供企业在湖北省外开展经营用

备案部门：黄冈市市场监督管理局
　　年　月　日

图8-5　第一类医疗器械生产委托备案

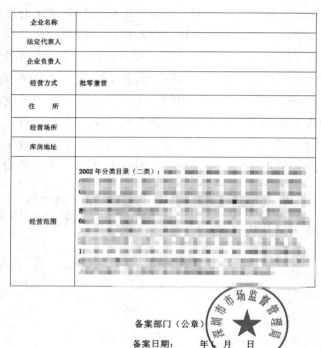

图 8-6　第二类医疗器械经营备案凭证

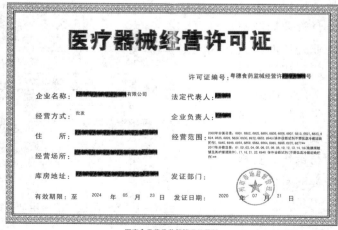

图 8-7　医疗器械经营许可证

请你想一想

经营第一类医疗器械的经营企业需要备案或注册吗?

2. 确立采购条款 供需双方就已确定的采购条款进行洽谈,签订采购合同或协议。企业应当在采购合同或者协议中,应当明确采购医疗器械的名称、型号、规格、医疗器械注册人或者备案人名称、医疗器械注册证编号或者备案编号,数量、单价、金额、供货者等内容,与供货者约定质量责任和售后服务责任,以保证医疗器械售后的更改为:安全使用。

3. 下达采购订单 根据合同或协议要求,向供应商传递购买计划。根据《医疗器械经营质量管理规范》规定,应当建立采购记录。记录应当列明医疗器械的名称、型号、规格、医疗器械注册人或者备案人名称、医疗器械注册证编号或者备案编号、单位、数量、单价、金额、供货者、购货日期等。发生灾情、疫情、突发事件、临床紧急救治等特殊情况,或者仅经营磁共振成像设备、X射线计算机体层摄影设备、放射治疗设备等的大型医用设备以及其他符合国家有关规定的情形,企业在保证医疗器械购销渠道安全和产品质量可追溯的前提下,可采用直调方式购销医疗器械,将已采购的医疗器械不入本企业仓库,直接从供货者发送到购货者,并建立专门的直调医疗器械采购记录,保证有效的质量跟踪和追溯。

4. 开展采购物流 根据合同或协议要求,供应商发出医疗器械。

(二)收货作业

企业收货人员在接收医疗器械时,应当核实运输方式及到货产品是否符合要求,并对照相关采购记录和随货同行单与到货的医疗器械进行核对。交货和收货双方应当对交运情况当场签字确认。对不符合要求的货品应当立即报告质量负责人并拒收。随货同行单应加盖供货者出库印章,且其内容内容应当包括:①供货企业名称;②医疗器械注册人、备案人和受托生产企业名称;③医疗器械的名称、型号、规格、注册证编号或者备案编号;④医疗器械的生产批号或者序列号、使用期限或者失效日期、数量;⑤医疗器械运输及贮存条件;⑥专门提供医疗器械运输、贮存服务的企业名称(若有);⑦收货单位名称、收货地址、联系方式、发货日期等。直调随货同行单应当有明显的直调标识,并标明直调企业名称、直调原因。需开具两份,分别发往直调企业和购货者。收货人员对符合收货要求的医疗器械,应当按质量特性要求放于相应待验区域,或者设置状态标示,并通知验收人员进行验收。在进行冷链管理医疗器械收货时,应核实运输方式、到货及在途温度、启运时间和到货时间并做好记录;对销后退回的产品还应核实售出期间的温度记录,符合要求的,应及时移入符合温控要求待验区;不符合温度要求的应当拒收,并做相应记录。

(三)验收作业

验收人员应当对医疗器械的外观、包装、标签以及合格证明文件等进行检查、核对，并做好进货查验记录，UDI是"一物一码"，有可追溯性，具有UDI的医疗器械需要逐个扫码验收入库。进货查验记录应当包括：①医疗器械的名称、型号、规格、数量；②医疗器械注册证编号或者备案编号；③医疗器械注册人、备案人和受托生产企业名称、生产许可证号或者备案编号；④医疗器械的生产批号或者序列号、使用期限或者失效日期、购货日期等；⑤供货者的名称、地址以及联系方式；⑥验收结论、验收合格数量、验收人员、验收日期；⑦医疗器械唯一标识（若有）。进货查验记录应当保存至医疗器械有效期满后2年，没有有效期的，不得少于5年。植入类医疗器械进货查验记录应当永久保存。医疗器械直调购销的，应当由验收人员或者委托的验收人员进行医疗器械验收。直调验收应当严格按照《医疗器械经营质量管理规范》的要求验收医疗器械，验收完成当日，验收人员应当将进货查验记录相关信息传递给直调企业。企业应当建立专门的直调医疗器械进货查验记录，除满足进货查验记录内容以外，还应当记录验收地点、验收人员信息，直调医疗器械进货查验记录应当真实、准确、完整和可追溯。退货医疗器械应当经过验收人员质量查验，并生成退货记录。退货记录应当包括：退货日期、原出库单号、退货单位名称，医疗器械名称、型号、规格、医疗器械注册人、备案人和受托生产企业名称、注册证编号或者备案编号、运输及贮存条件、生产批号或者序列号、使用期限或者失效日期，医疗器械唯一标识（若有）、退货原因、产品质量状态、退货数量、验收人员等内容。验收不合格的应放置在不合格品区，还应当注明不合格事项及处置措施，按照有关规定采取退货、销毁等处置措施。对需要冷藏、冷冻的医疗器械进行验收时，应当对其运输方式及运输过程的温度记录、运输时间、到货温度等质量控制状况进行重点检查并记录，不符合温度要求的应当拒收。

（四）入库作业

验收合格的医疗器械应当及时入库，根据医疗器械的质量特性进行入库上架，并同时建立入库记录。入库记录应当包括：①医疗器械的名称、型号、规格、数量；②医疗器械注册证编号或者备案编号；③医疗器械注册人、备案人和受托生产企业名称、生产许可证号或者备案编号；④医疗器械的生产批号或者序列号、使用期限或者失效日期、入库日期；⑤医疗器械唯一标识（若有）。

二、储存作业管理

入库存放时要满足以下要求：①按说明书或者包装标示的贮存要求贮存医疗器械；②贮存医疗器械应当按照要求采取避光、通风、防潮、防虫、防鼠、防火等措施；③搬运和堆垛医疗器械应当按照包装标示要求规范操作，堆垛高度符合包装图示要求，避免损坏医疗器械包装；④按照医疗器械的贮存要求分库（区）、分类存放，医疗器械与非医疗器械应当分开存放；⑤医疗器械应当按品种、规格、批号分开存放，医疗器械与库房地面、内墙、顶、灯、温度调控设备及管道等设施间保留有足够空隙；⑥贮存医疗器械的货架、托盘等设施设备应当保持清洁，无破损；⑦非作业区工作人员未为；⑧医疗器械贮存作业区内不得存放与贮存管理无关的物品；⑨从事为其他医疗器械生产经营企业提供贮存、配送服务的医疗器械经营企业，其自营医疗器械应当与受托的医疗器械分开存放。

　　企业应当具有与经营范围和经营规模相适应的经营场所和库房，经营场所和库房的面积应当满足经营要求。库房的条件应当符合以下要求：库房内外环境整洁，无污染源；库房内墙光洁，地面平整，房屋结构严密；有防止室外装卸、搬运、接收、发运等作业受异常天气影响的措施；库房有可靠的安全防护措施，能够对无关人员进入实行可控管理。经营场所和库房不得设在居民住宅内、军事管理区（不含可租赁区）以及其他不适合经营的场所。库房的选址、设计、布局、建造、改造和维护应当符合医疗器械贮存的要求，防止医疗器械的混淆、差错或者被污损，并具有符合医疗器械产品特性要求的贮存设施、设备。有下列情形之一的，企业可以不单独设立医疗器械库房：①单一门店零售企业的经营场所陈列条件能符合其所经营医疗器械产品性能要求、经营场所能满足其经营规模及品种陈列需要的；②连锁零售经营医疗器械的；③全部委托专门提供医疗器械运输、贮存服务的企业进行贮存的；④仅经营医疗器械软件，且经营场所满足其产品存储介质贮存要求的；⑤仅经营磁共振成像设备、X射线计算机体层摄影设备、放射治疗设备等大型医用设备的；⑥省级药品监督管理部门规定的其他可以不单独设立医疗器械库房的情形。

　　库房应当配备与经营范围和经营规模相适应的设施设备，包括：医疗器械与地面之间有效隔离的设备，包括货架、托盘等；避光、通风、防潮、防虫、防鼠等设施；符合安全用电要求和满足照明要求的照明设备；包装物料的存放场所；有特殊要求的医疗器械应配备的相应设施设备。库房温度、湿度应当符合所经营医疗器械说明书或者标签标示的要求。对有特殊温湿度贮存要求的医疗器械，应当配备有效调控及监测温湿度的设备或者仪器。批发需要冷藏、冷冻贮存运输的医疗器械，应当配备以下设施设备：与其经营规模和经营品种相适应的冷库；用于冷库温度监测、显示、记录、调控、报警的设备；能确保制冷设备正常运转的设施（如备用发电机组或者双回路供电系统）；企业应当根据相应的运输规模和运输环境要求配备冷藏车、保温车，或者冷藏箱、保温箱等设备；冷藏车应当具有自动显示温度、调控温度、报警、存储和读取温度监测数据的功能；对有特殊温湿度要求的医疗器械，应当配备符合其贮存要求的设施设备。

你知道吗

医疗器械冷库的分区设置

　　根据《医疗器械冷链（运输、贮存）管理指南》规定放置医疗器械的冷库内应划分待验区、贮存区、退货区、包装材料预冷区（货位）等，并设有明显标示。

医疗器械零售的经营场所应当与其经营范围和经营规模相适应，并符合以下要求：配备陈列货架和柜台；相关证照悬挂在醒目位置；经营需要冷藏、冷冻的医疗器械，应当配备经过验证并具有温度监测、显示的冷柜；经营可拆零医疗器械，应当配备医疗器械拆零销售所需的工具、包装用品，拆零的医疗器械标签和说明书应当符合有关规定。提供验配服务的，应当设立符合验配服务相关规定的独立区域。零售的医疗器械陈列应当符合以下要求：按分类以及贮存要求分区陈列，并设置醒目标志，类别标签字迹清晰、放置准确；医疗器械的摆放应当整齐有序，避免阳光直射；需要冷藏、冷冻的医疗器械放置在冷藏、冷冻设备中，应当对温度进行监测和记录；医疗器械与非医疗器械应当分开陈列，有明显隔离，并有醒目标示。自动售械机作为医疗器械零售经营场所的延伸，其设置位置、数量等应当与企业的管理能力相适应。自动售械机应当符合下列要求：①自动售械机内的陈列环境应当满足所经营医疗器械说明书或者标签标示的贮存要求；需要冷藏、冷冻管理的医疗器械应当对贮存环境的温度进行监测和记录。②自动售械机内的医疗器械摆放应当整齐有序，类别标签字迹清晰，放置准确，避免阳光直射。③自动售械机的贮存与出货、取货方式，应当有效防止所陈列医疗器械的污染及产品破损风险。④应当具备开具纸质或者电子销售凭据的功能。⑤应当在醒目位置展示经营主体的相关信息、证照。⑥应当在醒目位置公布企业售后服务电话，建立畅通的顾客意见反馈机制及退货等售后服务渠道。零售企业应当定期对零售陈列、存放的医疗器械进行检查，重点检查拆零医疗器械和近效期医疗器械。发现有质量疑问的医疗器械应当及时撤柜、停止销售，由质量管理人员确认和处理，并保留相关记录。企业应当对基础设施及相关设备进行定期检查、清洁和维护，并建立记录和档案。

企业应当按照国家有关规定，对温湿度监测设备等计量器具定期进行校准或者检定，并保存校准或者检定记录。企业应当对冷库以及冷藏、保温等运输设施设备进行使用前验证、定期验证，并形成验证控制文件，包括验证方案、报告、评价和预防措施等，相关设施设备停用重新使用时应当进行验证。验证使用的计量器具应当经法定计量机构校准，校准证书复印件应当作为验证报告的必要附件。经营第三类医疗器械的企业，应当具有符合医疗器械经营质量管理要求的计算机信息管理系统，保证经营的产品可追溯。计算机信息管理系统应当具有以下功能：①具有对采购、收货、验收、贮存、销售、出库、复核、退货等各经营环节进行实时质量控制的功能；②具有权限管理功能，确保各类数据的录入、修改、保存等操作应当符合授权范围、管理制度和操作规程的要求，保证数据真实、准确、安全和可追溯；③具有部门之间、岗位之间在权限授权范围内进行信息传输和数据共享的功能；④具有供货者、购货者以及所经营医疗器械的合法性、有效性审核控制的功能；⑤具有对供货者以及所经营医疗器械产品信息记录与资质效期预警的功能；⑥具有对库存医疗器械的有效期进行自动跟踪和控制功能，有近效期预警及超过有效期自动锁定等功能，防止过期医疗器械销售；⑦具有实现医疗器械产品经营过程质量追溯的功能，以及采集、记录医疗器械唯一标识的功能；⑧具有医疗器械经营业务票据生成、打印和管理的功能；⑨具有质量记录数据自动备份功能，确保数据存储安全；⑩具有与企业外部业务及监管系统进行数据交互接口的功能。

医疗器械存放库内期间应当根据库房条件、外部环境、医疗器械有效期进行定期检查，建立在库检查记录。内容包括：①检查并改善贮存与作业流程；②检查并改善贮存条件、防护措施、卫生环境；③未采用温湿度监测系统进行自动监测的，应当每天上、下午各不少于1次对库房温湿度进行监测记录；④对库存医疗器械的外观、包装、有效期等质量状况进行检查；⑤对冷库温度自动报警装置进行检查、保养。

对库存医疗器械有效期进行跟踪和控制，采取近效期预警，超过有效期的医疗器械，应当禁止销售，放置在不合格品区，然后按规定进行销毁，并保存相关记录。对库存医疗器械定期进行盘点，做到账、货相符。在库房贮存医疗器械，应当按质量状态采取控制措施，实行分区管理，包括待验区、合格品区、不合格品区、发货区、退货区等，并有明显区分（如可采用色标管理，设置待验区、退货区为黄色、合格品区和发货区为绿色、不合格品区为红色）。医疗器械贮存作业区、辅助作业区应当与办公区和生活区分开一定距离或者有隔离措施。

三、出库作业管理

1. 根据出库订单完成实物复核并建立记录　出库时，库房保管人员应当对照出库的医疗器械进行核对，发现以下情况不得出库，并报告质量管理机构或者质量管理人员处理：医疗器械包装出现破损、污染、封口不牢、封条损坏等问题；标签脱落、字迹模糊不清或者标示内容与实物不符；医疗器械超过有效期；存在其他异常情况的医疗器械。医疗器械出库应当复核并建立记录，复核内容包括购货者、医疗器械的名称、规格、型号、注册证号或者备案凭证编号、生产批号或者序列号、使用期限或者失效日期、医疗器械注册人、备案人和受托生产企业名称、数量、出库日期、医疗器械唯一标识（若有）等内容。

2. 生成销售记录　从事第二、第三类医疗器械批发以及第三类医疗器械零售业务的企业应当建立销售记录，销售记录应当至少包括：①医疗器械的名称、规格、型号、注册证号或者备案凭证编号、数量、单价、金额；②医疗器械的生产批号或者序列号、使用期限或者失效日期、销售日期；③医疗器械注册人、备案人和受托生产企业名称、生产许可证号、备案凭证编号。有UDI的医疗器械要求逐个扫描出库，并留有记录。对于从事第二类、第三类医疗器械批发业务的企业，销售记录还应当包括购货者的名称、经营许可证号（或者备案凭证编号）、收货地址、联系方式。从事医疗器械零售业务的企业，应当给消费者开具销售凭据，记录医疗器械的名称、规格、型号、医疗器械注册人、备案人和受托生产企业名称、注册证编号或者备案编号，生产批号或者序列号、数量、单价、金额、零售企业名称、经营地址、电话、销售日期等，以方便进行质量追溯。医疗器械直调购销的，应当建立专门的直调医疗器械销售记录。

从事医疗器械批发业务的企业，应当将医疗器械批发销售给合法的购货者，销售前应当对购货者的证明文件、经营范围进行核实，建立购货者档案，保证医疗器械销售流向真实、合法。销售记录应当保存至医疗器械有效期满后 2 年，没有有效期的，不得少于 5 年。植入类医疗器械销售记录应当永久保存。

四、配装作业管理

根据货物性质、车辆情况、客户要求等进行运输方式、运输工具、运输路线的选择和货物的搭配装载。医疗器械拼箱发货的代用包装箱应当有醒目的拼箱内容标示。需要冷藏、冷冻运输的医疗器械装箱、装车作业时，应当由专人负责，并符合以下要求：车载冷藏箱或者保温箱在使用前应当达到相应的温度要求，应当在冷藏环境下完成装箱、封箱工作；装车前应当检查冷藏车辆的启动、运行状态，提前启动制冷功能和温测设备，将车厢内预冷至规定的温度，达到规定温度后方可装车，装车时要根据验证报告确定冷藏车厢内产品的码放方式及区域，码放高度不得超过制冷机组出风口下沿，确保气流正常循环和温度均匀分布，装车完毕，及时关闭车厢门，检查厢门密闭情况，检查温控设备和温测设备运行状况，运行正常方可启运。企业应当按照相关制度做好运输记录，运输记录应当包括：收货单位名称、地址、联系方式、运输方式，医疗器械名称、型号、规格、医疗器械注册证编号或者备案编号，生产批号或者序列号、单位、数量、发货日期等内容。委托运输时还应当记录承运单位名称和运单号，自行运输时应当记录运输车辆车牌号和运输人员。

五、送货作业管理

根据优化的路线完成送货作业，如遇突发情况，按原先制定好的应急方案完成送货作业。运输需要冷藏、冷冻医疗器械的冷藏车、车载冷藏箱、保温箱应当符合医疗器械运输过程中对温度控制的要求。冷藏车具有显示温度、自动调控温度、报警、存储和读取温度监测数据的功能。委托其他机构运输医疗器械，应当对承运方运输医疗器械的质量保障能力进行考核评估，签订委托运输质量保证协议，明确运输过程中的质量责任，确保运输过程中的质量安全。委托运输质量保证协议应当包括：运输过程中的质量责任、运输操作规程、在途时限、温度控制、签收和回执要求等。

企业为其他医疗器械生产经营企业提供贮存、配送服务，还应当符合以下要求：具备从事现代物流储运业务的条件；具有与委托方实施实时电子数据交换和实现产品经营全过程可追溯、可追踪管理的计算机信息平台和技术手段；具有接受药品监督管理部门电子监管的数据接口；药品监督管理部门的其他有关要求。

根据我国《医疗器械经营质量管理规范》规定，经营医疗器械的企业在应建立符合规范要求覆盖医疗器械经营全过程的质量管理体系文件。质量管理体系文件应当与企业的经营范围和经营规模相适应，包括质量管理体系文件、组织机构、人员、设施设备等。并实施动态管理，确保文件持续有效。质量管理体系文件应当由企业负责人批准后实施,并至少包括以下内容:①质量管理机构或者质量管理人员管理职责;②质量安全关键岗位人员岗位说明;③质量文件审核批准管理制度;④质量记录管理制度;⑤质量管理自查制度;⑥医疗器械供货者和产品资质审核制度;⑦医疗器械采购管理制度;⑧医疗器械收货和验收管理制度;⑨医疗器械贮存(陈列)和在库检查管理制度;⑩医疗器械出入库管理制度;⑪医疗器械效期管理制度;⑫医疗器械运输管理制度;⑬医疗器械销售和售后服务管理制度;⑭医疗器械不合格品管理制度;⑮医疗器械退货管理制度;⑯医疗器械不良事件监测和报告制度;⑰医疗器械产品召回管理制度;⑱医疗器械追溯管理制度;⑲医疗器械质量投诉、事故调查和处理报告制度;⑳设施设备维护和验证校准管理制度;㉑环境卫生和人员健康管理制度;㉒质量管理培训和考核制度;㉓医疗器械质量安全风险会商管理制度;㉔医疗器械采购、收货、验收、贮存、销售、出库、运输等环节的工作程序。

从事第二类、第三类医疗器械批发业务和第三类医疗器械零售业务的企业还应当制定购货者资格审核、销售记录制度。从事需要冷藏、冷冻管理的医疗器械经营的,企业应当制定冷链医疗器械管理制度和应急管理制度。医疗器械直调购销的,企业应当制定医疗器械直调管理制度。从事第二类、第三类医疗器械经营企业应当建立质量管理自查制度,于每年3月31日前向所在地市县级药品监督管理部门提交上一年度自查报告。自查报告内容应当真实、准确、完整和可追溯。

企业应当依照《医疗器械经营质量管理规范》建立覆盖医疗器械经营全过程的质量记录。质量记录应当包括下列内容:①供货者和产品资质审核记录;②医疗器械采购合同或者协议、采购记录;③医疗器械进货查验记录(包括留存随货同行单据);④医疗器械入库记录;⑤医疗器械在库检查记录、各库区温湿度记录;⑥医疗器械库存记录;⑦医疗器械销售记录;⑧医疗器械出库复核记录、出库记录;⑨医疗器械运输记录、冷链产品运输过程温度记录;⑩医疗器械售后服务记录或者管理记录;⑪医疗器械退货记录;⑫医疗器械召回和不良事件处理记录;⑬医疗器械质量投诉、事故调查的相关记录和档案;⑭医疗器械不合格品处理记录、销毁记录;⑮企业年度自查报告档案;⑯员工档案及人员资质证明、培训记录、直接接触医疗器械产品人员的健康档案;⑰设施设备档案、维护维修记录;⑱计量器具校准或者检定记录、冷链设施验证记录;⑲医疗器械质量安全风险会商相关记录;⑳其他质量管理过程生成的相关质量记录。从事第二类、第三类医疗器械批发业务的,企业还应当建立购货者档案。记录内容应当真实、准确、完整和可追溯。

实训十一 认知医疗器械物流作业流程

一、实训目的

通过绘制医疗器械物流作业流程,让学生熟悉医疗器械物流作业流程和相应部门、岗位的职责要求。

二、实训器材

A3 白色卡纸、签字笔、彩色笔各若干。

三、实训原理

利用学生喜欢的绘画表现模式让学生熟悉医疗器械物流作业流程。

四、实训方法

资料：A 医疗器械公司根据 B 公司采购计划销售给 B 医疗器械公司医疗器械一批。

1. 学生进行分组，4~5 人为一组，选一名学生作为组长。

2. 组长督促本组学生对医疗器械物流作业流程做好课前预习。

3. 以组为单位由组长组织组员一起绘制物流操作流程，要求角色中有下面物流部门、岗位的作业流程：A 公司销售部、A 公司送货员、B 公司采购部、B 公司的收货员、B 公司的验收员、B 公司的保管员、B 公司的养护员。

4. 以组为代表选 1 名组员讲解本组的医疗器械物流作业流程图。

5. 小组之间点评。

6. 教师点评。

五、实训考核方式

具体考核要求如表 8-1 所示。

表 8-1 实训考核表

评分项目	评分说明	评分
物流操作流程（50 分）	物流操作流程设计合理，结构完整（0~50，缺一处扣 5 分，扣完即止）	
学生解说作业流程（40 分）	解说物流作业流程正确，无科学性和知识性的错误（0~40 分，错一处扣 5 分，扣完即止）	
物流作业流程图（10 分）	流程图设计美观、新颖	

目标检测

一、单项选择题

1. 以下不是医疗器械的物品是（　　）。

    A. 隐形眼镜　　　　B. 酒精　　　　　　C. 温度计　　　　　D. 脱脂棉球

2. 按照医疗器械风险程度管理类别分类，（　　）是第一类医疗器械。

A. 脱脂棉球 B. 隐形眼镜润眼液

C. 血压计 D. 一次性医用灭菌棉签

3. 按照医疗器械风险程度管理类别分类，（ ）是第二类医疗器械。

A. 妇科垫单 B. 手术刀片

C. 一次性医用口罩 D. 一次性使用输液器带针

4. 按照医疗器械风险程度管理类别分类，（ ）是第三类医疗器械。

A. 血管支架 B. 心电图机 C. 刮痧板 D. 纱布

5. 注册证编号：豫械注准 20152640713 的医疗器械是第（ ）类医疗器械。

A. 1 B. 3 C. 4 D. 2

6.《医疗器械经营许可证》有效期为（ ）年。

A. 2 B. 3 C. 4 D. 5

二、多项选择题

1. UDI 是由（ ）组成。

A. DI B. UI C. PI D. CI

2. 根据流通渠道的不同，医疗器械可以分为（ ）。

A. 大型医疗器械 B. 体外诊断试剂

C. 高值医用耗材 D. 低值医用耗材

3.（ ）实行医疗器械注册管理。

A. 第一类 B. 第二类 C. 第四类 D. 第三类

4. 医疗器械说明书应当包括（ ）。

A. 配件清单 B. 生产日期 C. 禁忌证 D. 产品技术要求的编号

三、简答题

1. 简述医疗器械的定义。

2. 医疗器械入库存放时要满足的 9 点要求是什么？

书网融合……

微课

划重点

自测题

参考答案

项目一

一、单项选择题

1. C 2. D 3. B 4. C 5. B 6. D

二、多项选择题

1. ABCD 2. AD 3. ACD 4. ABCD

项目二

一、单项选择题

1. B 2. A 3. C 4. A 5. D 6. B

二、多项选择题

1. ABCD 2. AB 3. ABCD 4. ABC

项目三

一、单项选择题

1. A 2. C 3. D 4. B 5. D 6. A

二、多项选择题

1. ABCD 2. AB 3. ABC 4. ABCD

项目四

一、单项选择题

1. C 2. B 3. B 4. A 5. A 6. D

二、多项选择题

1. ABCD 2. ABC 3. AD 4. ABC

项目五

一、单项选择题

1. B 2. D 3. A 4. B 5. A 6. C

二、多项选择题

1. ABCD 2. ABCD 3. ABCD 4. ABC

项目六

一、单项选择题

1. B 2. B 3. A 4. A 5. B 6. C

二、多项选择题

1. ABC 2. ABCD 3. ABC 4. AB

项目七

一、单项选择题

1. C 2. A 3. B 4. A 5. A 6. B

二、多项选择题

1. AB 2. ABC 3. ABC 4. AB

项目八

一、单项选择题

1. B 2. A 3. C 4. A 5. D 6. D

二、多项选择题

1. AC 2. ABCD 3. BD 4. ABCD

参考文献

[1] 刘刚. 物流管理 [M]. 北京：中国人民大学出版社，2014.

[2] 郑中华，张绮可. 现代物流基础 [M]. 北京：科学出版社，2011.

[3] 李联卫. 物流案例与实训 [M]. 北京：化学工业出版社，2014.

[4] 柳和玲. 物流基础 [M]. 北京：人民交通出版社，2010.

[5] 孙志安. 医药商品储运员实战教程 [M]. 北京：中国医药科技出版社，2014.

[6] 周明珠. 物流基本技能实训 [M]. 北京：人民邮电出版社，2014.

[7] 浦震寰，李海华. 仓储管理实务 [M]. 北京：中国人民大学出版社，2015.

[8] 张瑜. GSP实务 [M]. 北京：中国医药科技出版社，2015.

[9] 杨玉茹. 医药商品储运员职业资格培训教程 [M]. 北京：中国医药科技出版社，2014.

[10] 季永青，江建达. 物流综合实训 [M]. 北京：中国人民大学出版社，2014.

[11] 李如姣. 运输作业实务 [M]. 北京：化学工业出版社，2010.

[12] 李举毅. 走进物流 [M]. 北京：化学工业出版社，2010.

[13] 林珍平. 仓储与配送实务 [M]. 北京：高等教育出版社，2013.

[14] 毛宁莉. 走进物流 [M]. 北京：机械工业出版社，2014.

[15] 刘佳霓. 冷链物流系统化管理研究 [M]. 武汉：湖北教育出版社，2011.

[16] 陈玉文. 医药电子商务 [M]. 北京：中国医药科技出版社，2015.

[17] 刘红磊. 医药电子商务专业入门手册 [M]. 北京：中国医药科技出版社，2014.

[18] 车小原. 播种式分拣的波次划分优化方法 [J]. 物流技术与应用，2010，12：92.

[19] 王雅璨，等. 我国第三方医药物流的发展环境和运作模式研究 [J]. 物流技术，2007，26（6）：23 – 26.

[20] 张鑫等. 电子商务物流浅析 [J]. 新疆大学学报，2010，38（3）：51 – 55.

[21] 朱嘉楠. 论我国电子商务的发展 [J]. 魅力中国，2014，（2）：316.

[22] 唐玉兰，苏胜强. 物流管理 [M]. 北京：中国人民大学出版社，2011.

[23] 鲍宗荣，张晓军. 医药物流管理技术 [M]. 北京：化学工业出版社，2020.

[24] 夏鸿林. 药品储存与养护技术 [M]. 北京：中国医药科技出版社，2016.

[25] 秦玉鸣. 中国医药物流发展报告（2019）[M]. 北京：中国财富出版社，2019.